高等学校教材

C/C++程序设计

C/C++ Chengxu Sheji

郝兴伟　主编
贾小珠　周　转　刘明军　王　璐　编

高等教育出版社·北京
HIGHER EDUCATION PRESS　BEIJING

内容提要

本书采用C／C++作为教学语言，Visual C++ 6.0 作为程序调试和开发环境。全书共分为九章，内容分别是C语言程序设计概述、数据与数据类型、程序控制语句、构造型数据类型、指针、函数、文件处理、面向对象程序设计和Visual C++ 开发工具与应用系统开发。

本书突破传统“学院派”内容组织方式的不足，不仅全面系统地介绍了高级语言程序设计的概念、程序结构、数据与数据类型、控制语句、函数、文件处理等所有的程序设计中所涉及的概念和问题，还包含了Visual C++面向对象程序设计以及Visual C++ 开发工具的内容，以使学生理解程序设计语言和开发工具的关系，从例题走向实际应用程序开发。

本书可作为高等学校计算机程序设计课程的教材，也可作为培训或自学教材。

图书在版编目（CIP）数据

C／C++程序设计／郝兴伟主编．－－ 北京：高等教育出版社，2010.8（2012.11重印）

ISBN 978-7-04-030288-2

Ⅰ．①C… Ⅱ．①郝… Ⅲ．①C语言—程序设计—高等学校—教材 Ⅳ．①TP312

中国版本图书馆CIP数据核字（2010）第150011号

策划编辑 时 阳　　责任编辑 柳秀丽　　封面设计 张申申　　责任绘图 尹文军
版式设计 张 岚　　责任校对 杨雪莲　　责任印制 田 甜

出版发行 高等教育出版社
社 址 北京市西城区德外大街4号
邮政编码 100120
印 刷 北京铭传印刷有限公司
开 本 787mm×1092mm 1/16
印 张 20.75
字 数 50千字
购书热线 010-58581118

咨询电话 400-810-0598
网 址 http://www.hep.edu.cn
http://www.hep.com.cn
网上订购 http://www.landraco.com
http://www.landraco.com.cn
版 次 2010年8月第1版
印 次 2012年11月第2次印刷
定 价 28.30元

本书如有缺页、倒页、脱页等质量问题，请到所购图书销售部门联系调换
版权所有 侵权必究
物 料 号 30288-00

前　言

计算机程序设计是高等学校培养学生计算机编程的重要基础课程和入门课程，C/C++ 则为主要的教学语言，在整个课程设计中其作用至关重要。但是，在长期的教学实践中，往往出现学生学完该课程后不会编程，无法将所学的内容和实际应用软件开发联系起来，教学效果不佳。

针对上述情况，我们对程序设计课程进行了较长时间的研究，发现以下问题：

(1) 课程内容组织过于强调语法，即使有几个案例，也是想象出来的，没有实际应用背景，为典型的“学院派”教学。

(2) 在程序设计语言和软件开发上没有明确的定位。计算机程序设计课程的定位应该是学习计算机程序设计的概念，培养计算机编程的思想，学习程序设计语言的语法规范。但是，要进行软件开发，还需要有一个具体的开发环境，例如用 C/C++ 开发 Windows 程序，需要使用 Visual C++ 开发环境。

(3) 缺少具有应用背景的实验项目。

在对 C/C++ 程序设计教学实践分析的基础上，我们根据教育部高等学校计算机科学与技术教学指导委员会编制的《高等学校计算机科学与技术专业发展战略研究报告暨专业规范（试行）》，参考教育部高等学校计算机基础课程教学指导委员会编制的《高等学校计算机基础教学发展战略研究报告暨计算机基础课程教学基本要求》，在内容组织和案例选择、实验项目设计以及开发平台定位和应用诸多方面，突破传统“学院派”教学方式的不足，完成本书。

全书以 C/C++ 语言规范为主线，以 Visual C++ 6.0 为程序调试和开发环境，全部内容分为 9 章，主要内容如下：

第 1 章 C 语言程序设计概述。首先介绍了计算机程序的基本概念，然后介绍了 C 程序设计语言及其发展历程、算法与数据结构和软件开发的一般步骤，重点说明了 C 程序的基本要素，最后介绍了 C 程序设计的基本过程。

第 2 章数据与数据类型。首先介绍了各种基本数据类型及其特点、表示范围，然后介绍了变量与常量的概念、C 语言的各种运算符以及由这些运算符组成的表达式，最后介绍了基本数据类型的转换原则。

第 3 章程序控制语句。阐述了结构化程序设计中顺序结构、选择结构与循环结构及相关的各类控制语句，特别介绍了在结构化程序设计中常用的基本算法——穷举算法与迭代算法，并给出精典实例对所讲述的内容进行综合应用。

第 4 章构造型数据类型。讲述了一维数组和多维数组的定义、初始化和使用，字符串与字符数组的概念，结构体和共用体类型变量的定义方法和使用方法、结构体和共用体的嵌套使用，枚举型的概念以及用 typedef 定义类型名。

第 5 章指针。介绍了指针的基本概念、指针变量的定义、引用和运算以及指针和数组、指针和字符串的关系，内存的动态分配机制和链表的基本操作等内容，并通过一些典型示例说明了指针的具体应用。

第 6 章函数。首先介绍了结构化程序设计的基本思想和设计程序时应遵循的一般原则和规范；然后详细讲解了函数的有关内容和应用，主要包括函数的定义、参数传递、函数调用、递归，函数和指针的关系，局部变量和全局变量的概念，变量的存储类型，编译预处理等内容，最后给出了一些函数应用的典型示例。

第 7 章文件处理。介绍了 C 语言中文件的概念、文件指针的概念，讲述了实现不同读写要求的几组文件读写函数的使用方式，辅以具体的实例，详细介绍了实现文件顺序读写和随机读写的方法与技术。

第 8 章面向对象程序设计。介绍了 C++ 面向对象程序设计的思想、C++ 和 C 过程式程序设计的不同，详细地介绍了面向对象程序设计中涉及的核心概念，包括类与对象、封装与抽象、继承与派生、多态性，虚函数、抽象类、构造函数与析构函数，并以 Visual C++ 为例，讲解了这些技术的 C++ 具体实现，说明了面向对象技术在解决复杂系统设计与开发方面的优势。

第 9 章 Visual C++ 开发工具与应用系统开发。说明了 C/C++ 程序设计语言与 Visual C++ 开发工具的关系，指出 Visual C++ = (C/C++) + MFC，说明了 Windows 程序的特点，以及使用 Visual C++ 开发 Windows 程序的过程，并给出了相应的开发案例。

本书由郝兴伟主编，济南大学刘明军编写了第 1、2、4 章，中国海洋大学周转编写了第 3、7 章，中国海洋大学王璐参与编写第 3 章部分内容，青岛大学贾小珠编写了第 5、6 章。参加本书讨论和编写的还有山东工商学院、潍坊学院、枣庄学院等高校的部分教师。该书的写作得到教育部高等学校计算机基础课程教学指导委员会项目“计算机基础教学核心课程实施方案研究”的支持。

本书作为高等学校 C/C++ 程序设计教学方法改革的探索，由于时间紧促，可能会存在疏漏或不足，敬请同行老师和广大同学提出宝贵意见，以便我们在以后进行改进。

本书配备完整的教学课件和案例源代码，有需要的老师可登录中国高校计算机课程网下载，网址为 http://computer.cncourse.com。也可与作者联系，联系邮箱为 hxw@sdu.edu.cn。

编　者

2010 年 5 月

目　录

第 1 章

C语言程序设计概述

【本章导读】

程序设计是给出解决特定问题的过程，是软件构造活动中的重要组成部分。程序设计往往以某种程序设计语言为工具，给出采用这种语言编写的程序。对于不同的计算机语言，其程序设计的基本方法是相同的。本书以 C 语言程序设计为主线，介绍程序设计的基本概念和基本方法。

本章首先介绍计算机程序的基本概念，然后介绍程序设计语言及其发展历程，算法与数据结构、程序设计方法、C 程序设计语言及其特点。重点说明 C 程序的基本要素，最后介绍 C 程序设计的基本过程。

【本章要点】

第 1 节：程序设计、程序设计语言、算法、数据结构、程序设计方法。

第 2 节：C 语言的发展过程、C 语言程序的基本结构。

第 3 节：C 语言字符集、关键字、标识符、ANSI 函数。

第 4 节：源程序、编译、连接、C 语言编程环境。

1.1 程序与程序设计语言

1.1.1 计算机程序的概念

计算机程序是用计算机程序设计语言编写的源代码，经过编译、连接形成计算机可以运行的指令序列。这些程序通常能够解决某个问题或实现某种功能。

程序设计是指设计、编制、调试程序的方法和过程。程序设计通常分为问题建模、算法设计、编写代码和编译调试 4 个阶段。

1.1.2 程序设计语言

程序设计语言，通常简称为编程语言，是一组用来定义计算机程序的语法规则。它是一种被标准化的交流技巧,用来向计算机发出指令。一种计算机语言让程序员能够准确地定义计算机所需要使用的数据,并精确地定义在不同情况下所应当采取的行动。

程序设计语言的基础是一组记号和一组规则。根据规则由记号构成的记号串的总体就是语言。在程序设计语言中,这些记号串就是程序。程序设计语言的基本成分有:

- 数据成分,用以描述程序所涉及的数据。
- 运算成分,用以描述程序中所包含的运算。
- 控制成分,用以描述程序中所包含的控制。
- 传输成分,用以表达程序中数据的传输。

计算机程序设计语言的发展,经历了从机器语言、汇编语言到高级语言的历程,程序设计语言一般分为:机器语言、汇编语言和高级语言。

1. 机器语言

机器语言是用二进制代码表示的计算机能直接识别和执行的一种机器指令的集合。它是计算机的设计者通过计算机的硬件结构赋予计算机的操作功能。机器语言具有灵活、直接执行和速度快等特点。不同型号的计算机其机器语言是不相通的,按照一种计算机的机器指令编制的程序,不能在另一种计算机上执行。

用机器语言编写程序,编程人员要首先熟记所用计算机的全部指令代码和代码的含义,需要自己处理每条指令和每一数据的存储分配和输入输出,需要记住编程过程中每步所使用的工作单元处在何种状态。机器语言程序全是 0 和 1 的指令代码,程序的编写、调试和修改非常复杂。

2. 汇编语言

汇编语言(Assembly Language)是面向机器的程序设计语言。在汇编语言中,用助记符代替操作码,用地址符号或标号代替地址码。使用汇编语言编写的程序,机器不能直接识别,需要将汇编语言翻译成机器语言,这种起翻译作用的程序叫汇编程序,把汇编程序翻译成机器语言的过程称为汇编。

汇编语言是面向机器的低级语言,保持了机器语言的优点,具有直接和简捷的特点,可有效地访问、控制计算机的各种硬件设备,目标代码简短,占用内存少,执行速度快。

3. 高级语言

高级语言是一种更接近于自然语言的计算机程序设计语言,具有很强的描述能力,高级语言不直接依赖于具体的计算机硬件。使用高级语言编写的程序不能直接运行,需要将其转换为机器语言才能运行,通常的转换方式有解释和编译两种。

在计算机发展历史上,先后出现过几百种高级语言,其中,影响较大、使用较普遍的有 FORTRAN、ALGOL、COBOL、BASIC、LISP、PL/1、Pascal、C、PROLOG、Ada、C++、VC、VB、Java 等。

1.1.3 算法与数据结构

1. 算法

在客观世界中,做任何事情都有一定的方法和步骤。比如,要得到某门课程的学分,就包括选课、听课、完成作业、参加考试等环节。如果考试不及格,还要按规定补考或重修。这就是获得课程学分的方法、步骤。这些方法、步骤都可以称其为算法。

广义地说，算法（algorithm）是为解决问题而采取的方法和步骤。不同的问题有不同的算法，同一个问题也可以采取不同的算法。

用计算机解决问题也是按照相应的步骤（算法）一步一步完成的。在程序设计中，算法是一系列解决问题的清晰指令，也就是说，能够对一定规范的输入，在有限时间内获得所要求的输出。如果一个算法有缺陷，或不适合于某个问题，执行这个算法将不能解决这个问题。不同的算法可能用不同的时间、空间或效率来完成同样的任务。一个算法的优劣可以用空间复杂度与时间复杂度来衡量。

一个算法应该具有以下 5 个重要的特征：

① 有穷性：一个算法必须保证执行有限步之后结束。

② 确切性：算法的每一步骤必须有确切的定义。

③ 可行性：算法原则上能够精确地运行，而且人们用笔和纸做有限次运算后即可完成。

④ 输入：一个算法有 0 个或多个输入，以刻画运算对象的初始情况，所谓 0 个输入是指算法本身给出了初始条件。

⑤ 输出：一个算法有一个或多个输出，以反映对输入数据加工后的结果。没有输出的算法是毫无意义的。

计算机科学家尼克劳斯·沃思曾出版过一本著名的书《数据结构＋算法＝程序》，可见算法在计算机科学界与计算机应用界的地位。

【例 1–1】 某保健饮料开发公司在实验配制一种新型饮料时，需要加入某种化学成分 K。根据已往的研究经验，每 100 kg 饮料可加入 K 的量为 1 000 ~ 2 000 g。要研究出其口感、营养、颜色、气味俱佳的饮料，就需要做大量的实验。

算法 1：以每 10 g 做一次实验的话，需要作 100 次实验。显然这样就要耗费许多人力、物力、财力以及时间。

算法 2：采用“优选法”。即用一张有刻度的纸条表示 1 000 ~ 2 000 g，在纸条的 1 618 处画一条线，1 618 这一点实际上就是这张纸的黄金分割位置，即 0.618 倍；用算式表示为

$$1\,000 + (2\,000 - 1\,000) \times 0.618 = 1\,618$$

取 1 618 g 化学成分 K 加入 100 kg 饮料中做一次实验。然后把纸条对折起来，前一条线（1 618）落在 1 382 处。显然，这两条线对于纸条的中点是对称的。数值 1 382 可以计算出来，即

$$1\,000 + (2\,000 - 1\,618) = 1\,382$$

这个算式可以写为：左端点＋（右端点－前一点）＝后一点。

再取 1 382 g 化学成分 K 加入 100 kg 饮料中，再做一次实验。

把两次实验的效果进行比较，如果认为 1 382 g 的浓度比较低，则在 1 382 处把纸条的左边一段剪掉（反之，就在 1 618 处剪掉右边的一段）。把剩下的纸条再对折一次，再画线，再做实验，并将实验结果与前面的实验效果比较，如此反复进行实验、比较，逐步接近最好的加入量，直到满意为止。

采用这种方法，实验次数 $\leqslant \log_2 100$，即每经过一次比较，实验范围就缩小一半。经过 $\log_2 100$ 次比较就可以完成实验过程。

第一种算法非常简单易于理解，但效率很低。第二种算法相对复杂，但效率很高。

可见，不同的算法其效率和复杂度有很大的差别。在实际的程序设计过程中往往需要兼顾

效率和复杂度。

2. 数据结构

数据结构是计算机存储、组织数据的方式。数据结构是指相互之间存在一种或多种特定关系的数据元素的集合。通常情况下,精心选择的数据结构可以带来更高的运行效率或存储效率。数据结构往往同高效的检索算法和索引技术有关。

数据结构与算法密不可分,一个良好的数据结构,将使算法简单化;只有明确了问题的算法,才能较好地设计数据结构,因此两者是相辅相成的。在许多类型的程序的设计中,数据结构的选择是一个基本的设计考虑因素。许多大型系统的构造经验表明,系统实现的困难程度和系统构造的质量都严重地依赖于是否选择了最优的数据结构。许多时候,确定了数据结构后,算法就容易实现了。有些时候事情也会反过来,需要根据特定算法来选择数据结构与之适应。不论哪种情况,选择合适的数据结构都是非常重要的。遗憾的是许多人并没有意识到这一点而过度注重编码,忽视了算法和数据结构在程序设计中的重要性。

对于计算机程序而言,其构成与数据结构关系密切,程序在实现算法的同时,还必须完整地体现作为算法操作对象的数据结构,对于复杂问题的求解,常常会发现由于对数据的表示方法和结构的差异,对该问题的抽象求解算法也会完全不同。当然,对同一个问题的求解,算法并不是唯一的,允许有不同的算法,也允许有不同的数据结构。但是不同的算法编写的程序代码,其执行效率也会不一样。

1.1.4 程序设计方法

早期的计算机存储器容量非常小,人们设计程序时首先考虑的问题是如何减少存储器开销,硬件的限制不容许人们考虑如何组织数据与逻辑,程序本身短小,逻辑简单,无须考虑程序设计方法问题。但是,随着大容量存储器的出现及计算机技术的广泛应用,程序规模越来越大,程序的大小以算术基数递增,而程序的逻辑控制难度则以几何基数递增,人们不得不考虑程序设计的方法。

1. 结构化程序设计

结构化程序设计的概念由荷兰学者 Edsger. W. Dijkstra 等人在 20 世纪 60 年代后期提出,是一种“结构良好”的程序设计技术。结构化程序设计以模块化设计为中心,强调程序的结构性。在结构上将软件系统划分为若干个功能相对独立的模块,各模块单独编程,再由各模块连接、组合构成相应的软件系统。每个模块具有“单入口”和“单出口”,由顺序结构、选择结构和循环结构三种基本结构构成。在模块的分解、设计过程中,采用“自顶向下、逐步求精”的设计过程。即在求解问题时,从问题本身开始,经过逐步细化,将解决问题的步骤分解为由基本程序结构模块组成的结构化程序。

结构化设计方法的设计思想清晰,符合人们处理问题的习惯,易学易用,模块层次分明,便于分工开发和调试,程序可读性强。C 语言就是结构化程序设计语言。

2. 面向对象的程序设计

面向对象编程的概念:面向对象的程序设计(Object-Oriented Programming,OOP)立意于创建软件重用代码,具备更好地模拟现实世界环境的能力,这使它被公认为是自顶向下编程的优胜者。它通过给程序中加入扩展语句,把函数“封装”进编程所必需的“对象”中。面向对象的编程语言使得复杂的工作条理清晰、编写容易。C++ 语言就是面向对象的程序设计语言。

面向对象的程序设计方法是程序设计的一种新方法。所有面向对象的程序设计语言一般都含有三个方面的语法机制，即对象和类、多态性、继承性。面向对象是一种运用对象、类、继承、封装、聚合、消息传递、多态性等概念来构造系统的软件开发方法。面向对象这种方法具有三大特性：封装性、继承性和多态性。特别是前两大特性是不可缺少的。

1.2 C 语言概述

1.2.1 C 语言的产生和发展

1. C 语言

C 语言于 1972 年提出，目前是计算机程序设计语言的主流语种，是学习 C++ 和 VC++ 的基础。

C 语言由 CPL 和 BCPL 语言演化而来，发明者是贝尔实验室的 Dennis Ritchie。设计 C 语言的主要目的是编写操作系统。由于其简单灵活，可用来编写各种类型的程序，逐渐成为世界上最流行的语言之一。C 语言最初为开发 DEC 公司的 PDP－11 小型机的 UNIX 操作系统而设计，后来在其他计算机上，尤其在微型计算机上得到了广泛应用。C 语言作为一种通用的高级语言，具有丰富的特性和良好的组织架构。

C 语言的流行归功于两个主要因素：一是这门语言不为程序员设置障碍，通过使用正确的 C 语言指令几乎可以完成任何任务。二是可移植的 C 编译系统简洁、方便，使人们可以轻而易举地安装 C 编译器。

C 语言是一种能够让程序设计人员与计算机进行有效对话的介于汇编语言和高级语言之间的编程语言。它非常灵活而且适应性强。自诞生以来，一直被用来开发各种各样的程序，包括用于微控制器的固化软件、操作系统、应用程序和图形程序等。

C 语言的高效、实用和灵活，受到人们的青睐，不少软件生产厂家都有自己的 C 语言版本，这些编译系统及其版本虽然在具体的细节处理上不尽相同，但在设计思想上、基本功能以及核心部分则是完全相同的。比较典型的有 Borland 公司出品的 C 语言编译系统（Borland Turbo C）和 Microsoft 公司出品的 C 语言编译系统（Microsoft C）。为了对 C 语言进行规范，在 1983 年和 1987 年，美国国家标准化学会（ANSI）根据 C 语言问世以来的各种版本，相继颁布了两次 C 语言的标准——83 ANSI C 和 87 ANSI C。当前流行的 C 编译系统都是以它们为基础的。

C 语言经历了不断的发展和完善，成为当今计算机界公认的一种优秀程序设计语言，有着其他语言不可比拟的特点。

（1）适合开发系统软件

C 语言最初是为了编写 UNIX 操作系统，它具有高级语言的易学、易用、可移植性强的特点，又具有低级语言执行效率高、可对硬件进行操作等优点。既可以开发应用软件，也可以开发系统软件。

（2）结构化的程序设计语言

C 语言是一种结构化语言，它提供了编写结构化的基本控制语句，并以具有独立功能的函数作为模块化程序设计的基本单位。有利于模块化方式进行设计、编码、调试和维护。

(3) 丰富的数据类型和表达式

C 语言不仅本身提供了大量的数据类型,如整型、实型、字符型等,还可以由用户根据自己设计需要定义特殊的数据类型。同时还允许大多数数据类型之间进行转换。运算符和表达式的类型丰富多样,包括赋值、条件、计算、逗号等 30 余种。这使得 C 语言具有极强的表现能力和处理能力,几乎可以完成所有的事务描述。

(4) 可移植性好

由于 C 语言程序本身并不依赖于机器硬件,且 UNIX、Windows、DOS 等主要的操作系统都支持 C 语言编译器,因此 C 程序可以被广泛地移植到各种类型的计算机上。

(5) 语句简洁功能强

C 语言中只提供了 30 余个关键字、9 种控制语句,编程风格灵活,语法限制少,它的表达式可以组成语句,相较其他高级语言,对于相同的操作,C 语言较简单、灵活,易于阅读和维护。

(6) 具有预处理功能和丰富的库函数

预处理的使用为程序的修改、阅读、移植和调试提供了方便。同样,大量的库函数可供程序设计人员直接调用,省去了重复编写这些函数的时间和精力,大大提高了程序设计的效率并保证了程序设计的质量。

2. C++ 语言

1980 年,Bjarne Stroustrup 开发了 C++。C++ 是种面向对象的程序设计语言,它是在 C 语言基础上发展起来的。C 语言中几乎所有的功能和特点都被 C++ 所采用,并在此基础上对 C 语言进行了全面的改进,增加了大量的新特性(其中最重要的特性就是“类”)。C++ 是 C 语言改进后的产物,虽然它不是最早的面向对象的程序设计语言,但是它是目前使用比较广泛的面向对象的程序设计语言,现已经被广泛用于各种软件的开发,同时仍在不断完善中。经过改进和补充,C++ 已发展成为面向对象程序设计语言的代表。

C++ 保留了 C 语言原有的所有优点,在原来面向过程的机制基础上,对 C 语言的功能做了不少扩充,增加了面向对象的机制。

C++ 与 C 完全兼容。C++ 是对 C 的扩充,是 C 的超集。它既可用于结构化程序设计,又可用于面向对象的程序设计,功能强大。

1.2.2 C 语言程序的基本结构

为了说明 C 语言程序的基本结构,先看两个 C 语言程序的例子。

【例 1-2】 由键盘输入三角形的三条边长,计算出该三角形的面积。

```
#include <stdio.h>                          /* 文件包含,输入、输出函数 */
#include <math.h>                           /* 文件包含,数学函数 */
void main(void)                             /* 主函数 */
{
    float a,b,c,l,area;                     /* 定义局部变量 */
    printf("请输入三角形三条边的边长:");
    scanf("%f%f%f",&a,&b,&c);               /* 由键盘输入三角形三条边的边长 */
```

```
    l = (a + b + c)/2.0;
    area = sqrt(l * (l - a) * (l - b) * (l - c));  /* 函数 sqrt(x)是求 x 的平方根 */
    printf("三角形的面积是:%6.2f\n",area);
}
```

【例 1-3】 由键盘输入三角形的三条边长,使用函数计算出该三角形的面积。

```
#include <stdio.h>
#include <math.h>
float triangle_area(float a,float b,float c)          /* 定义用户函数 */
 {
    float l;
    l = (a + b + c)/2.0;
    return  sqrt(l * (l - a) * (l - b) * (l - c));
 }
void main(void)                                       /* 主函数定义 */
 {
    float a,b,c,area;
    printf("请输入三角形三条边的边长:");
    scanf("%f%f%f",&a,&b,&c);
    area = triangle_area(a,b,c);
    printf("该三角形的面积是:%6.2f\n",area);
 }
```

由此,可以分析 C 语言程序的基本结构:

① C 程序通常由一个或多个函数组成,函数是构成 C 程序的基本单位。C 程序中至少要包含一个主函数 main(),还可以有 0 至多个其他函数组成。一个 C 程序总是从主函数开始执行的,由 main()函数的最后一句结束,函数中可调用其他函数。

② C 函数的一般形式:

```
[返回类型] 函数名(参数列表)
{
    函数体
}
```

其中返回类型可以缺省,参数列表可以没有,但函数名后面的括号不能省略。函数的执行部分(又称为函数体)一般包括变量说明和执行语句两部分,并且用花括号括起来。

在 C 语言中函数分为两种,用户可以自己定义函数(如例 1-3 的 triangle_area()),也可以使用 C 系统提供的库函数(如 printf()函数和 scanf()函数)。

③ C 程序一般用小写字母书写,大、小写字母是有区别的,如 area 与 Area 代表不同的变量。C 程序书写格式自由,一行内可写多条语句,若一条语句较长,可分写在多行上。一般情况下语句中的空格和回车符可忽略不计。语句用分号";"结尾,分号";"是 C 语句的一部分。可以在{}内写若干条语句,构成复合语句。

建议用 C 语言编程时，一行写一条语句，遇到复合语句向右缩进，必要时对程序加上注释行。这样写出的程序结构清楚、易于阅读、调试、维护和修改。

由此，可以总结 C 语言程序的基本结构如下：

```
预处理命令
main( ) /* 主函数 */
{
    声明部分
    执行部分
}
其他函数
{
    声明部分
    执行部分
}
```

每个 C 程序都由一个或多个文件组成。根据约定，用于存储源代码的文件有两类：头文件和源文件。头文件可以包含描述程序所需的数据类型的代码，以及其他类型的声明。这些文件之所以称为头文件，是因为通常在其他源文件的开头包含它们。头文件通常用文件扩展名 . h 来区分，但这不是强制的，在一些系统中，也使用其他扩展名来标识头文件，例如 . hxx。

C 和 C++ 源文件的扩展名分别是 . c 和 . cpp，它包含了函数声明，即程序的可执行代码。这些代码通常引用在自己的头文件中定义的数据类型的声明或定义。编译器在编译代码时，需要知道这些声明或定义，因此应在文件的开头通过#include 指令指定 . c/. cpp 文件中需要的 . h 文件。#include 指令是编译器的一个指令，它可以把指定头文件的内容插入代码。标准库头文件的添加同样需要#include 指令。

1.3 C 程序的基本要素

1.3.1 基本字符集

编写 C 语句要使用基本源字符集，这些是在 C 源文件中可以显式使用的字符集。显然，用于定义名称的字符集是上述字符集合的一个子集。当然，基本源字符集并没有限制代码中使用的字符数据。程序可以用各种方式创建没有包含在该字符集中的字符串，基本源字符集包括下述字符。

① 大小写字母 A ~ Z 和 a ~ z。

② 数字 0 ~ 9。

③ 控制字符，如换行符、水平和垂直制表符、换页符。

④ 字符_ { } [ ] # ( ) < > % : ; . ? * + - / ^ & ~ ! = , \ " '。

总共可以使用 96 个字符，这些字符可以满足大多数要求。

在 C 程序中使用的字符定义并没有说明字符的编码方式。编译器将决定用于编写 C 源代码的字符在计算机上如何表示。在 PC 上,这些字符一般显示为 ASCII 码(例如 ISO Latin－1),也可以使用其他的字符编码方式。

1.3.2 关键字

已被 C 系统所使用的、具有固定含义的符号称为关键字,又称为保留字,每个关键字在 C 程序中都有其特定的作用,关键字不能作为用户标识符。

在 ANSI 中,定义了以下 32 个关键字。

描述存储属性的有:auto、extern、static、register。

描述数据类型的有:char、int、float、double、void、struct、union、enum、long、short、signed、unsigned。

描述语句的有:goto、if、else、switch、case、default、break、for、do、while、continue、return。

描述访问方式的有:const(常量修饰符)、volatile(变量修饰符)。

描述编译状态的有:sizeof。

描述数据类型定义的有:typedef。

Turbo C 扩展的关键字有:asm、_cs、_ds、_es、_ss、cdecl、pascal、far、near、huge、interrupt。

1.3.3 标识符

标识符(indentifier)是一个名字,在 C 语言中标识符就是常量、变量、类型、语句、标号及函数的名称。程序设计语言中的标识符均有其命名规则。C 语言中标识符有 3 类:关键字、预定义标识符和自定义标识符。

1. 预定义标识符

C 语言系统提供的库函数名和编译预处理命令等构成了预定义标识符。在程序中若使用了库文件包含指令,就相当于把相应的预定义标识符定义在程序中了,程序设计时就可以使用这些预定义标识符。有少数预定义标识符可以直接使用,而不用在程序中使用库文件包含指令。

2. 自定义标识符

用户可自定义标识符,用于定义函数、变量、符号常且、数组、结构、联合、指针、数据类型、存储届性、标号及宏等。

标识符是以字母、数字和下画线组成的,定义时需注意第一个字符必须是字母或下画线。在 C 语言中,字母大小写是有区别的,COUNT、Count 和 count 为 3 个不同的标识符,习惯上符号常量、宏名等用大写字母,变量、函数名等用小写字母,系统变量以下画线开头。

标识将不能和 C 中的关键字相同,也不允许和已定义的函数名或 C 库函数中的函数名相同。main 虽然不是 ANSI 标准的关键字,但各种 C 语言版本都把它作为主函数名,我们也不应把它作为标识符。C 语言源程序名不属于 C 语句,属于操作系统,其命名要求符合操作系统文件名的规定。

标识符的选择应该做到见名知义、常用取简、专用取繁。例如:count、name、year、month、student_number、display、screen format 等,使人一目了然,以增强程序的可读性。

例如:正确的标识符名有:

test_123

```
_1abel_100
rectangle_area
circle_radius_r
students
```

不正确的标识符名有：

```
100                      /＊数字开头＊/
interger!                /＊包含!字符＊/
chinese word             /＊包含空格字符＊/
for                      /＊是关键字＊/
printf                   /＊与数据库中的输出函数同名＊/
```

1.3.4 ANSI 标准函数

ANSI 提供了很多标准函数，也称库函数。C 语言的库函数是系统预先定义好的函数(或宏)，它们包含许多常见且通用的初等程序功能模块，同时也覆盖了操作系统所提供的各种操作。库函数的引入，既扩大了语言本身的功能，也方便了程序设计人员的使用。一般而言库函数都是高效而且可靠的，可以节省程序设计人员大量的时间和精力。

库函数按其功能特征分为若干类。需要注意的是：应用程序在调用 C 语言的库函数时，应当根据库函数的种类，在程序的开始处加上包含相应头文件的预处理行，例如要调用输入输出类库函数 printf()时，就应当在程序开始位置加上#include <stdio.h>，正如前面的例子中所做的。

标准库包含了大量的函数和其他支持实体，增加和扩展了 C 的基本语言功能。标准库的内容是 C 的一部分，在语言的语法和语义方面跟 C 相同。C 的标准定义了这两者，所以每个符合该标准的编译器都提供了完整的标准库。

标准库的范围是很特殊的。使用该标准库将获得非常多的功能，包括基本元素如基本语言支持，输入输出函数和异常处理(异常是在程序执行过程中发生的偶然事件，常常是某种错误)，实用函数，数学例程和各种预先编写好并测试通过的功能。在程序执行过程中可借助这些功能来存储和管理数据。

要高效地使用 C，应非常熟悉标准库的内容。使用标准库所需要的定义和声明位于前面介绍的标准头文件中。在有些情况下，标准头文件默认包含在程序文件中，但在大多数情况下，必须添加一个#include 指令，把要使用的库函数所在的头文件包含进来。

1.4 C 程序设计基本过程

1.4.1 C 编程环境

高级语言(编译器)通常与一些必要的程序开发工具集成在一起，形成所谓的集成开发环境(Integrated Development Environment，IDE)，尤其是图形用户界面(Graphical User Interface，GUI)技术出现后，高级语言开发环境的界面更加友好。C 语言程序的基本设计过程如图 1-1 所示。

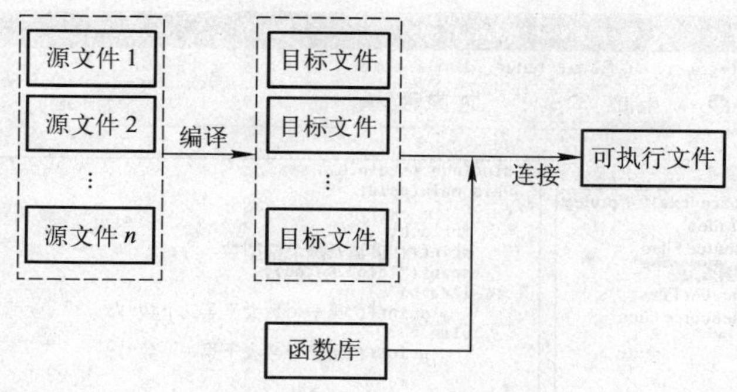

图 1-1　C 语言的基本设计过程

当前流行的 C 编译系统都是以 C 语言的标准——83ANSI C 和 87ANSI C 为基础。20 世纪 90 年代至今，美国 Borland 公司陆续推出了 Turbo C、Turbo C++、Borland C++ 以及 C++ Builder 等系列产品，Microsoft 公司也推出了 Microsoft C、Visual C 等产品。目前这些产品均提供了面向对象的可视化开发环境，用户可以快速、方便地建立 DOS、Windows 应用程序。

事实上 C 语言编译器可以分为 C 和 C++ 两大类，其中 C++ 是 C 的超集，均向下支持 C。主要的 C 语言编译器及特点分别如下。

1. TC 编译器

TC 编译器是基于 DOS 平台的最经典的 C 语言编译器，常用的有 TC 2.0 和 TC 3.0。系统体积小、简单易学，而且很多前人或书籍的程序均基于该编译器，是学习 C 语言的首选。TC 3.0 是目前较好的 C 语言编译器，支持鼠标、语法着色、多文档，错误跟踪也很好，操作与 TC 2.0 有很多类似，缺点是以前很多代码是用 TC 2.0 设计的，而由于 TC 3.0 语法要求的严格性，如要求函数必须定义类型，所以向下存在一定的兼容性问题。

2. VC++6.0

Microsoft Visual C++6.0 是基于 Windows 平台的，是目前主流的 C 语言编译器，包含强大的类和内嵌 WinAPI 的 MFC(Microsoft Foundation Class)，具有可视化的编程界面。对 TC 支持向下兼容。

运行“Microsoft Visual C++6.0”即可进入如图 1-2 所示的 Visual C++ 的 IDE 开发环境。

在 Visual C++ 的开发环境中，除了一般的工具栏之外，还可以看到“程序编辑区”、“Workspace”窗口及“Output”窗口。

3. 其他编译器

其他编译器还有 Win TC、GCC、LCC、BC 3.1 等。事实上，编译器的选择不是最重要的，它们都可以完成基本的 C 语言编译。

1.4.2　源程序及其编辑

源程序是根据高级语言或汇编语言规则编写的源代码。C 语言源程序的扩展名为 .c。C 语言的源程序不能直接在计算机上执行，需要用“编译程序”将源程序翻译为二进制形式的代码。

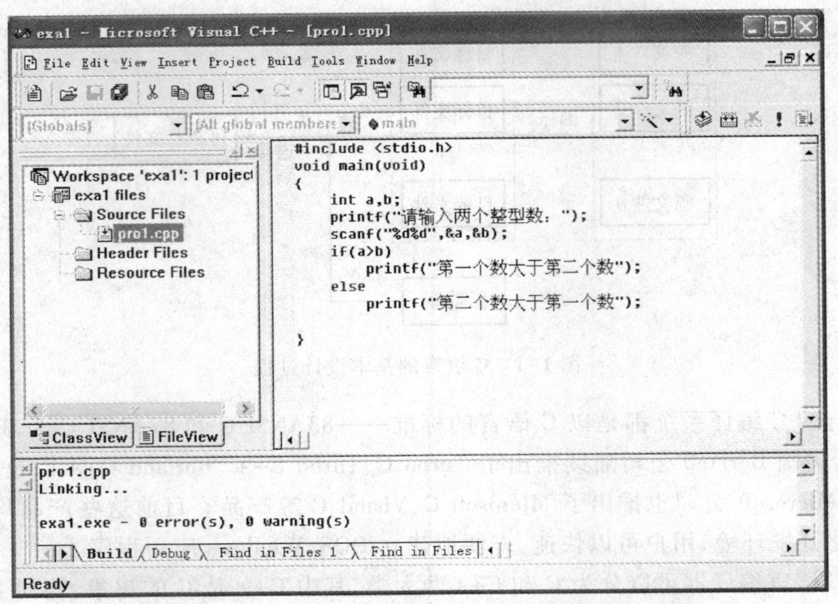

图 1-2　Visual C++ 开发环境

使用 Visual C++ 6.0 必须先创建一个 project，才能执行这个 project 里面的程序，因此首先创建一个全新的 project，以便开始编辑程序。将程序代码输入程序编辑区内，Visual C++ 用不同的颜色来代表程序代码里各种不同的功能，例如关键字以蓝色显示，而程序的注释以绿色显示，这个设计更有利于对程序代码的编辑、修改以及查错。

1.4.3　程序的编译、连接和运行

目标程序是源程序经过“编译程序”翻译所得到的二进制代码称为目标程序。目标程序的扩展名为 .obj。当程序编写完成之后，就可以通过编译来检查程序编写得是否正确。当出现错误时，意味着程序有语法错误，需要修改。

尽管目标代码已经是机器指令，但是还不能运行，因为目标程序还没有解决函数的调用问题，需要将各个目标程序与库函数连接，才能形成完整的可执行的程序。

可执行程序是目标程序与库函数连接形成的完整的、可在操作系统下独立执行的程序。可执行程序的扩展名为 .exe（在 DOS、Windows 环境下）。即使生成可执行程序，也并不能说明程序完成，此时的程序可能还有逻辑错误，因此需要运行以测试程序是否达到了预期目标，有时这种测试需要反复进行，并且要全面测试才能保证程序的正确。

从源程序的编辑，经目标程序的编译到连接为可执行程序，都可在 C 语言程序开发环境中完成。

本章小结

本章首先介绍了计算机程序的概念、程序设计语言的发展史、算法与数据结构。另外，介绍了 C 语言的发展历程，基本字符集、关键字、标识符、标准函数的概念以及 C 语言的编程环境。

算法设计与数据结构的选择是程序设计的关键,算法与数据结构相辅相成,密不可分,一个良好的数据结构,将使算法简单化。只有明确了问题的算法,才能较好地设计数据结构。程序设计过程有方案确定、算法描述、编写程序、程序测试几个阶段。程序的开发周期包括源程序的编辑、编译、连接以及运行测试几个过程。

习题一

一、简答题

1. C 语言的主要特点是什么?
2. 写出 C 语言程序的一般组成形式。
3. 什么是程序设计?
4. 什么是程序的编辑、调试、编译、连接及执行?

二、选择题

1. 以下属于 C 语言合法关键字的是(　　)。

   A. go to　　B. IF　　C. int　　D. viod

2. 合法的自定义标识符是(　　)。

   A. 4a　　B. a_b　　C. a + b　　D. if

3. 不可以作为 C 语言标识符的是(　　)。

   A. sum　　B. $ 1234　　C. s_123　　D. basic_1

4. C 语言中语句的结束符是(　　)。

   A. ;　　B. ,　　C. ?　　D. " "

5. 一个 C 程序的执行是(　　)。

   A. 从 main()函数开始,直到 main()函数结束
   B. 从第一个函数开始,直到最后一个函数结束
   C. 从第一个语句开始,直到最后一个语句结束
   D. 从 main()函数开始,直到最后一个函数结束

6. 下面说法不正确的是(　　)。

   A. C 语言能编写操作系统
   B. C 语言是函数式的语言
   C. 数据类型多样化
   D. 书写格式自由、不规范

7. 构成 C 语言的基本单位是(　　)。

   A. 过程　　B. 函数　　C. 语句　　D. 命令

8. 下面说法不正确的是(　　)。

   A. main()函数是程序开始运行的第一个函数
   B. 没有 main()函数程序就无法执行
   C. 程序必须包含有输入输出函数
   D. 程序可以没有输入函数

9. 以下不属于C语言关键字的是(　　)。

A. default　　B. unsigned　　C. real　　D. typedef

10. 在C语言中,合法的字符常量是(　　)。

A. '\\'　　B. "Hello!"　　C. 'Hello'　　D. a

11. 以下4组中都能正确作为C语言程序标识符的是(　　)。

A. print
if　　B. sort_3_float
PI　　C. pow
5_abc　　D. book -> name
A#B

12. 以下为C语言中合法数据类型关键字的是(　　)。

A. Double　　B. unsigned　　C. integer　　D. Char

第 2 章

数据与数据类型

【本章导读】

数据类型是数据的一种属性，表示数据所表示信息的类型。计算机所处理的信息都称为数据，不同的数据处理的方式有所区别。任何一种计算机语言都定义了自己的数据类型。当然，不同的程序语言都具有不同的特点，所定义的数据类型的种类和名称或多或少有些不同。C 语言可以处理的数据类型非常丰富。

本章只介绍基本数据类型，首先介绍各种基本数据类型的表示范围，然后介绍变量与常量概念，C 语言的各种运算符，以及由这些运算符组成的表达式和基本运算，最后介绍基本数据类型的转换原则。

【本章要点】

第 1 节：数据类型、整型、实型、字符型、枚举型。

第 2 节：常量、符号常量、变量。

第 3 节：运算符、表达式、赋值运算、关系运算、逻辑运算、位运算。

第 4 节：数据类型的自动转换、强制类型转换。

2.1 C 语言的基本数据类型

数据类型是一类数据的抽象表示，这类数据具有相同的表现形式，遵从相同的运算规则，将这种规则和形式上的共同特征抽取出来就形成了数据类型的概念。

C 语言的数据是以某种数据类型的形式出现的，数据类型是指数据的内部表示形式，它是进行 C 语言程序设计的基础。每种数据类型都由两方面组成，即数据的存储方式以及该类型的数据可以参与的运算方式。也就是说数据类型规定了这种数据的取值范围和可以进行的运算，同时也是编译系统为其分配内存单元、确定存储单元大小的依据。

C 语言提供了丰富的数据类型，包括基本数据类型、指针类型、空类型以及构造数据类型等，如图 2-1 所示。在数据类型的分类中，指针类型、空类型等数据类型既不属于基本数据类型也不属于构造类型。

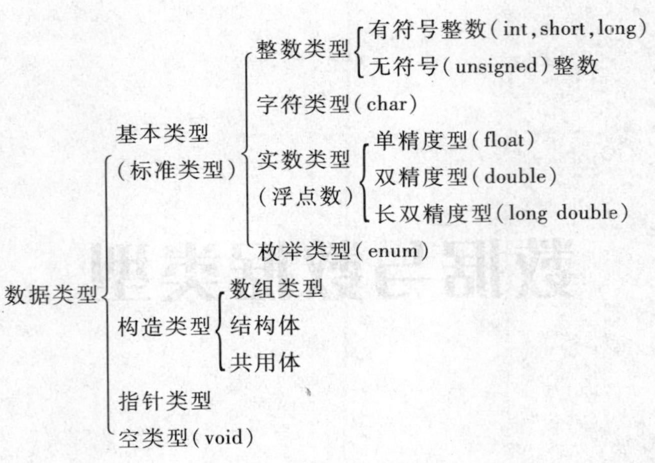

图 2-1 C 语言的数据类型

2.1.1 整数类型

C 语言将整数类型分成有符号整数和无符号整数，所谓无符号整数就是指在存储整数的二进制代码中的最高位不是符号位，而是表示数值，这样使数据的表示范围比有符号整数扩大了两倍。对于每一种整数，又分成标准整型（int）、短整型（short）和长整型（long）。

表 2-1 是 ANSI 标准关于整数类型的有关规定。

表 2-1 ANSI 标准关于整数类型的规定

类 型	位 数	最小取值范围
[signed] int	16	$-2^{15} \sim 2^{15}-1$，等于 $-32\ 768 \sim 32\ 767$
unsigned int	16	$0 \sim 2^{16}-1$，等于 $0 \sim 65\ 535$
[signed] short [int]	16	$-2^{15} \sim 2^{15}-1$，等于 $-32\ 768 \sim 32\ 767$
unsigned short [int]	16	$0 \sim 2^{16}-1$，等于 $0 \sim 65\ 535$
long [int]	32	$-2^{31} \sim 2^{31}-1$，等于 $-2\ 147\ 483\ 648 \sim 2\ 147\ 483\ 647$
unsigned long [int]	32	$0 \sim 2^{31}-1$，等于 $0 \sim 4\ 294\ 967\ 295$

在 C 语言中，可以直接在常量的后面加一个字母 l 或 L 来指定将该整数作为长整数处理。如 123L，代表 long int 数据 123。主要用于函数调用中实在参数和形式参数的匹配。

C 语言的整型数有 3 种表示形式。

① 十进制整数。不由数字 0 开头的整数组成，可以由数字 0 ~ 9 组成，前面可加正号“+”或负号“-”。例如，123、+456、-9870 都是十进制整数常量。

② 八进制整数。由数字 0 开头的整数组成，只能由数字 0 ~ 7 组成，前面可加正号“+”或负号“-”。例如，07623、-04567、+0315 都是八进制整数常量。如果写成 0891 则是错误的，八进制数不能含有数字 8 和数字 9。

③ 十六进制整数。由数字 0 和字母 x(或 X)开头的数组成,可以由数字 0 ~ 9、字母 a ~ f 或字母 A ~ F 组成,前面可加正号“ + ”或负号“ - ”。如 0xa3d、- 0Xa9、0x345、+ 0Xa3b 都是十六进制整数常量。

2.1.2 字符类型

字符数据是单引号括起来的一个字符,如'a'、'b'、'0'、'1'、'+'、'?'等。字符类型为基本类型,是单字节字符,其类型名为 char。在 C 语言中,有一类特殊的字符,称为转义字符。转义字符表示 ASCII 码字符集中不可打印的控制字符和特定功能的字符,如用于表示字符常量的单引号('),用于表示字符串常量的双撇号(")和反斜杠(\)等。

转义字符用反斜杠(\)后面跟一个字符或一个八进制或十六进制数表示,常用的转义字符,如表 2-2 所示。

表 2-2 转义字符及其含义

字符形式	含　义	ASCII 码
\r	回车,将光标移到当前行的开始位置	13
\n	换行,将光标移到下一行的开始	10
\b	退格	8
\t	光标移到下一个水平制表位	9
\f	换页,光标移到下一页的开始	12
\\	反斜杠字符\	92
\'	单引号字符	39
\"	双引号字符	34
\ddd	1 ~ 3 位八进制数代表的任意字符	如:\141 代表字符'a'
\xhh	1 ~ 2 位十六进制数代表的任意字符	如:\x41 代表字符'A'

注意:

① 如果在字符常量和字符串常量中包含反斜杠、单引号、双引号,则必须采用转义字符的形式,而不能直接使用。

② 转义字符只能用小写字母,每个转义字符被看成是一个字符常量。如:'\0'。但是,用单引号(' ')括起来的一个汉字,如'好'则不是字符常量,因为每个汉字占用两个字节;同样用双引号(" ")括起来的单个字符如"a" 也不是字符常量,它是字符串常量。

③ 在使用字符常量时还要注意字符'1'和数字 1 的区别:前者是字符常量,后者是整型常量。它们的含义与在计算机中的存储方式都不相同。

字符型数据在内存中是以 ASCII 形式存放的,与整型数据的存储类似。因此,C 语言的字符型和整型数据可以通用。一个字符即可以按照字符型输出,也可以按照整型形式输出。例如:

```
#include <stdio.h>
void main()
{
   char ch1,ch2;
   ch1 ='a';ch2 ='b';
   printf("%c %c\n",ch1,ch2);               /*以字符形式输出 ch1,ch2 */
   printf("%d %d\n",ch1,ch2);               /*以数值形式输出 ch1,ch2 */
}
```

该程序的运行结果为：

```
a  b
97 98
```

字符型数据只能存放 0 ~ 255 范围内的整数。如变量说明为 int i;可以为 i 赋值为 i ='a',即将一个字符数据赋给一个整型变量,i 得到的是 a 的 ASCII 码值。

在 C 语言中,除了使用字符数据外,还有字符串数据。所谓字符串,是用双引号括起来的字符序列,如:"Hello"就是一个字符串。在 C 语言中,字符串在存储时,总是在字符串的末尾增加字符'\0'作为字符串的结束。如字符串"Hello"在内存中的表示为：

H	e	l	l	o	\0

即使是一个字符,如果是双引号括起来,它也代表一个字符串。例如,"a",表示一个由字符'a'和字符'\0'组成的字符串,其中字符'\0'为转义字符,为字符串结束标志。

2.1.3 实数类型

实数类型又称为实数、浮点数。它通常是带有小数点的,或者是带有指数的,或者是既带有小数点又带有指数的十进制数。C 语言采用小数点区分实数和整数,如 1.0 是实数,而 1 是整数。C 语言中实型常量用两种形式表示：

① 小数形式:一个实数的表示包括数字和小数点。例如,1.23456、-0.465、+789.123、0.0、1.0 等。

② 指数记数法形式:这时实数包括整数部分、小数点、小数部分和指数部分,指数部分前加字母 e 或 E。例如,1.2345e3、12.345E2、1.2345e03、1.2345e+3 均表示 1234.5 这一实数。又如,0.123e+5、1e-4、35.69E11 均为合法的实数表示。用指数形式表示实数时,指数部分必须是整数,字母 e 或 E 之前必须有数字。例如,123e5.6、e5、.e9、e 等均为不合法的指数形式。

上述两种表示方法所表示的实型常量都是双精度实型(double),双精度实型常量在内存中占 8 个字节,取值范围是 $1.7\times10^{-308}\sim1.7\times10^{+308}$。Turbo C 中,在双精度实型常量后加一字母 l 或 L 则构成长双精度实型常量(long double),长双精度实型在内存中占 10 个字节,取值范围是 $3.4\times10^{-4932}\sim1.1\times10^{+4932}$。

例如,1.23e1234l、5.67e-3456L 均为正确的长双精度实型常量。由实型常量的表示范围可知实型常量总是取正值。如果要使用负值,可在实型常量的前面加一个负号,构成常量表达式,其中的负号作为算术操作符。实型常量只有十进制实型常量的一种,没有八进制实型常量,也没有十六进制实型常量。绝对值小于 1 的实型常量,其小数点前面的零可以省略,例如,0.123 可写为 .123, -0.0123e-5 可写为 -.0123e-5。

在 C 语言中,实数分成单精度、双精度和长双精度 3 类,如表 2-3 所示。

表 2-3 实数数据类型

类 型	比 特 数	取 值 范 围
float	32	$10^{-37} \sim 10^{38}$
double	64	$10^{-307} \sim 10^{308}$
long double	128	$10^{-4931} \sim 10^{4932}$

有的实数类型的数据不能在内存中精确表示,例如 10/3,这导致在进行实数数据的计算和存储时可能产生机器误差,因此在进行实数类型数据的运算时应该注意运算的精度。另外,实数类型数据的运算速度比整数的慢,因此可以用整数类型表示的数据尽量用整数类型表示,而不用实数类型表示。

2.1.4 枚举类型

当一个变量的取值仅有少数几种可能时,可以使用枚举类型。和其他标准类型相比,枚举类型需要用户先进行定义,然后再使用。枚举类型定义的一般形式为:

enmu <枚举类型名> {<枚举常量表>}

其中,enum 为 C 语言保留字,表示枚举类型说明,枚举类型名为用户自定义标识符,枚举常量表为用户自定义标识符,标识符之间用逗号分开,每个标识符代表一个枚举常量。

例如,enum weekday {sun,mon,tue,wed,thu,fri,sat};

声明一个枚举类型,名称为 weekday,接下来用户可以定义该类型的变量,例如:

enum weekday workday,freeday;

此时,变量 workday 和 freeday 的取值可以是 sun、mon、tue、wed、thu、fri、sat 中的任意一个枚举常量。当使用枚举类型数据时,必须注意以下几点:

- 枚举元素均为常量,不能当作变量赋值。例如,sun=0 是错误的,因为不能为常量赋值。
- 枚举元素作为常量,从左到右对应的序号值为 0、1、2、…

  如果 freeday=sun,则 printf("%d",freeday)将输出整数 0。
- 枚举元素的值(序号)可由用户指定,例如,enum weekday {sun=7,mon=1,tue,wed,thu,fri,sat};则 sun 的值为 7,mon 的值为 1,下面的元素值依次为 2、3、4、5、6。
- 枚举类型数据可以作关系运算。
- 不能将一个整数赋给枚举类型变量,例如,freeday=0 是错误的赋值语句。但是,可以作强制类型转换:freeday=(enum weekday)0,将序号为 0 的元素赋给枚举类型变量 freeday。

2.2 常量与变量

2.2.1 常量

在程序运行过程中其值不能被改变的量称为常量。例如,123、2、3.14159、-4.0、'A'、'\n'、"abc"、"ab\n\t"。

C 语言规定的常量可以是任意数据类型。根据表示形式分为直接常量和符号常量。直接常量有整型常量、实型常量、字符型常量、字符串常量。例如,123、3.14、'a'、'Hello'等。符号常量是用一个标识符来代表一个常量,这个标识符就称为符号常量。

可以用两种方式来定义 C 语言中的符号常量。

① 利用宏定义 #define 来定义符号常量。例如:

```
#define PI 3.14159
#define ESC 27
#define ID  "102343-3852396-y3v4x5a"
```

则 PI、ESC 与 ID 是符号常量,在程序中它们的值不能被改变。程序中用符号常量来代替一串不易记忆的数字或一串字符串,不仅增加了程序的可读性,也减轻了程序设计人员的负担。另外,用一串较短的字串来代替一串长字符串,也提高了编写效率。C 语言中习惯用大写字母表示符号常量。

② 利用 const 修饰符来定义符号常量,这一方法在定义符号常量的同时也定义了该常量的数据类型。用 const 来定义符号常量的格式为:

const　数据类型关键字 符号常量 1 = 常量 1[，　符号常量 2 = 常量 2,…];

例如:

```
const   int MAXINT = 32767;
const   long int MAXLONG = 2147483647;
```

定义符号常量 MAXINT 为整型、MAXLONG 为长整型。

2.2.2 变量

变量就是程序运行时其值发生改变(可以被改变)的量值。C 语言规定,在程序中所有用到的变量,都必须在程序中指定其数据类型,变量必须先定义后使用。

1. 变量的定义

在 C 语言中定义变量是通过声明语句实现的。C 语言中,定义一个变量的完整格式是:

[存储类别名] 数据类型名 变量名 1[= 表达式 1][,…变量名 n = 表达式 n];

例如:

```
int a,b;            /*a,b 为基本整型变量*/
long c;             /*c 为长整型变量*/
short d;            /*d 为短整型变量*/
unsigned x,y;       /*x,y 为无符号整型变量*/
```

```
float a,b;       /* 指定变量 a、b 为单精度实数 */
double d,e;      /* 指定变量 d、e 为双精度实数 */
char ch;         /* 指定变量 ch 为字符型 */
```

声明语句必须放在函数的任何可执行语句之前,把声明语句插在可执行语句中会产生语法错误。最好的方法是将函数中的声明语句和可执行语句用空行分开。这样可以清楚地看出声明语句的结束和可执行语句的开始。

C 语言允许将值放在变量中,每个变量都由一个变量名来标识。每个变量都有一个变量类型,变量类型告诉 C 编译系统该变量随后的用法以及保存的类型。定义一个变量的过程实际上就是向内存申请一个符合该数据类型的存储单元空间的过程。因此可以认为变量实质上就是内存某一单元的标识符号,对这个符号的引用,就代表了对相应内存单元的存取操作。定义变量时给出的数据类型一方面是编译系统确定分配存储单元大小的依据,同时也规定了变量的取值范围及可以进行的运算和处理。

2. 变量初始化

定义变量时,在变量之后加"=常量",则对该变量进行了初始化。变量初始化过程是在定义变量类型时,把"="号右边的常量赋值给变量。

例如:

```
int i=0,j=0;
```

上述语句定义 i、j 为整型变量,并把常量 0 赋给变量 i 与变量 j,这一初始化过程是在程序执行到本函数时给变量赋初值的。除了第 6 章讲述的静态存储变量和外部变量的初始化是在编译阶段完成的之外,动态变量的初始化过程都是在执行时完成。因此,语句 int i=0,j=0;等价于以下两条语句:

```
int i,j;
i=j=0;    /* 运行时赋初值,把 0 值赋值给变量 i 和变量 j */
```

注意,若写成"int i=j=0;"是非法语句。

一个动态变量未经初始化、也对其未赋值,其初值是不确定的。例如在某函数中有以下程序段:

```
int i;
printf("%d\n",i);
```

执行后输出结果是个不确定的整数值。

静态存储变量和外部变量若未经初始化、也对其未赋值,其初值是确定的,通常是 0 值。

在 C 程序中,常量不需要定义即可以直接引用,但是变量只有在定义了数据类型和名称之后才可以使用。这就是 C 语言程序设计中变量的"先定义,后使用"引用原则,在具体使用某个变量之前必须对这个变量进行定义,并且只能定义一次。这为查找引用变量类的错误提供了方便条件。

2.3 运算符与表达式

C 语言提供了大量的运算符,这些运算符可以进行数据的运算处理。从功能上可以分为算术运算符、赋值运算符、关系运算符、逻辑运算符等，从运算对象上可以分为单目运算符、双目运算符和三目运算符。运算符具有优先级和结合性。结合性是 C 语言独有的特点。与运算符连接的常量、变量、函数等组成了 C 语言表达式。C 语言的表达式有算术表达式、赋值表达式、关系表达式、逻辑表达式、条件表达式、逗号表达式和指针表达式等。表达式的运算主要按照运算符的优先级和结合性所规定的顺序进行，其次还要考虑参与运算的操作数是否具有相同的数据类型以及是否需要进行类型转换，每个表达式代表着一个确定的值和确定的数据类型。

2.3.1 运算符与表达式的概念

C 语言的运算符是表示各种数据操作的符号。根据参与操作的数据的个数可以将 C 语言的运算符分为单目运算符、双目运算符和三目运算符（三目运算符只有条件运算符一个）。

所谓单目运算符是指对一个运算对象进行操作。例如，-20。双目运算符是对两个运算对象进行操作，这两个运算对象分别放在操作符的左边和右边。例如，1+2。

实际上，运算符代表了数据类型的一部分运算规则。不同的运算符具有不同的运算规则，其参与操作的对象必须符合该运算符对数据类型的要求，运算结果的数据类型也是固定的。对于运算符，应从以下 4 个方面理解。

① 运算符的意义：表示能够处理的操作。

② 与操作符相关的数据类型：包括参与操作的数据和运算结果的数据类型。

③ 运算符的优先级：表示不同运算符参与运算时的先后顺序，优先级高的先于优先级低的运算符进行运算。

④ 运算符的结合性：当优先级相同的时候，按照运算符的结合方向确定运算的次序，运算符的结合性分为右结合（从右向左）和左结合（从左到右）两种方式。

表达式是由常量、变量、函数等通过运算符连接起来而形成的一个有意义的算式。一个常量、一个变量、一个函数都可以看成是一个表达式。一个表达式代表着一个具有特定数据类型的具体值。

表达式的求值计算过程实际上是一个数据加工的过程，通过各种不同的运算符可以实现不同的数据加工。表达式代表了一个具体的值，在计算这个值时，要根据表达式中各个运算符的优先级和结合性，按照优先级高低，从高到低地进行表达式的运算，对同级的优先级则要按照该运算符的结合方向按从左向右或从右向左的顺序计算，否则很容易得到错误的结果。同时，为了改变运算次序，可以采用加小括号()方式，因为小括号()的优先级最高，以此提升某个运算次序。

2.3.2 算术运算符与算术表达式

算术运算符包括：加(+)、减(-)、乘(*)、除(/)，取余(%)，自增(++)、自减(--)、取负(-)。

取模或求余数，两个数必须都是整数，例如，15%6 值为 3。

在对一个变量作加 1 或减 1 处理时，可以使用自增运算符 ++ 或自减运算符 --。++ 或 -- 是 C 语言中较为独特的单目运算符。放在操作数的前面或后面，都是允许的。"++"与"--"的作用是使变量的值增 1 或减 1。

一般形式：

++变量名/--变量名;

变量名++/变量名--;

如果将自增和自减运算符放在某个变量前面，则称为前缀运算。前缀运算执行的是“先运算，后使用”的处理过程，即将变量先加1或减1，然后将加1或减1的值运用在出现该变量的表达式中。

例如，a=++n;相当于执行n=n+1;a=n;操作。

如果将自增和自减运算符放在某个变量后面，则称为后缀运算。后缀运算执行的是“先使用，后计算”的处理方法，即将变量的当前值先参与表达式的处理，然后再对变量值加1或减1。

例如，a=n++;相当于执行a=n;n=n+1;操作。

运算符的优先级和结合方向：

计算机语言中的运算符与数学中的运算符类似，都有优先级和结合方向。C语言的算术运算符的优先级由高到低顺序如下。

运算符	说明	优先级
( )	圆括号	高
-、++、--	单目运算符，取负、自加、自减	↓
*、/%	双目运算符，乘、除、取模	↓
+、-	双目运算符，加、减	低

上面所有双目算术运算符的结合方向都是“从左到右”，而单目运算符取负“-”、“++”、“--”的结合方向是“从右到左”。

例如，a+b、(a+b)*c、PI*SQRT(3)为算术表达式。

2.3.3 逻辑运算符与逻辑表达式

1. 逻辑运算符

C语言提供3种逻辑运算符：&&(逻辑**与**)、‖(逻辑**或**)、!(逻辑**非**)。

其中“!”是单目运算符，“&&”和“‖”是双目运算符。逻辑运算符的优先级如下：

“!”→算术运算符→关系运算符→“&&”→“‖”→赋值运算符

高 ————————————————→ 低

逻辑**非**“!”运算符的结合方向是“从右到左”，而“&&”和“‖”结合方向则是“从左到右”。

2. 逻辑表达式

用逻辑运算符(逻辑**与**、逻辑**或**、逻辑**非**)将关系表达式或逻辑量连接起来构成逻辑表达式。

逻辑表达式的值是一个逻辑量“真”或“假”。C语言编译系统在给出逻辑运算结果时，以1代表“真”，以0代表“假”，但在判断一个量是否为“真”时，以0代表“假”，以非0代表“真”(即认为一个非0的数值是“真”)。

在一个逻辑表达式中如果包含多个逻辑运算符，则按照以下的优先顺序：

① !(**非**)→&&(**与**)→‖(**或**)，“!”为三者中最高。

② 逻辑运算符中的“&&”和“‖”的优先级低于关系运算符，“!”高于算术运算符。

例如：

a > b&&x > y　　等价于　　(a > b)&&(x > y)

a == b ‖ x == y　　等价于　　(a == b) ‖ (x == y)

! a ‖ a > b　　等价于　　(!a) ‖ (a > b)

③ 逻辑运算的真值表如表 2-4 所示。

表 2-4　逻辑运算真值表

a	b	!a	!b	a&&b	a ‖ b
非 0	非 0	0	0	1	1
非 0	0	0	1	0	1
0	非 0	1	0	0	1
0	0	1	1	0	0

在逻辑表达式的求解中，并不是所有的逻辑运算符都被执行，只是在必须执行下一个逻辑运算符才能求出表达式的解时，才执行该运算符。

① a && b && c 为逻辑**与**表达式，只要有一个为“假”则整个表达式的值就为假。所以，只有 a 为真，才需要判别 b 的值；只有 a、b 都为真，才需要判别 c 的值。只要 a 为假，此时整个表达式已经确定为假，就不必判别 b 和 c；如果 a 为真，b 为假，则不必判断 c。

② a ‖ b ‖ c 为逻辑**或**表达式，只要有一个为“真”则整个表达式的值就为真。因此只要 a 为真，整个表达式已经确定为真，就不必判断 b 和 c；只有 a 为假，才判断 b；a、b 都为假才判断 c。

例如，设 a = 1，b = 2，c = 3，d = 4，m = n = 1，则执行下面的表达式后 m = ?，n = ?

(m = a > b)&&(n = c > d)

由于“a > b”为假(0)，所以赋值后 m = 0，赋值表达式“m = a > b”的值也为 0。此时整个表达式的结果已经知道(0)，所以不进行表达式“n = c > d”的计算，所以表达式计算结束后，n = 1(未改变)。

【例 2-1】　写出判断某一年是否为闰年的逻辑表达式。所谓闰年，是指符合下面两个条件之一：能被 4 整除，但不能被 100 整除；能被 4 整除，又能被 400 整除。

分析：对于条件 1，能被 4 整除，写作 year% 4 == 0；不能被 100 整除，写作 year% 100! = 0。要求两者同时满足，内部是一个逻辑**与**的关系，可合并为：year% 4 == 0&&year% 100! = 0；对第二个条件，因为能够被 400 整除一定能被 4 整除所以第二个条件可以简化为能够被 400 整除，写作 year% 400 == 0。条件 1 和条件 2 满足任何一个都是闰年，两者之间是逻辑**或**的关系。因此，判断闰年条件的逻辑表达式为：

(year% 4 == 0&&year% 100! = 0) ‖ year% 400 == 0

表达式为“真”，闰年条件成立，是闰年，否则不是闰年。

2.3.4　关系运算符与关系表达式

1. 关系运算符

关系运算符用于比较两个运算对象的大小。C 语言提供 6 种关系运算符。

<(小于)、>(大于)、<=(小于或等于)、>=(大于或等于)这 4 个运算符优先级相同，但都高于下面两种关系运算符。

==（等于）、!=（不等于）这两个运算符优先级也相同，都低于上面4种关系运算符。

关系运算符是双目运算符，结合方向是“从左到右”。关系运算符的优先级低于算术运算符，但高于赋值运算符。

2. 关系表达式

用关系运算符将两个表达式（算术、关系、逻辑、赋值表达式等）连接起来所构成的表达式，称为关系表达式。

关系表达式的值是一个逻辑值，只有两种取值，即“真”或“假”。C语言没有逻辑型数据，关系运算的结果是int型，以1表示关系表达式成立，代表“真”，0表示关系表达式不成立，代表“假”。

3. 关系运算的特点

① 关系运算符都是双目运算符，并且都是从左向右结合。

② 关系运算符的优先级比算术运算符低，但都比赋值运算符高。在关系运算符内部，>、>=、<、<=运算符的优先级相同；==和!=两种运算符的优先级相同，且低于其他4种关系运算符。

例如：

c > a + b	等价于	c > (a + b)	关系运算符的优先级低于算术运算符
a > b == c	等价于	(a > b) == c	>优先级高于==
a == b < c	等价于	a == (b < c)	<优先级高于==
a = b > c	等价于	a = (b > c)	关系运算符的优先级高于赋值运算符

2.3.5 赋值运算

1. 简单赋值运算

C语言中“=”是赋值运算符，赋值号左边必须是变量（或是某种特定的代表存储单元的表达式，详见第5章指针），右边是一个合法的C语言表达式，由此构成赋值表达式，其一般形式如下：

变量名 = 表达式

赋值运算的功能是先计算=号右边表达式的值，然后把这个值赋值给=左边的变量，也就是把“右边表达式的值”存入“左边变量”的地址所指的存储单元中。例如表达式：i = 123是将常量123赋值给变量i。

赋值表达式本身有值，它的值为左边变量所得到的新值。赋值运算符的结合方向是“从右到左”。例如赋值表达式：i = j = 3 * 5的求解过程是，先求解赋值表达式j = 3 * 5，计算右边3 * 5的值为15，然后把15赋值给变量j，由于赋值表达式j = 3 * 5本身值为15，因此再求解表达式i = 15，把15赋值给变量i。这相当于用连等的方式给多个变量赋同一值。

C语言中赋值运算符的优先级仅高于逗号运算符，低于其他运算符。

C语言中字符类型（char）数据取值范围为 -128 ~ 127，无符号字符类型（unsigned char）数据取值范围为0 ~ 255。例如变量ch与ch1定义如下：

```
char ch;
unsigned char ch1;
```

若将 ASCII 码值大于 127(0x7f)的字符赋值给 ch 将被认为是负数。这是因为当 ASCII 码值大于 0x7f 时,该字节的最高位为 1,系统认为该数为负数。因此处理大于 0x7f 的 ASCII 码字符(例如汉字码)时,使用 unsinged char 类型的变量 ch1 较好。

2. 复合赋值运算

在赋值运算符"="的左边加上算术运算符或位运算符就构成了复合赋值运算符。它们有 10 种:*=、/=、%=、+=、-=、>>=、<<=、&=、∧=、|=。所有复合赋值运算符的运算优先级都与赋值运算符"="的运算优先级一样。结合方向也均为"从右到左"。例如:

i-=5　等价于　i=i-5　可以理解为 i-=5,即把"i-"放到等号=的右边

j*=k-3　等价于　j=j*(k-3)　可以理解为 j*=(k-3),这里的括号是必需的,注意不要写成 j=j*k-3

2.3.6 逗号运算

在 C 语言中逗号","也是一种运算符,称为逗号运算符。其功能是把多个表达式连接起来组成一个表达式,称为逗号表达式。其一般形式为:

表达式$_1$,表达式$_2$,…,表达式$_n$

其求值过程是依次计算每个表达式的值,并以表达式$_n$ 的值作为整个逗号表达式的值。

例如,下列程序段:

```
int a=2,b=4,c=6,x,y;
y=(x=a+b),(b+c);
z=((x=a+b),(b+c));
printf("%d,%d",y,z);
```

运行后 y 和 z 的值分别为:6 和 10。

本例中,z 等于整个逗号表达式的值,也就是表达式 2 的值,x 是第一个表达式的值。

2.3.7 位运算

1. 位运算符

位运算符包括:<<、>>、~、|、^、&。数据在内存中都以二进制形式存放,如果对硬件编程或系统调用经常需要对数据的二进制位进行操作。通常高级语言不提供位运算符,但 C 语言提供了位运算符,与汇编语言的位操作相似,是 C 语言的优点之一。

C 语言提供了 6 种位运算符,其优先级、结合方向、要求运算对象的个数及作用如表 2-5 所示。

表 2-5　C 语言的为运算符

操作符	优先级	作用	要求运算符的个数	结合方向
~	高	按位取反	单目	从右到左
<<、>>	↓	左移、右移	双目	从左到右
&	↓	按位与	双目	从左到右
^	↓	按位异或	双目	从左到右
|	低	按位或	双目	从左到右

位运算的运算对象只适用于字符型和整数型数据，对其他数据类型不适用。关系表达式和逻辑表达式的值只能是 1 或 0，而位运算表达式的值可以是 0 或 1 以外的值。

2. 位运算符的运算规则

1）按位取反运算符

按位取反运算符 ~ 是单目运算符，运算对象在运算符的右边，其运算功能是把运算对象的内容按位取反。例如，int i = 199；则 ~i 值为 -200，这是因为整型十进制数 199 的二进制数是：0000 0000 1100 0111，把它按位取反的结果是：1111 1111 0011 1000，这个数是整型十进制数 -200 在内存的补码表示。

2）左移运算符

左移运算符 << 的左边是运算对象，右边是整型表达式，表示左移的位数。左移时，低位（右端）补 0，高位（左端）移出部分舍弃。例如：

```
char a =5,b;
b = a<<3;
```

用二进制来表示，a 的值为 0000 0101（十进制数 5）。

执行语句“b = a <<3;”之后，b 的值为 0010 1000（十进制数 40 = 5 * 2 * 2 * 2），运算后，a 的值并没有改变，仍为 5。左移时，若高位（左端）移出的部分均是二进制位数 0，则每左移 1 位，相当于乘以 2。可以利用左移这一特点，代替乘法，左移运算比乘法运算快得多。若高位移出的部分包含二进制位数 1，则不能用左移代替乘法运算。

3）右移运算符

右移运算符 >> 的左边是运算对象，右边是整型表达式，表示右移的位数。右移时，低位（右端）移出的二进制位数舍弃。对于正整数和无符号整数，高位（左端）补 0；对于负数，高位（左端）补 1（补码表示法最高位 1 表示负数）。

例如：

```
char a =41,b;
b = a>>3;
```

用二进制来表示 a 的值为：0010 1001（十进制数 41）。

执行语句“b = a >>3;”之后，b 的值为 0000 0101（十进制数 5 = 41/2/2/2，注意是整数除），运算后，a 的值并没有改变，仍为 41。右移时，每右移 1 位，相当于除以 2（整数除）。可以利用右移这一特点，代替除法，右移运算比除法运算快得多。但是对于负整数，右移时高位（左端）补 1，则不能用右移代替除法运算。

4）按位与运算符

按位与运算符 & 先把两个运算对象按位对齐，再进行按位与运算，如果两个对应的位都为 1，则该位的运算结果为 1，否则为 0。例如：int a =41&165；则 a 的值为 33，运算过程用二进制表示如下：

	0000 0000 0010 1001	（十进制数 41）
&	0000 0000 1010 0101	（十进制数 165）
	0000 0000 0010 0001	（十进制数 33）

按位**与**运算有两个特点：和二进制位数 0 相**与**则该位被清零；和二进制位数 1 相**与**则该位保留原值不变。利用这两个特点，可以指定一个数的某一位（或某几位）置 0，也可以检验一个数的某一位（或某几位）是否是 1。例如：a = a&3；只保留 a 的右端两位二进制位数。

又如：a & 4 检验变量 a 的右端第 3 位是否为 1。

按位**与**运算符 & 和逻辑**与**运算符 && 不同，对于逻辑**与**运算符 &&，只要两边运算数为非 0，运算结果为 1。例如 41&&165 的值是 1。

5）按位**异或**运算符

按位异或运算符 ∧ 把两个运算对象按位对齐，如果对应位上的数相同，则该位的运算结果为 0；如果对应位上的数不相同，运算结果为 1。例如：int a = 41 ∧ 165；则 a 的值为 140，运算过程用二进制表示如下：

```
   0000 0000 0010 1001   （十进制数 41）
∧  0000 0000 1010 0101   （十进制数 165）
-----------------------------------------
   0000 0000 1000 1100   （十进制数 140，运算时上、下相同取 0，不同取 1）
```

按位**异或**运算可以把一个数的二进制位的某一位（或某几位）翻转（0 变 1，1 变 0）。例如：a = a ∧ 3；将变量 a 的最右端的二位翻转。

6）按位**或**运算符

按位**或**运算符 | 先把两个运算对象按位对齐，再进行按位**或**运算，如果两个对应的位都为 0，则该位的运算结果为 0，否则为 1。例如：int a = 41 | 165；则 a 的值为 173，运算过程用二进制表示如下：

```
   0000 0000 0010 1001   （十进制数 41）
|  0000 0000 1010 0101   （十进制数 165）
-----------------------------------------
   0000 0000 1010 1101   （十进制数 173）
```

利用按位或运算的特点，可以指定一个数的某一位（或某几位）置 1，其他位保留原值不变。

例如：

a = a | 3;　　　　把 a 的右端两位二进制位数置 1，其他位保留原值不变

a = a | 0xff;　　　把 a 的低字节全置 1，高字节保持原样

a = a | 0xff00;　 把 a 的高字节全置 1，低字节保持原样

如果参加位运算的两个运算对象类型不同，例如长整型（long）、整型（int）或字符型（char）数据之间的位运算。此时先将两个运算对象右端对齐，若为正数或无符号数高位补 0，负数高位补 1。

例如：9L | -200 的运算过程用二进制表示如下：

```
   0000 0000 0000 0000 0000 0000 0000 1001   （十进制长整型数 9L）
|  1111 1111 1111 1111 1111 1111 0011 1000   （十进制 -200，高位补 1）
---------------------------------------------------------------------
   1111 1111 1111 1111 1111 1111 0011 1001   （十进制数长整型数 -199L）
```

7）一个表达式中出现多个位运算符

如果在一个表达式中出现多个位运算符时，应注意各运算符之间的优先关系。例如：

语句“a = 10&5 <<3；”执行后，a 的值为 8。“<<”的优先级高于“&”，先进行位移运算。

2.4 数据类型转换

不同数据类型的数据可以相互转换。这种转换可能发生在算术表达式、赋值表达式和输出时。转换的方式有两种：自动转换和强制转换。

2.4.1 自动转换

自动转换由编译系统自动完成，可以将一种数据类型的数据转换为另外一种数据类型的数据。

1. 算术运算中的数据转换

如果一个运算符有两个不同类型的运算分量，C 语言在计算该表达式时会自动转换为同一种数据类型，以便进行运算。先将较低类型的数据提升为较高的类型，从而使两者的数据类型一致（但数值不变），然后再进行计算，其结果是较高类型的数据。

自动转换遵循原则——“类型提升”：转换按数据类型提升（由低向高）的方向进行，以保证不降低精度。

数据类型的高低根据其类型所占空间的大小来判定，占用空间越大，类型越高，反之越低。转换规则如图 2-2 所示。

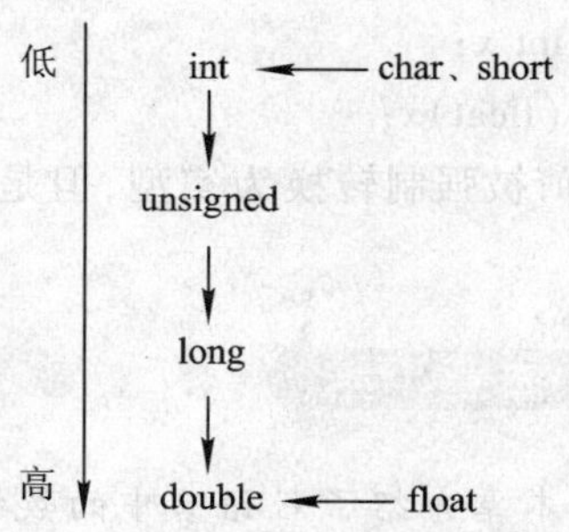

图 2-2 算术运算过程的转换规则

例如，算术运算 x + y，如果 x 和 y 的类型都是 int 型变量，则 x + y 的结果自然是 int 型。如果 x 是 short 型而 y 是 int 型，则需要首先将 x 转换为 int 型，然后再与 y 进行加法计算，表达式的结果为 int 型。

2. 赋值运算的类型转换

在执行赋值运算时，如果赋值运算符两侧的数据类型不同，赋值号右侧表达式类型的数据将转换为赋值号左侧变量的类型。

转换原则是：当赋值运算符 = 右侧表达式的值被计算出来后，不论是什么类型都一律转换为 = 左侧的变量的类型，然后再赋值给左侧的变量。

例如：

```
float a;
a = 10;          /* 结果为 a = 10.0(数据填充) */
int a;
a = 15.5         /* 结果为 a = 15(数据截取) */
```

在赋值类型转换时要注意数值的范围不能溢出，即要在该数据类型允许的范围内。如果右侧变量数据类型长度比左侧的长时，将丢失一部分数据，从而造成数据精度的降低。

3. 数据输出时的类型转换

在数据输出时，数据将转换为格式控制符所要求的类型，同样可能发生数据丢失或溢出。类型转换的实际情况是：字符型到整型转换是取字符的 ASCII 码值；整型到字符型转换只是取其低 8 位；实型到整型转换要去掉小数部分；整型到实型转换数值不变，但以实数形式存放；双精度到实型转换是四舍五入的。

2.4.2 强制转换

一般情况下,数据类型的转换通常是由编译系统自动进行的,不需要程序员人工编写程序干预,所以又被称为隐式类型转换。但如果程序要求一定将某一类型的数据从该类型强制地转换为另外一种类型,则需要人工编程进行强制类型转换,也称为显式转换。强制类型转换的目的是使数据类型发生改变,从而使不同类型的数据之间的运算能够进行下去。

语法格式如下:

(类型说明符)表达式

功能是强行地将表达式的类型转换为括号内要求的类型。

例如:

```
(int)4.2;
```

结果是4。

又如:

```
int x;
(float)x;
```

x的值被强制转换为实型,但是并不改变的x类型是整型。只是在参与运算处理时按照实型处理。

本章小结

本章介绍了C语言中的数据类型的概念和基本数据类型;常量与变量的概念,变量的定义、引用原则;C语言的运算符及其优先级;表达式的概念和结合性。详细介绍了逻辑运算、关系运算、赋值运算和位运算,以及在赋值过程中的数据类型转换和强制转换。

每一种数据类型都有特定的含义和表示范围,C语言的基本数据类型有整型、实型、字符型。C语言有字符串常量,但没有字符串变量。C语言的变量采用"先定义,后使用"的原则。C语言的运算符很丰富,使用时应注意各种运算符的含义;不同的运算符的优先级不一样,使用括号可以使运算的顺序表示得更清晰。C语言的表达式有右结合和左结合之分,当优先级相同时,按照运算符的结合方向确定运算的次序,需要特别注意。关系运算和逻辑运算其结果为逻辑量,以0代表"假",以非0代表"真"。在C程序中,所有非0值都认为是"真"。

习题二

一、选择题

1. C语言的简单数据类型包括(　　)。

A. 整型、实型、逻辑型　　B. 整型、实型、字符型、逻辑型

C. 整型、字符型、逻辑型　　D. 整型、实型、字符型

2. 在C语言中,变量所分配的内存空间大小(　　)。

A. 均为一个字节　　B. 由用户自己定义　　C. 由变量的类型决定　　D. 是任意的

3. C语言中关于用户变量定义与使用不正确描述是(　　)。

A. 变量按所定义的类型存放数据

B. 系统在编译时为变量分配相应的存储单元

C. 变量应先定义后使用

D. 通过类型转换可更改变量存储单元的大小

4. 设 int 类型的数据长度为 2 个字节，则 unsigned　int 类型数据的取值范围是(　　)。

A. 0 ~ 255　　B. 0 ~ 65 535　　C. -32 768 ~ 32 767　　D. -128 ~ 127

5. 下面关于 C 语言变量的叙述，错误的是(　　)。

A. 变量名必须由字母或下画线开头

B. 程序中的变量必须在使用之前定义

C. 不同基本类型的变量之间可以混合运算

D. 在定义变量的同时不能对变量赋初值

6. 下面的变量说明中正确的是(　　)。

A. char:a,b,c;　　B. char a;b;c;

C. char a,b,c;　　D. char a,b,c

7. 在 C 语言中，合法的长整型常数是(　　)。

A. 0L　　B. 4962710　　C. 324562&　　D. 216D

8. 在 C 语言中，合法的整型常数是(　　)。

A. -0x123　　B. 3.14159　　C. 01001101b　　D. 6.7e10

9. 在 C 语言中，合法的字符常量是(　　)。

A. '\101'　　B. "L"　　C. L　　D. 'abc'

10. 以下选项中，非法的字符常量是(　　)。

A. '\t'　　B. '\17'　　C. "n"　　D. '\xaa'

11. 以下整数值中，不正确的八进制或十六进制数是(　　)。

A. 0x1A　　B. -016　　C. 081　　D. 0x3A

12. 设有语句 int x = 2, y = 3;　则表达式 x = (y == 3) 的值为(　　)。

A. 0　　B. 1　　C. 2　　D. 3

13. 数学关系式 x≤y≤z 可用 C 语言的表达式表示为(　　)。

A. (x <= y)&&(y <= z)　　B. (x <= y)and(y <= z)

C. (x <= y <= z)　　D. (x <= y)&(y < z)

14. 下列 c 为字符型变量，当且仅当 c 的值为小写字母时，表达式为真的是(　　)。

A. 'a' <= c <= 'z'　　B. (c >= a)&&(c <= z)

C. ('a' <= c)&&('z' >= c)　　D. (c >= 'a') ‖ (c <= 'z')

15. 以下叙述正确的是(　　)。

A. 可以把 define 和 for 定义为用户标识符

B. 可以把 define 定义为用户标识符，但不能把 for 定义为用户标识符

C. 可以把 for 定义为用户标识符，但不能把 define 定义为用户标识符

D. define 和 for 都不能定义为用户标识符

16. 若表达式 !x 的值为 1，则表达式的值为真的是(　　)。

A. x==1　　B. x==0　　C. x=!1　　D. x!=0

17. C 语言的运算符按运算对象的个数可以分为(　　)。

A. 单目运算符一种　　B. 单目和双目运算符

C. 单目、双目和三目运算符　　D. 单目、双目、三目和四目运算符

18. 整型变量 x 和 y 的值相等且为非 0 值,则以下选项中,结果为零的表达式是(　　)。

A. x || y　　B. x | y　　C. x & y　　D. x ^ y

19. 若定义 double t;则表达式 t=1,t+5, ++t 的值为(　　)。

A. 1.0　　B. 2.0　　C. 6.0　　D. 7.0

20. 在以下运算符中,优先级最高的运算符是(　　)。

A. <=　　B. +　　C. !=　　D. ||

二、填空题

1. C 语言中,标识符可分为 3 类,它们是________、________和________。
2. C 语言中,整数可用 3 种进制数表示,它们是________、________和________。
3. C 语言中,char 与 unsigned char 类型(占 1 个字节)的变量取值范围分别是________。
4. 在 C 语言中逻辑"真"值用________表示。
5. 若 a 是整型变量,则执行下面表达式后 a 的值为________。

   a=25/3%3

6. 已知字母 a 的 ASCII 码为十进制数 97,且设 ch 为字符型变量,则表达式 ch='a'+'8'-'3'的值为________。
7. 设 C 语言中,一个整型数据在内存中占两个字节,则 int 型数据的取值范围为________。
8. 如果想输出字符"%",则应该在"格式控制"字符串中用________表示。
9. 以下程序的功能是将 a 数据的低 4 位取反。

```
#include < stdio.h >
main()
{
    unsigned char a=0x39,b=________;
    a=a ^ b;
    printf("%d\n",a);
}
```

10. 以下程序段运行结果是________。

```
int z,i=0,j=2;
z=i++&& j++;
printf("%d,%d,%d\n",i,j,z);
```

第 3 章

程序控制语句

【本章导读】

在结构化的程序设计技术中,将程序的基本逻辑结构归纳为 3 种:顺序结构、选择结构和循环结构。任何简单或复杂的问题都可以应用这 3 种基本结构去解决。C 语言支持结构化程序设计思想,结构化程序设计的基本思想之一就是“单入口,单出口”的控制结构,这些控制结构都是由具体的程序控制语句来实现。

本章详细介绍 C 语言中实现顺序、选择、循环结构的各类控制语句,并以此介绍结构化程序设计中常用的基本算法。本章是学习程序设计的关键章节,通过学习要求了解与掌握结构化程序设计的基本方法。

【本章要点】

第 1 节:顺序结构、C 语句的类型、输入函数、输出函数。

第 2 节:分支结构、if-else 语句、switch 语句、条件运算符。

第 3 节:循环、循环体、循环终止条件、while 语句、do-while 语句、for 语句、break 语句、continue 语句、循环嵌套。

第 4 节:二类循环控制——计数器控制的循环与标志控制的循环、穷举与迭代算法。

第 5 节:goto 语句、语句标号。

3.1 顺序结构与基本输入输出

顺序结构是最基本的程序设计结构,主要体现为 C 语句。在 C 语言中,没有专门的输入输出语句,输入输出操作是通过调用相关的输入输出函数来实现的。

3.1.1 C 语句概述

1. 说明语句

说明语句包含变量定义、变量说明、函数说明、结构说明等语句。例如:

int x,y = 4;　　　　　　定义整型变量 x、y,并初始化变量 y

extern int x,y;	说明整型变量 x、y 是已被定义的全局变量
int max(int,int);	声明函数 max

2. 控制语句

控制语句完成程序流程控制。

if-else	条件语句
for()	循环语句
while	循环语句
do-while	循环语句
continue	结束本次循环语句
break	中止 switch 或中止循环语句
switch	多分支选择语句
goto	转移语句
return	从被调函数返回语句

3. 表达式语句

C 语言中合法的表达式后加分号";"即形成表达式语句。赋值语句是最为常见的表达式语句,例如:

sum = a + b;	计算 a + b 的值,将结果赋给 sum,称为赋值语句
i++;	算术表达式语句
z = x > y? x:y;	赋值语句

从语法上说,C 语言中任何表达式加上分号都可以成为语句,如"6 + 8;"也是合法的语句,由系统进行一次加法运算,但这个计算结果并没有意义。

4. 空语句

仅由一个分号";"构成的语句。空语句是什么都不做的语句,但占据了一个语句的位置,也起一条语句的作用。在语法上需要一个语句但不需要任何操作行为的情况下是有用的。

5. 复合语句(语句块)

用一对{}将多条语句括起来形成一条复合语句,例如:

```
{
    int t;                    /* 复合语句内可以定义变量 *,只限复合语句内使用 */
    t = x;x = y;y = t;
    printf("x = %d,y = %d\n",x,y);
}
```

复合语句的主要用途是将多个语句组合形成一个可执行语句块,作为一个整体,C 语言将复合语句看作一个语句。

复合语句可以出现在任何需要一条语句的地方,常用做选择结构或循环结构的内嵌语句。

3.1.2 顺序结构程序设计

顺序结构是三大基本结构中最简单的一种,所谓顺序结构,就是语句按照编写的顺序依次执行。对于一些简单的程序,可能只用顺序结构即可实现,而对于复杂的程序就不仅包括顺序结构,还可能包括分支结构和循环结构。

下面介绍几个简单的顺序结构程序设计的例子。

【例 3-1】 从键盘输入一个 3 位数,输出逆序后的数。

对于此程序,算法设计比较简单。程序如下:

```
#include < stdio. h >
void main( )
{
    int   x,y,a,b,c;
    printf( " Please input a num:" );
    scanf( " % d" ,&x) ;
    a = x/100;
    b = x/10% 10;
    c = x% 10;
    y = 100 * c + 10 * b + a;
    printf( " x = % d,y = % d\n" ,x,y) ;
}
```

运行上述程序,例如:

```
Please input a num:123↙
x = 123,y = 321
```

本程序是一个典型的顺序结构的程序,其执行步骤是逐步顺序往下执行的,没有任何转向操作。需要注意的是,在使用 C 语言编写程序时,声明语句必须写在执行语句之前,也就是说在执行语句中不能再出现对某个变量的声明。

【例 3-2】 从键盘输入一个小写字母,输出其对应的大写字母。

我们知道,大小写相应的字母的 ASCII 码值相差 32,所以如果已知小写字母,只要将其 ASCII 码值减去 32,就可得到相应的大写字母的 ASCII 码值。程序如下:

```
#include  < stdio. h >
void   main( )
{
    char   c1,c2;
    c1 = getchar( ) ;              /* 接收键盘输入的一个字符,赋给变量 c1 */
    c2 = c1 - 32;
    printf( " % c" ,c2) ;
}
```

3.1.3 字符输入输出

C 语言的基本输入输出函数是初学者必须熟练掌握的基本内容之一。实际上,对数据的一种重要的操作就是输入输出,没有输出的程序是没有任何用途的,而没有输入的程序是缺乏灵活性的，因为一个程序在多次运行时，用到的数据可能会不相同，由用户临时输入所需的数据，可以提高整个程序的通用性和灵活性。

C 语言本身没有输入输出语句，其输入输出是由标准的输入输出函数完成的，例如前面程序中经常用到的 printf( ) 函数和 scanf( ) 函数。在使用标准输入输出函数时，由于这些函数的原型都在特定的 stdio. h 这个头文件中定义，因此需要使用预处理命令。本小节先介绍字符数据的输入输出。

1. 字符输入函数 getchar( )

int getchar(void)

getchar( ) 函数是无参函数，当程序运行到此函数调用时暂停程序运行，等待用户从键盘输入一个字符。getchar( ) 函数将接收到的字符作为该函数的返回值，通常的用法是：

变量 = getchar( )；

下面举一个 getchar( ) 函数应用的简单例子。

【例 3-3】 输入单个字符。

```
#include  < stdio. h >
void   main( )
{
     char   c;
     printf( " please input a character:" );
     c = getchar( );
     printf( " the character is %c\n" ,c);
}
```

运行上述程序，如果从键盘输入字符“b”并按 Enter 键，就会在屏幕上显示出所输入的字符。

please input a character:

b↙

the character is b

值得注意的，本函数只能接收一个字符。一般在引用该函数时往往通过赋值语句将函数的返回值送到某一个字符型变量中以备后用。例如：

char   c; c = getchar( );

当然也可以不赋给任何变量，而作为表达式的一部分。例如：

printf(" %c" ,getchar( ));

2. 字符输出函数 putchar( )

int putchar(int c)

作用：向终端输出一个字符。函数参数 c 可为字符型或整型数据，通常为字符型数据。

通过本函数可将字符型变量的内容或者字符常量输出到显示器屏幕当前光标处。下面看一个简单的例子。

【例 3-4】 输出单个字符。

```
#include  < stdio. h >
void   main( )
```

```
{
    char  c1,c2,c3;
    c1 ='t';c2 ='o';c3 ='y';
    putchar(c1); putchar(c2); putchar(c3);
}
```

运行上述程序,结果如下:

toy

putchar 函数也可以用来输出转义字符,例如:

```
putchar('\n');            //输出换行符
putchar('\101');          //输出字符'A'(八进制 101 = 65 = 0x41)
putchar('\'');            //输出单引号'
putchar('\015');          //输出回车(八进制 015 = 13 = 0x0D)
```

3.1.4 格式输入输出

字符输入输出函数只能用于单个字符的输入输出,但是用户在程序设计时经常需要输入输出的信息可能是整数、实数或字符串等,格式输入输出函数就是用来实现多个各种类型数据输入输出的函数。下面详细介绍其用法。

1. 格式输出函数 printf( )

printf( )函数是格式输出函数,它的功能是按照指定的格式向用户终端输出若干个任意类型的数据,其一般格式为:

printf("格式控制",输出表列)

在 printf( )函数中参数的第一部分,即“格式控制”部分是不可缺少的,且必须用一对双引号括起来。正是由此参数控制后面的输出表列按确定的格式在屏幕上输出其具体内容。第二部分的输出表列可由 0 到多个具体参数组成,其中的参数可以是常量、变量或表达式,也可以没有任何参数,视具体情况而定。

下面具体介绍 printf( )函数的参数。

格式控制参数包含两种信息:格式控制说明和普通字符。

① 格式控制说明:作用是将输出的数据转换为指定的格式输出。它包含以% 开头的格式控制字符,不同类型的数据采用不同的格式控制字符。例如,int 型数据用% d,char 型数据使用% c。

② 普通字符:即需要原样输出的字符。例如:

```
printf("x = %d,y = %d\n",x,y);
```

在上述 printf( )函数的格式控制字符串中包括格式控制说明(两个% d)和一些普通字符(如 x = 、y = 、逗号和换行符)。输出时,所有的普通字符都被原样输出,在两个% d 位置上,依次输出变量 x 和 y 的值。

这里要强调的是,输出表列必须和格式控制字符串中的格式说明符相对应,并且它们的类型、个数和位置要一一对应。例如,上面的 printf( )函数中 x 和 y 都是 int 型变量,对应的格式符必须用% d,否则就会得到莫名其妙的结果,而此错误非常隐蔽。希望初学者一定要注意。

前面介绍数据类型时,介绍过C语言有各种类型的数据,而且不同类型的数据有不同的表现方式,如整型有十进制、八进制和十六进制,实型有小数形式和指数形式,这些数据形式在输出时都是通过格式字符体现的。常用的格式字符如表3-1所示。

表3-1　printf()函数的格式字符

格式字符	说　明
%d	按十进制整型数据的实际长度输出
%o	以八进制形式输出整数
%x	以十六进制形式输出整数
%u	输出无符号整型数据,且以十进制形式输出
%c	以字符形式输出一个字符型数据
%s	输出字符串
%f	以小数形式输出浮点型数据。float型数据在输出时都用此格式符
%e	以指数形式输出浮点型数据。double型数据在输出时需要用%le格式符
格式符附加说明符	
l(字母)	用于长整型数(%ld、%lo、%lx)或double型实数(%lf、%le)
m(一个正整数)	指定输出所占列宽。如果数据的实际位数小于m,则左端补以空格,若大于m,则按实际位数输出,而不认为发生错误

2. 格式输入函数scanf()

(1) 一般格式

scanf()函数是格式输入函数,其功能是将键盘输入的数据按指定的格式接收、转换后,送到地址参数所指定的内存空间中。一般形式为:

scanf("格式控制",地址表列)

【例3-5】 使用scanf()接收键盘输入数据到变量中。

```
#include <stdio.h>
void main()
{
    int a,b,c;
    scanf("%d%d%d",&a,&b,&c);
    printf("%d,%d,%d\n",a,b,c);
}
```

运行时按如下方式输入3个值:

10□20□30↙　　(键盘输入3个数值,□表示空格)

10,20,30　　(printf输出a、b、c的值)

① &a、&b、&c中的&是地址运算符,分别获得这3个变量的内存地址。

② "%d%d%d"是按十进制形式输入3个数值。输入时,在两个数据之间可以用一个或多

个空格、Tab 键、Enter 键分隔。

(2) 格式说明

scanf( )函数的格式字符如表 3-2 所示。

表 3-2　scanf( )函数的格式字符

格 式 字 符	说　明
%d	用于输入十进制数
%o(字母)	用于输入八进制数
%x	用于输入十六进制数
%c	用于输入单个字符
%s	用于输入字符串(非空格开始,空格结束,字符串变量以'\0'结尾)
%f	用于输入实数(小数或指数均可)
%e	与 f 相同(可与 f 互换)
格式的附加说明符	
l(字母)	用于长整型数(%ld、%lo、%lx)或 double 型实数(%lf、%le)
h	用于短整型数(%hd、%ho、%hx)
m(一个正整数)	指定输入所占列宽
*	表示对应输入量不赋给一个变量

说明:

① 这里的格式控制参数和 printf( )函数的含义是一样的,也包括两种信息:格式控制说明和普通字符。格式控制说明表示按指定的格式读入数据,普通字符是在输入数据时需要原样输入的字符。

例如:

scanf("%d,%d",&a,&b);

需输入:3,4 ↙(逗号与"%d,%d"中的逗号对应)

例如:

scanf("a=%d,b=%d,c=%d",&a,&b,&c);

需输入:a=12,b=24,c=36 ↙(a=、b=、c=及逗号与格式控制相对应)

为了减少不必要的输入,防止出错,在 scanf( )函数的格式控制字符串中尽量不要出现普通字符。

② 可以指定输入数据的列数,系统自动按它截取所需数据。例如:

scanf("%3d%2d",&a,&b);

输入 123456 ↙

系统自动将 123 赋给 a,45 赋给 b。

③ * 格式用于跳过一个数据域,例如:

scanf("%2d□%*3d□%2d",&a,&b);

输入:12□345□67↙

12→a,345 被跳过,67→b。

* 主要用于利用现有数据时,跳过某些数据项。

(3) 使用 scanf( )函数的注意事项

① sacnf( )函数中的变量名前必须使用地址运算符 &。

```
int a,b;
scanf("%d,%d",a,b);        //错误用法
scanf("%d,%d",&a,&b);      //正确用法
```

② scanf( )函数的"格式控制"中,可以使用其他字符,但在输入时必须输入这些相同的字符。

③ 在用"%c"输入时,任意字符(比如空格)均作为有效字符输入。

例如:

scanf("%c%c%c",&c1,&c2,&c3);

输入:a□b□c↙

结果:a→c1,□→c2,b→c3(其余被丢弃)

④ 注意%c 与%d 混合使用时的问题。%c 接受一个字符的输入,无论该字符是空格、Enter 或 Tab。

例如:

scanf("%c%c%c",&a,&b,&c);

执行:abc↙　　　　结果:a='a',b='b',c='c'

　　a□b□c↙　　　结果:a='a',b='□',c='b'

scanf("%c□%c□%c",&a,&b,&c);

执行:abc↙　　　　结果:a='a',b='b',c='c'

　　a□□□b□□□c↙　　结果:a='a',b='b',c='c'

scanf( )函数的格式符与 printf( )函数的基本相同,这里不再赘述。有一点值得注意的是,对于 float 型数据,输入输出时格式符都用%f,对于 double 型数据,输入输出时格式符为%lf。

3.2 分支结构

问题描述:键盘输入两个整数,按从小到大的顺序输出。

程序需要进行比较与逻辑判断,根据判断结果决定不同的操作。C 程序中的分支结构语句用于解决这类问题。

分支结构又称为选择结构,描述的是在不同的条件下所应进行的相应操作。因此,在编写分支结构之前,应该首先确定要判断的条件是什么,进而再确定判断结果为"真"或"假"时应该执行的操作是什么。一个程序正是具有了判断和选择功能,才具备了最基本的智能。

在 C 语言中,实现分支结构的语句有两种:if 语句和 switch 语句。这两种语句还可以嵌套使用,下面分别介绍这两种语句的使用。

3.2.1 if 语句

C 语言提供了 3 种形式的 if 语句,比较灵活。

1. if-else 分支

if-else 分支描述的是二路分支选择结构,它是一种最基本的也是标准形式的分支结构。流程图如图 3-1 所示,其语句形式如下:

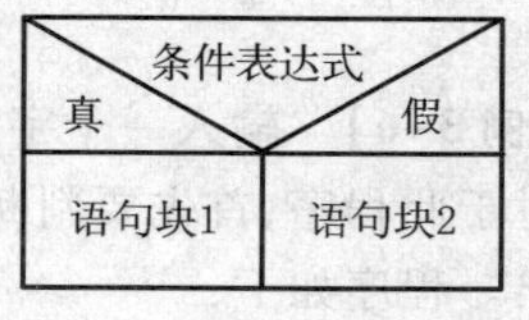

图 3-1 if 语句的 N-S 流程图

```
if(条件表达式)
    语句块1;
else
    语句块2;
```

执行过程:先对条件表达式进行判断,若条件成立,就执行语句块 1;若条件不成立,就执行 else 后面的语句块 2。无论哪种情况,在 if 语句执行后控制都转到 if-else 的下一条语句执行。

说明:

① if 语句中的条件表达式一般是关系表达式或者逻辑表达式。C 语言以条件表达式的值是否为 0 作为判断的标准,因此这里的条件表达式也可以是任意合法的表达式。例如:

```
if(x > y&&y > z)
    printf("%d",x);
```

但其他类型的表达式也是允许的。例如程序段:

```
if(3 - 5%2)
    printf("yes");
else
    printf("no");
```

运行后将输出:no

② “语句块 1”和“语句块 2”既可以是单条语句也可以是复合语句,若是两条以上的语句,则必须用{}将多条语句括起来成为一条复合语句,使它们成为一个语句单元。

```
if(score >= 60)
    printf("Passed\n");
else
{
    printf("Failed\n");
    printf("You must take this course again\n");
}
```

上面 else 的内嵌语句即是一条复合语句。这一对{}是很重要的,如果没有这一对{},当变量 score 的值大于 60 时,程序将输出:

Passed
You must take this course again

这是因为只有语句“printf("Failed\n");”被看作是 else 的内嵌，而语句“printf("You must take this course again\n");”被认为是 if-else 的后续语句。

③ if-else 语句执行完毕后执行 if-else 的后续语句。系统将整个 if-else 结构处理为一条语句单元。

【例 3-6】 输入一个字符，判断它是否为英文小写字母。

对于此程序，首先要判断用户输入的字符是否为英文小写字母，此条件可通过一个逻辑表达式写出。程序如下：

```
#include <stdio.h>
void  main()
{
    char c;
    printf("Please input a character:");
    c = getchar();
    if(c >='a'&&c <='z')
        printf("It is a lowercase. \n");
    else
        printf("It is not a lowercase. \n");
}
```

2. if 分支

if 分支是分支语句中最简单的形式，也就是省略 else 分支结构的 if-else 分支。其语句形式如下：

if(条件表达式)

语句块 1;

此分支也称为不平衡的 if 分支。下面举例说明其应用。

【例 3-7】 输入两个整数，按照由小到大的顺序输出这两个数。

本题使用 if 分支语句比较简单。程序如下：

```
#include <stdio.h>
void  main()
{
    int  a,b;
    printf("please input two numbers:");
    scanf("%d%d",&a,&b);
    if(a > b)
    {
        int t;
        t = a;a = b;b = t;
    }                                /*复合语句*/
    printf("%d,%d",a,b);
}
```

注意:在复合语句内可以定义变量,如例 3-7 中的变量 t。但复合语句内定义的变量只能在复合语句中使用,离开复合语句此变量不能被访问。本程序中的 if 语句后面的一对花括号{}是不能省略的,如果省略了,程序没有语法错误,但结果会出人意料,请思考。

【例 3-8】 设计一个加法计算程序,由机器随机产生两个整数,让用户计算两数之和,然后判断用户输入的结果是否正确。用户计算正确则输出“Right”,否则输出“Wrong”。

```
#include <stdlib.h>
void main()
{
    int a,b,s;
    a = rand();                    /* rand()是库函数,随机产生一个 0 ~ 32 767 之间的数 */
    b = rand();
    printf("%d + %d = ",a,b);
    scanf("%d",&s);                /* 用户输入结果 */
    if(s == a + b)                 /* 计算机判断用户结果是否正确 */
        printf("Right\n");
    else
        printf("Wrong\n");
}
```

【例 3-9】 输入 3 个数,按由小到大的顺序输出。

```
#include <stdlib.h>
void main()
{
    int a,b,c,t;
    scanf("%d%d%d",&a,&b,&c);
    if(a > b)
    {
        t = a;a = b;b = t;         /* 变量 a 与 b 互换,t 为中间变量 */
    }
    if(a > c)
    {
        t = a;a = c;c = t;
    }
    if(b > c)
    {
        t = b;b = c;c = t;
    }
    printf("%d,%d,%d\n",a,b,c);
}
```

常见错误：

• 多条语句为内嵌时忘记用{}括起来。

• 在 if(表达式)之后多加一个分号。分号也是一条语句，放在单路选择的 if 结构中则该空语句是内嵌语句；放在双路选择的 if 结构中，则会使得 if 与 else 之间语句数大于一条而导致语法错误。

• 比较运算符"=="与赋值运算符"="混淆使用。最常见的错误是将

```
if(x==1)
    …
```

误写为：

```
if(x=1)
    …
```

无论 x 的原值是什么，赋值表达式 x=1 的值总为 1，其作为条件时恒为真。

3. if-else if-else 多分支

if-else 双分支结构只能实现二路选择，实际处理问题时更经常用到多路选择，就要用到多分支结构。其形式如下：

```
if(条件表达式1) 语句块1;
else  if(条件表达式2) 语句块2;
    else  if(条件表达式3) 语句块3;
            …
        else  if(条件表达式m) 语句块m;
            else  语句块n;
```

此结构是通过一系列的判断，寻求问题的解。它给出了一系列相互排斥的操作，每一种操作都是在相应的条件下才能执行的。下面举例说明其应用。

【例 3-10】 有一函数，定义如下：

$$y=f(x)=\begin{cases}0 & x<0\\ x & 0\leqslant x\leqslant 30\\ x^2 & 30<x\leqslant 60\\ x^3 & x>60\end{cases}$$

应用多分支结构编写此程序，根据用户输入的自变量 x 的值，计算 y 的值。程序如下：

```
#include <stdio.h>
void  main()
{
    float  x;
    printf("please input x:");
    scanf("%f",&x);
    if(x<0.0)
        printf("y=0\n");
    else if(x<=30)
```

```
        printf("y = %f\n",x);
    else if(x <= 60)
            printf("y = %f\n",x * x);
        else
            printf("y = %f\n",x * x * x);
}
```

就 if 语句的使用,需注意以下几点:

① else 语句只能与 if 语句配对使用,仅 else 本身不能单独作为一个语句使用。

② if 语句后面的条件表达式必须用圆括号括住,而且条件表达式不能有任何标点符号。

3.2.2 if 语句的嵌套

if 语句本身也是一个语句,所以可以将它作为另一个 if 语句的内嵌语句使用。if-else 的内嵌语句块中又包含一个或多个 if-else 语句称为 if 语句的嵌套,常用于实现多路选择。

其一般形式如下:

```
if(条件表达式 1)
    if(条件表达式 2) 语句块 1;
    else  语句块 2;
else  if(条件表达式 3) 语句块 3;
    else  语句块 4;
```

该语句可实现四路选择。实际上,上述内嵌 if 语句中的语句块中又可以是 if 语句,从而可以实现更多路的分支结构。

内嵌的 if 语句可以是省略了 else 的简化形式,要注意的是,if 与 else 的配对关系并不依据书写程序时的层次缩进表达,只依赖语法规则确定程序中的逻辑关系。因此在嵌套的 if 语句中,应当使 if 与 else 按照语法规则进行匹配,即从最后的 else 起,使每个 else 与其前面最靠近的 if 配对。下面看一个简单的例子。

【例 3-11】 求 3 个数中的最大数。

先看下面编写的程序,能否得到正确的结果?

```
#include <stdio.h>
void main()
{
    int a,b,c,max;
    printf("please input three numbers:\n");
    scanf("%d%d%d",&a,&b,&c);
    max = a;
    if(c > b)
        if(c > a)
            max = c;
    else
```

```
        if(b > a)
            max = b;
    printf("the max is %d\n",max);
}
```

运行上述程序,如:

```
please input three numbers:
2  5  3↙
the max is 2
```

以上程序之所以没有得到正确结果,是因为没有搞清楚 if 语句嵌套的语法规则。正确的程序如下:

```
#include  <stdio.h>
void  main()
{
    int a,b,c,max;
    printf("please input three numbers:\n");
    scanf("%d%d%d",&a,&b,&c);
    max = a;
    if(c > b)
    {
        if(c > a)
            max = c;
    }
    else
    {
        if(b > a)
            max = b;
    }
    printf("the max is %d\n",max);
}
```

通过上述例子,提醒读者在编程时不能太相信自己的主观判断,应该严格地按照语法规则编写和检查程序。在容易出错的地方可加花括号{}来保证自己思路的逻辑关系的正确性。

下面举一个 if 语句嵌套的例子。

【例 3-12】 求 $ax^2+bx+c=0$ 的完全解。

```
#include  <stdio.h>
#include  <math.h>
void main()
{
```

```
    double a,b,c,x1,x2,disc,p,q;
    printf("please input a,b,c:\n");
    scanf("%lf%lf%lf",&a,&b,&c);
    if(fabs(a)<1e-6)
        printf("The equation is not a quadratic");
    else
    {
        disc=b*b-4*a*c;
        if(disc<0)
        {
            p=-b/(2*a);
            q=sqrt(-disc)/(2*a);
            printf("The equation has two complex roots:\n");
            printf("%8.4f+%8.4f i\n",p,q);
            printf("%8.4f-%8.4f i\n",p,q);
        }
        else if(fabs(disc)<1e-6)
                printf("the equation has two equal roots:%8.4f\n",-b/(2*a));
            else
            {
                x1=(-b+sqrt(disc))/(2*a);
                x2=(-b-sqrt(disc))/(2*a);
                printf("The equation has distinct real roots:%8.4f,%8.4f\n",x1,x2);
            }
    }
}
```

由于实数在计算和存储时会有一定的误差,因此通常不对一个实数直接进行是否等于 0 的判断。正确的方法是判别 disc 的绝对值是否小于一个很小的数,本例题是 0.000001,如果小于此数就认为 disc 近似等于 0。

在编写程序时应养成以下良好习惯:

① 相配对的 if 与 else 书写在同一列上,if-else 的内嵌语句缩格书写,以表明层次结构。

② 使用 if 语句多重嵌套实现多路选择时,应尽可能地在 else 中分支,即在 else 中嵌套另一个 if 语句,而不要在 if 中嵌套。具体实现时,每一个 if 的条件为真时只有唯一的一种情况,而将剩余的各路选择放在 else 的一次次细分中。

3.2.3 条件运算符

条件运算符 ?: 是 C 语言中唯一的三目运算符,需要 3 个操作数。条件运算符与操作数一起使用构成了条件表达式。条件表达式的一般形式是:

表达式 1？表达式 2:表达式 3

条件表达式求值：首先计算表达式 1。如果它的值为真（非 0），则计算表达式 2，此时表达式 2 的值即为整个条件表达式的值；如果表达式 1 的值为假（0），则计算表达式 3，并将表达式 3 的值作为整个条件表达式的值。

说明：

① 使用条件运算符能取代简单的 if-else 语句。例如，两个变量求最大，使用 if-else 语句：

```
if(a > b)    max = a;
else         max = b;
```

使用条件表达式：

```
max = a > b?a:b;
```

② 条件运算符优先级低于算术、关系和逻辑运算符，高于赋值运算符，它遵从“自右至左”的结合规则。表 3-3 说明了如何对条件表达式求值。

表 3-3　条件表达式的求解

声明和初始化			
int a = 1, b = 3; double c = 4.56, max;			
表　达　式	等价表达式	值	值的类型
a == b?a - 1:b + 1	(a == b)?(a - 1):(b + 1)	4	int
a - b > 0?a - b:c	((a - b) > 0)?(a - b):c	4.56	double
a - b <= 0?a - b:c	((a - b) <= 0)?(a - b):c	-2.0	double
max = a > b?a:b > c?b:c	max = ((a > b)?a:((b > c)?b:c))	4.56	double

【例 3-13】 键盘输入一个英文字符，如果输入的是小写字母将之转换为大写输出；如果不是，则原样输出该字符。

```
#include <stdio.h>
void main()
{
    char ch;
    ch = getchar();
    ch -= (ch >='a'&&ch <='z')? 32:0;
    putchar(ch);
}
```

大写字母 A 的 ASCII 码为 65，小写字母 a 的 ASCII 码为 97，对应的差值为 32。

3.2.4 switch 语句

利用 if 语句的嵌套可以实现多种情况的选择，但是如果分支比较多，if 语句的嵌套层次就会太多，这样会使程序的可读性降低。此时利用 C 语言提供的 switch 语句实现多分支选择，可使程序思路更加清晰，可读性更高。

switch 语句一般形式如下：

```
switch(表达式)
{
    case 常量表达式 1:
        语句块 1;
        [break;]
    case 常量表达式 2:
        语句块 2;
        [break;]
    …
    case 常量表达式 n:
        语句块 n;
        [break;]
    default:
        语句块 n+1;
}
```

switch 语句的执行流程：进入该语句后，先计算 switch 后面的表达式的值，然后从上至下寻找与表达式的值相匹配的常量表达式 i，并以此作为入口，去执行后面的语句块，若遇到 break 语句，则退出整个 switch 语句，执行 switch 的后续语句。如果所有 case 后面的常量表达式的值都与 switch 后面的表达式值不相等，就执行 default 后面的语句块 n+1。下面看一个程序例子。

【例 3-14】 根据学生成绩的等级输出百分制分数段。

程序如下：

```
#include <stdio.h>
void main()
{
    char grade;
    grade = getchar();
    switch(grade)
    {
        case 'a':
        case 'A':
            printf("90 ~ 100\n");
        break;
        case 'b':
        case 'B':
            printf("75 ~ 89\n");
```

```
        break;
        case 'c':
        case 'C':
            printf("60 ~74\n");
        break;
        case 'd':
        case 'D':
            printf(" <60\n");
        break;
        default:
            printf("Error input\n");
    }
}
```

在使用 swtich 语句时，应注意以下几点：

① switch 语句的执行部分用{}括起来，这对花括号不能省略。每一个 case 和后面对应的常量表达式之间要有空格。default 部分可以省略。

② case 与 default 是语句标号，使 switch 根据表达式的值选择一个入口开始执行。每一个 case 后面的常量值必须各不相同，否则会出现二义性。

③ 各个 case 与 default 的出现次序不影响执行结果，比如可以将 default 放到 case 语句之前或 case 之中。但良好的习惯是按常量值排序（升序或降序）排列各 case 语句，并将 default 放在最后。如果常量值 1 到常量值 n 已覆盖了表达式的所有可能取值时，可以省略 default。

④ break 语句的功能是跳出所在的 switch 语句，转而执行 switch 后面的语句。break 不是语法必需的语句，如果没有 break 语句，就会误执行下一个 case 后面的语句序列，直至碰到 break 或执行到 switch 的末尾。

例如，若例 3.14 中省略所有的 break，当输入为 a 时，会连续输出：

```
90 ~100
75 ~89
60 ~74
 <60
Error input
```

通常选择结构的目的是根据某一条件只选择一条路执行下去，因而从程序设计的目标出发，break 语句应是不可省略的。

⑤ 多个 case 可以共用同一组语句序列。case 后面的语句序列可以不必用{}括起来。

⑥ switch 括号中的表达式虽然可以是各种数据类型，但是每一个 case 后面必须是整型常量或字符型常量。

也就是说，switch 语句找到相同的 case 后，会执行后面所有的语句，若只需要执行对应 case 后的语句块，而后面的 case 后的语句块不需要执行，就必须有 break 语句。

⑦ 在 switch 语句中，多个 case 可以共用一组执行语句。例如：

```
switch(grade)
{
    case 'A':
    case 'B':
    case 'C':
    case 'D':printf("Pass!\n");
    case 'E':printf("No pass!\n");
    default:printf("error\n");
}
```

⑧ switch 语句可以嵌套使用。

【例 3-15】 按以下规则,将输入的五分制成绩转换成百分制输出。

五分制	5 +	5	5 −	4 +	4	4 −	3	2	1
百分制	100	90	85	80	75	70	60	<60	<60

程序如下:

```
#include  <stdio.h>
void main()
{
    char c1,c2;
    printf("please input the score:");
    scanf("%c%c",&c1,&c2);
    switch(c1)
    {
        case '5':
            switch(c2)
            {
                case '+':printf("100\n");break;
                case '\n':printf("90\n");break;
                case '-':printf("85\n");break;
            }
            break;
        case '4':
            switch(c2)
            {
                case '+':printf("80\n");break;
                case '\n':printf("75\n");break;
                case '-':printf("70\n");break;
```

```
            }
            break;
        case '3':printf("60\n");break;
        case '2':
        case '1':printf("<60\n");break;
    }
}
```

3.3 循环结构

通过前面的实例，已经知道了如何求两个数中最大值了。那么如何在 3 个数、4 个数中找最大值呢？如果数据个数扩大到 10 个、100 个呢？这样的问题通常需要设计循环来解决。

问题描述：歌手大奖赛，有裁判 12 人。编写计算歌手得分程序，键盘输入 12 个成绩，输出最高分、最低分与最终得分。

在解决实际问题的算法中，如果某些操作步骤需要反复重复执行时，就需要设计一个循环。循环是在给定循环条件为真时由计算机重复执行一组循环体语句的控制结构。

循环控制结构是结构化程序设计所采用的 3 种基本控制结构之一，通过构建循环让计算机反复执行一组操作语句，从而完成大量类同的计算。循环控制常用于数学迭代、对象遍历等问题的求解，几乎所有实用程序都包含循环。

本节将介绍 C 语言中 while、do-while、for 循环控制语句的使用，并着重介绍循环结构程序设计的方法。

3.3.1 while 语句

一般形式为：

while(<表达式>)

循环体语句;

作用：实现"当型"循环。进入 while 语句，首先计算表达式。当表达式为真（非 0）时，执行循环体语句，其后回到循环开始 while 处再次判断表达式为真为假。如表达式仍为真（非 0），重复执行循环体语句，其后再回到 while 处……只要表达式为真，循环体语句会反复执行。当表达式为假（0 值）时，while 语句结束，执行 while 后续语句，如图 3-2 所示。

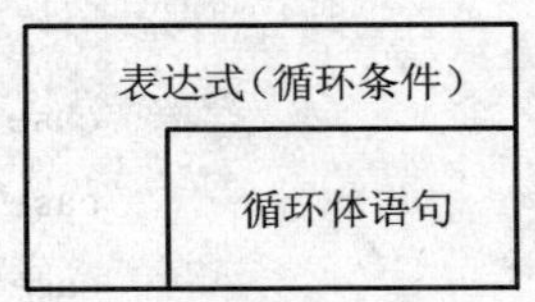

图 3-2 while 语句 N-S 流程图

【例 3-16】 求 1+2+3+…+100

```
#include <stdio.h>
void main()
{
    int i,sum=0;
    i=1;
```

```
    while(i <= 100)
    {
        sum += i;
        i++ ;
    }
    printf("sum = %d\n",sum);
}
```

说明：

① 循环体只能是一条语句，多条语句用作循环体，应该用{}括起成为一条复合语句，否则系统只将 while 后面的第一条语句后做循环体。本例 while 语句如果无{}，则循环体语句为：

sum += i;

语句“i++ ;”成为循环的后续语句，循环会变为死循环。

② 表达式称为循环条件，可以是 C 中任意类型的表达式。循环体中应该有语句能使循环趋于结束，如本例中的“i++ ;”语句。

③ 书写方式：循环体内嵌语句缩格书写。

3.3.2 do-while 语句

do-while 是直到型循环语句，其一般形式如下：

do

{

循环体语句

} while(<表达式>);

该语句的执行过程：从 do 开始执行循环体语句，然后判别表达式（循环条件）。当表达式的值为真（非 0）时，返回到 do 处再次执行循环体语句，再判断 while 后的表达式，直到表达式的值为假（0）时，循环结束，转而执行 do-while 后面的语句。图 3-3 为 do-while 循环的 N-S 流程图。

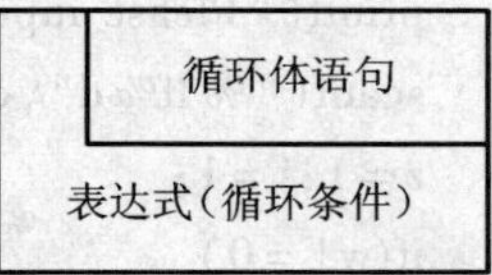

图 3-3 do-while 的 N-S 流程图

do-while 是在执行完循环体语句后再测试循环条件，因此循环至少会执行一次。要注意的是，do-while 中的{}是语法规定必需的，哪怕循环体只有一条语句也不能省略。

【例 3-17】 用 do-while 语句计算 x 的 y 次方，y 为整数。

```
#include <math.h>
#include <stdio.h>
void main()
{
    int y,i;
    double x,z;
    printf("Please input x and y:");
```

```
    scanf("%lf%d",&x,&y);
    z=1;i=1;
    do{
        z*=x;
        i++;
    } while(i<=fabs(y));                /* 此处的分号;不可遗漏 */
    if(y<0)
        z=1/z;
    printf("result=%lf\n",z);
}
```

运行:

Please input x and y:

输入:2.5 -2　　　　　输出:result=0.160000

输入:2.5 0　　　　　输出:result=2.500000

可以看到,当 y 的值为 0 时,结果出现错误。若循环条件一开始就不满足时,对当型循环 while 和 for 语句,循环体一次也不会执行,而对直到型循环 do-while 语句,循环体会执行一次。因此设计循环时需要考虑周到。修正例 3.17 如下:

```
#include <math.h>
#include <stdio.h>
void main()
{
    int y,i;
    double x,z;
    printf("Please input x and y:");
    scanf("%lf%d",&x,&y);
    z=1;i=1;
    if(y!=0)
        do{
            z*=x;
            i++;
        } while(i<=fabs(y));
    if(y<0)
        z=1/z;
    printf("result=%lf\n",z);
}
```

注意:在 do-while 语句中,while(表达式)后面必须有分号,而 while 语句中该部分后面无分号(除非用空语句做循环体)。

3.3.3 for 语句

实现当型循环，一般形式如下：

for(表达式 1;表达式 2;表达式 3)

循环体语句;

执行过程：

进入 for 语句，首先计算表达式 1，随后计算表达式 2(循环条件)。若表达式 2 为真(非 0)，则执行内嵌的循环体语句，然后计算表达式 3，其后回到循环条件处再次计算表达式 2；若还为真，则重复执行循环体语句、表达式 3，再计算表达式 2…… 当表达式 2 为假时，终止循环，执行后续语句，如图 3-4 所示。

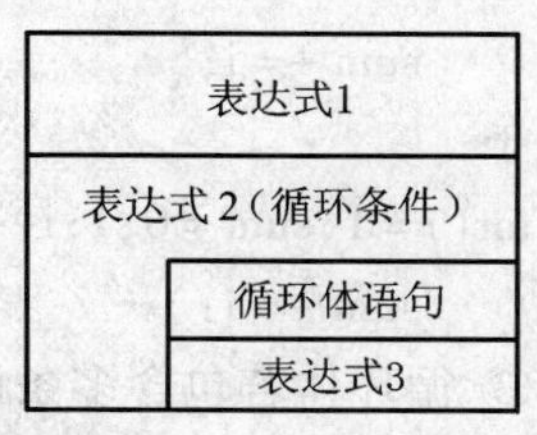

图 3-4 for 语句 N-S 流程图

for 语句很好地体现了正确设计循环结构应注意的 3 个问题：

① 循环控制变量的初始化。

② 循环条件。

③ 循环控制变量的更新。

for 循环最常用于由计数器变量控制的固定次数的循环，表达式 1 初始化循环控制变量，表达式 2 是继续循环的条件，表达式 3 改变循环控制变量的值。它与下面的语句是等价的：

```
表达式 1;
while(表达式 2)
    {
      循环体语句;
      表达式 3;
    }
```

【例 3-18】 用 for 循环求 1 +2 +3 + … +100。

```
void main( )
{
    int i,sum;
    for(i = 1,sum = 0;i <= 100;i++ )
        sum += i;
    printf(" sum = %d\n",sum);
}
```

说明：

① 表达式 1 和表达式 3 经常是逗号表达式，可以分别或同时省略，但是 for 中的两个分号不可以省略。例如：

```
i = 1;sum = 0;
for( ;i <= 100;)
    sum += i++ ;
```

② 表达式 2 是控制循环的条件，通常是关系或逻辑表达式。表达式 2 也可以省略，如果省

略表达式2,则表示循环无条件执行,相当于循环条件恒为真(1),因此建立了一个无限循环(死循环)。例如:

```
for(i=1,sum=0;;i++)
    sum+=i;
```

相当于

```
for(i=1,sum=0;1;i++)
    sum+=i;
```

③ 循环体若包含多条语句,应用{}括起来。

【例3-19】 用for语句计算x的y次方,y为整数。x与y的值都由键盘输入。

```
void main()
{
    int y,i;
    double x,z;
    printf("Please input x and y:");
    scanf("%lf%d",&x,&y);
    for(z=1,i=1;i<=fabs(y);i++)            /*fabs(y)为求绝对值数学函数*/
        z*=x;
    if(y<0)
        z=1/z;                              /*当y为负数时处理结果*/
    printf("result=%lf\n",z);
}
```

运行:

Please input x and y:

输入:2.5 2　　　　输出:result=6.250000

输入:2.5 -2　　　输出:result=0.160000

输入:2.5 0　　　　输出:result=1.000000

【例3-20】 歌手大奖赛,有裁判12人。编写计算歌手得分程序,键盘输入12个成绩,输出最高分、最低分与最终得分。

```
#define N 12
#include <stdio.h>
void main()
{
    int i;
    float score,max,min,sum,aver;
    scanf("%d",&score);
    max=min=sum=score;
    for(i=1;i<=N-1;i++)
    {
```

```
        scanf("%d",&score);
        if(score>max)max=score;
        if(score<min)min=score;
        sum+=score;
    }
    aver=(sum-max-min)/(N-2);
    printf("max=%6.2f,min=%6.2f,average=%6.2f\n",max,min,aver);
}
```

分析:N 个数求最大,通常采用“打擂台”的方法。设置一个最大值擂主变量(本程序中是 max),默认为第 1 个数最大,作为擂主(max=第一个数据),然后将最大值变量依次与其余的数据相比较(打擂),若某一数据比该变量大,则用该数据替换变量的值(换擂主),直到所有的数据都比较完毕。程序中的变量 i 是一个计数器变量,用于控制循环次数,变量 sum 是累加值变量。

3.3.4 循环的嵌套

循环嵌套:一个循环(称为“外循环”)的循环体内包含另一个循环(称为“内循环”)。内循环中还可以再包含一个循环结构,形成多层循环。循环嵌套的层数理论上无限制。

C 语言的 3 种循环语句 while、for、do-while 可以互相嵌套,嵌套也可以多层,形成多重循环。例如:

```
do{…
    while()
        {…}
    for(;;)
        {…
        do{
            …
            }while();
        …
        }
}while();
```

多重循环的使用与单一循环完全相同,但应特别注意内、外层循环各自条件的变化。内、外层循环变量赋初值的位置、变量名的使用等。

【例 3-21】 打印九九乘法表。

```
#include <stdio.h>
void main()
{
    int i,j;
    for(i=1;i<=9;i++)
```

```
    {
        for(j = 1;j <= 9;j++ )
            printf(" %d * %d = % -2d ",i,j,i * j);
        printf(" \n");
    }
}
```

【例 3-22】 编程输出如下图形：

```
    1
   222
  33333
 4444444
555555555
```

```
#define N 5
#include <stdio.h>
void main()
{
    int i,j;
    for(i = 1;i <= N;i++ )                /* 计数循环,输出 N 行 */
    {
        for(j = 1;j <= N - i;j++ )        /* 计数循环,每行先输出 N - i 个空格 */
            putchar('');
        for(j = 1;j <= 2 * i - 1;j++ )    /* 输出 2i - 1 个行号数字 */
            putchar(i + 48);
        putchar('\n');
    }
}
```

3.3.5 break 与 continue 语句

1. break 语句

前面已介绍,break 放在 switch 语句中可以跳出该结构,转而执行 switch 的后续语句。放在循环体语句中,break 语句的功能是结束所在循环结构,转而执行所在循环语句的后续语句。

break 通常与 if 语句一起使用,当某一条件满足时,退出循环。

【例 3-23】 计算满足表达式 1 + 2 + 3 + … + n <= 1 000 的最大的 n。

```
#include <stdio.h>
void main()
{
    int i,sum;
```

```
    for( sum = 0 , i = 1 ; ; i++ )
    {
        sum += i;
        if( sum > 1000 ) break;
    }
    printf( " n = % d\n" , i - 1 ) ;
}
```

注意:

① break 只能用于 while、do-while、for、switch 结构中。

② 在多重循环嵌套的情况下,break 只可跳出包含它的那一重循环结构,如图 3-5 所示。

③ 如果希望 break 能从多重循环的内层跳出到外层循环结构之外,可通过设置标志变量 flag 与 break 语句组合使用实现,如图 3-6 所示。

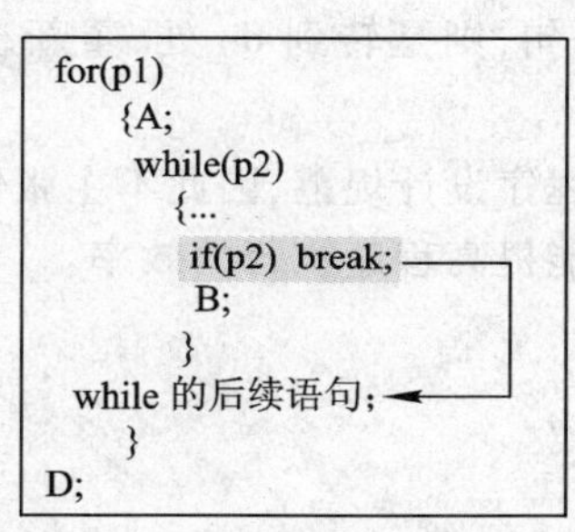

图 3-5　break 语句跳出所在循环结构

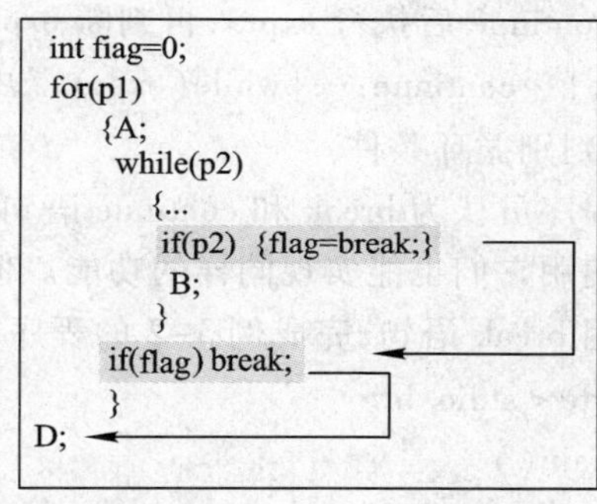

图 3-6　break 语句跳出外层循环结构

2. continue 语句

continue 只能用于 3 种循环语句中,作用是提前结束本次循环,开始下一次的新循环。

说明:

① 对于 while 语句,continue 是回到 while 处再次判断条件,根据条件决定是否进行下一次循环。

【例 3-24】　键盘输入一组学生成绩,输出其中已及格的数据(>=60)。输入时以负数作为输入的结束。

```
#include < stdio. h >
void main( )
{
    int s = 1 ;
    while( s >= 0 )
    {
        scanf( " % d" , &s ) ;
        if( s < 60 )
            continue;
```

```
        printf("%d ",s);
    }
    printf("\n");
}
```

运行输入:78 98 56 100 45 68 87 72 -1↙

输出:78 98 100 68 87 72

② 对 for 语句,到达表达式 3 处,执行表达式 3 后再判断表达式 2。例如:

```
for(expr1;expr2;expr3)
{…
    continue;
    …
}
```

则执行了 continue 后执行 expr3,再判断 expr2。

③ "do{…continue;…}while(expr);"中的 continue 语句,则是转到 do 处,重新执行循环体语句,并不判别循环条件。

一些程序员认为 break 和 continue 语句破坏了结构化程序设计规范,因此不主张使用。很多情况下不使用它们也能实现同样的功能。但若使用得当,能提高程序执行的效率。

不使用 break 语句,完成例 3-2 的程序如下:

```
#include <stdio.h>
void main()
{
    int i,sum;
    for(sum=0,i=1;sum<=1000;i++)
        sum+=i;
    printf("n=%d\n",i-2);          /* 想一想,为什么结果是 i-2? */
```

3.3.6 goto 语句

goto 语句是无条件转移语句,语法形式如下:

goto 语句标号

功能:无条件地转移到语句标号所在的语句处执行。

语句标号为一个标识符,放在语句的前面,用":"号与语句分隔。

【例 3-25】 计算 n+(n+1)+(n+2)+…+100,n 由键盘输入。

```
#include <stdio.h>
void main()
{
    int i,s=0;
    scanf("%d",&i);
```

```
    if(i>100)
    {
        printf("Error");
        goto end;
    }
    start:                                    /* 语句标号 */
    if(i<=100)
    {
        s+=i++;
        goto start;
    }
    printf("s=%d",s);
    end:printf("\n");                         /* 带语句标号的语句 */
}
```

goto 语句引起一个无条件的转移,会破坏其他控制结构,不符合结构化程序设计原则,破坏了程序结构的清晰,因此,建议大家不要使用 goto 语句。

但是,性能比严格的结构化程序设计方法更重要,在能大大提高程序设计效率时,也可以使用某些非结构化的程序设计手段。例如,如果需要从多重的嵌套控制结构深层快速退出时,使用 goto 语句就比测试许多条件来退出多重嵌套高效得多。

3.4 循环程序设计

3.4.1 循环设计

循环是在循环条件为真时重复执行一组循环体语句的控制结构,是计算机解题的一个基本结构。循环控制有两种基本方法:计数法和标志法。

(1) 计数器控制的循环

事先准确地知道循环次数,因此设计一个循环控制变量,由变量值来控制循环次数。每循环一次,循环变量的值会递增(增值通常为 1 或 -1),当其值达到终值时结束循环。

(2) 标志控制的循环

事先不知道准确的循环次数,由某一目标值标记循环的结束。例如,例 3-23 中以变量 sum 的值达到标记值 1 000 作为循环的结束,例 3-24 中就是以键盘输入一个负数为标记结束循环。

3.4.2 基本算法

程序设计的首要工作是算法设计,离开了算法也就没有了程序。算法是指完成某一项工作而采取的方法和步骤,具体到程序设计,是对解题过程的准确而完整的描述,并用一种程序设计语言来实现。

循环主要用来解决程序设计中两类基本的算法:穷举和迭代。

1. 穷举算法

穷举的基本思想是对问题的所有可能状态一一测试,直到找到解或将全部可能状态都测试过为止。穷举是一种重复型算法,其核心是设计循环,在循环体中依次测试。

【例 3-26】 输入两个正整数 x 和 y,求其最大公约数。

```
#include < stdio. h >
void main( )
{
    int x,y,i,flag;
    flag = 1;                  /* flag 是标志变量,当其值为 0 时表示已找到公约数 */
    printf( "Please input two numbers:" ) ;
    scanf( "% d% d" ,&x,&y) ;
    for( i = x < y?  x:y;flag == 1; )
        if( x% i == 0&&y% i == 0) flag = 0;          /* 条件满足,就改变标志变量的值 */
        else i-- ;
    printf( "greatest common divisor = % d\n",i) ;
}
```

两个数中较小的数到 1 之间任何一个数都有可能是公约数,因此用变量 i 从大到小一一穷举,直到找到为止。若两数互质,当 i = 1 时也能使条件满足。

2. 迭代算法

按照特定规律和方法,重复地由旧值递推出新值,并由新值代替旧值,直至问题解决为止,这种解决问题的方法为迭代。迭代的关键因素是:迭代初值、迭代公式和迭代次数(精度要求)。

【例 3-27】 使用辗转相除法求两数的最大公约数。

辗转相除法:如果 x 除以 y 的余数为 0,则除数 y 就是最大公约数,或余数不为 0,则被除数 x 被除数 y 取代,除数 y 被余数取代,再用新的 x 除以新的 y,判断余数是否为 0,如果不为 0,则重复此迭代过程,直至余数为 0,此时的除数 y 即为最大公约数。

```
#include < stdio. h >
void main( )
{
    int x,y,temp;
    printf( "Please input  two numbers:" ) ;
    scanf( "% d% d" ,&x,&y) ;
    temp = x% y;
    while( temp! = 0)
    {
        x = y;                  /* 迭代 */
        y = temp;               /* 迭代 */
```

```
        temp = x% y;
    }
    printf("greatest common divisor = % d\n",y);
}
```

运行时输入:66 121

输出:greatest common divisor = 11

各值的变化如下:

x	y	temp = x% y
66	121	66
121	66	55
66	55	11
55	11	0

3.5 应用举例

3.5.1 整数取余运算

【例 3-28】 将一个 long 型整数中每一位上为偶数的数依次取出,构成一个新数。高位仍在高位,低位仍在低位。

分析:本例需要把这个长整型数逐位拆开,得到每一个位上的数后再去判断是否为偶数。具体实现时,设计循环每次分离得到最低位,分离的方法是对 10 求余数即可,然后处理该数使之减少最低一位。循环结束的条件是原来的这个长整数变为 0。程序如下:

```
#include < stdio. h >
void   main()
{
    long x,y,z = 1;
    int t;
    printf("please input a number:");
    scanf("% ld",&x);
    for(y = 0;x > 0;x = x/10)
    {
        t = x% 10;
        if(t% 2 = = 0)
        {
            y = t * z + y;
            z = z * 10;
        }
    }
```

```
    printf("the new number is %ld\n",y);
}
```

运行结果:

please input a number:123456789 ↙

the new number is 2468

程序中的变量 z 用于记录新数的位权,需赋初值为 1;变量 y 保存最后的结果,在循环开始之前必须赋初值为 0。

3.5.2 Fibonacci 数问题

【例 3-29】 输出 Fibonacci 数列的前 20 项。

Fibonacci 数列的前两项均为 1,后面任意一项都是其前面两项之和。在设计此程序时,需要用两个变量存放最近产生的两个数列值,而且在产生了新的数列项后,这两个变量要更新。显然,这两个变量的初值依据本数列的特点,应该都为 1。程序如下:

```
#include <stdio.h>
void  main()
{
    int i,f1,f2,f;
    f1 =1;f2 =1;
    printf("%6d%6d",f1,f2);
    for(i =1;i <=18;i++)
    {
        f = f1 + f2;
        printf("%6d",f);
        if(i ==8)
            printf("\n");
        f1 = f2;
        f2 = f;
    }
    printf("\n");
}
```

在本程序中 f 变量定义为 int 类型,这是因为本例只要求前 20 项。Fibonacci 数列在第 23 项之后,其值就超过了 32 767,因此如果存放第 23 项之后的数列项,就必须用 long 型变量存放了。

3.5.3 素数问题

【例 3-30】 判断 x 是否为素数。

判断一个数 x 是否是素数的算法:测试 x 能否被 2,3,4,…,$\sqrt{x}$之间任何一个整数整除,若 x 能被其中任意一个整数整除,则 x 不是素数;若 x 不能被 2,3,4,…,$\sqrt{x}$之间的任何整数整除,则 x

是素数。设计循环，让循环变量 i 在 2,3,4,…,$\sqrt{x}$ 范围内一一取值，判断 i 能否被 x 整除。若能，则结束循环，此时 i 的值一定小于或等于 $\sqrt{x}$；若不能，则当 $i>\sqrt{x}$ 时，循环也会结束。

```
#include  < stdio. h >
#include  < math. h >
void   main( )
{
    int x,i;
    printf( "please input a number:" );
    scanf( "% d" ,&x);
    for( i = 2;i <= sqrt( x) ;i++ )
        if( x% i == 0) break;
    if( i > sqrt( x) )
        printf( "% d is a prime number\n" ,x);
    else printf( "% d is not a prime number\n" ,x);
}
```

【例 3-31】 从键盘输入一个大于 3 的正整数 x，输出比该数大的且距离该数最近的素数。

本程序需要两重循环嵌套实现。内循环用于测试素数，外循环用于穷举寻找。

设计外层循环从 $x+1$ 开始一一穷举查找，内循环则测试每一个数是否素数，是素数就输出该数，并结束穷举查找循环；若不是素数，就判断 $x+2$ 是否为素数……直到找到一个素数为止。外层循环结束的条件依赖内层测试数据是否为素数，可以用 break 语句解决。程序如下：

```
#include  < stdio. h >
#include  < math. h >
void   main( )
{
    int x,y,k,i;
    printf( "please input a number:" );
    scanf( "% d" ,&x);
    for( y = x + 1; ;y++ )
    {
        k = sqrt( y);
        for( i = 2;i <= k;i++ )
            if( y% i == 0) break;
        if( i > k)  break;
    }
    printf( "the closest prime number is % d\n" ,y);
}
```

程序中 for 语句表达式 2 省略了，外层循环结束靠 break 语句。在整个循环结构中有两条 break 语句，分别终止所在的内层和外层循环。

3.5.4 百钱百鸡问题

【例 3-32】 我国古代数学家张丘建在《算经》中出了一道“百钱百鸡”题，题意为：公鸡五元一只，母鸡三元一只，小鸡一元三只。100 元钱买 100 只鸡，问公鸡、母鸡、小鸡各买多少只？编程解决。

方法一：使用穷举的算法，在 0 ~ 100 范围内将每一种可能都一一列出，然后找出满足本问题的解。

```
#include <stdio.h>
void main()
{
    int cock,hen,chick;
    for(cock = 0;cock <= 100;cock++ )
        for(hen = 0;hen <= 100;hen++ )
            for(chick = 0;chick <= 100;chick += 3)
                if(cock + hen + chick == 100&&cock * 15 + hen * 9 + chick == 300)
                    printf("cock = %d,hen = %d,chick = %d\n",cock,hen,chick);
}
```

方法二：减少了循环次数与循环嵌套的层次，提高程序效率。

```
#include <stdio.h>
void main()
{
    int cock,hen,chick;
    for(cock = 0;cock <= 20;cock++ )
        for(hen = 0;hen <= 33;hen++ )
        {
            chick = 100 - cock - hen;
            if(cock * 5 + hen * 3 + chick/3 == 100)
                printf("cock = %d,hen = %d,chick = %d\n",cock,hen,chick);
        }
}
```

3.5.5 高次方程求解

【例 3-33】 用牛顿迭代法求一元高次方程 $x^3 - 7x^2 + 7x + 15 = 0$ 在猜测解 10 附近的根。

牛顿迭代法又称牛顿切线法，它的基本思想如图 3-7 所示。

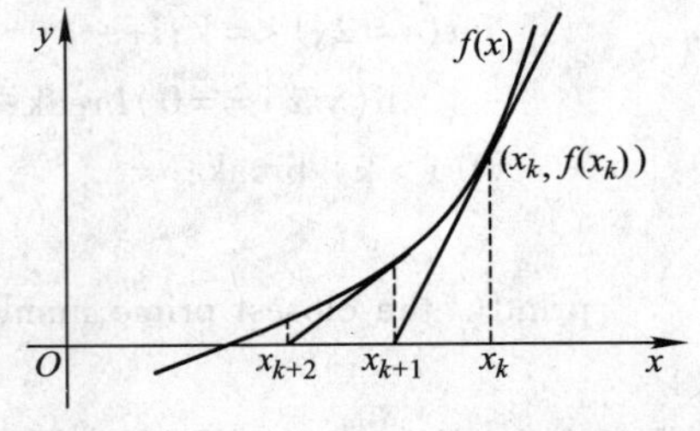

图 3-7 牛顿迭代法示意

设 x_k 是方程 $f(x) = 0$ 的精确解 x 附近的一个猜测

解，过点$(x_k, f(x_k))$做$f(x)$的切线，切线与x轴的交点x_{k+1}由下式计算：$x_{k+1} = x_k - f(x_k)/f'(x_k)$，此式子就是牛顿迭代法的迭代公式。如果猜测解$x_k$与精确解$x$处于同一个单调区间，则经过有限次迭代后，可以求得符合误差要求的近似解。

```
#include <math.h>
void main()
{
    float x,x0,f,f1;
    x0 = 10;                                    /*  初始的猜测值   */
    do{
        x = x0;
        f = x*x*x-7*x*x+7*x+15;                 /*  变量 f 记录   */
        f1 = 3*x*x-14*x+7;                      /*  变量 f1 记录  */
        x0 = x-f/f1;                            /*  迭代   */
    }while(fabs(f) >= 1e-5);                    /*  误差精度为 0.00001   */
    printf("the root = %f\n",x);
}
```

运行结果：the root = 5.000000。

改变初始的猜测值为 0，则程序运行结果为：the root = -1.000000。

改变初始的猜测值为 2.5，则程序运行结果为：the root = 3.000000。

循环常见错误：

1. 混淆相等测试运算符 == 和赋值运算符 =，在应该使用 == 的表达式中使用了赋值运算符 =。

2. 循环变量赋初值位置错误。循环变量赋初值应在循环之外，特别是在多重循环嵌套时，要特别注意一般内循环变量赋初值应在外循环内，内循环之外。

3. 在 while 和 for 语句后面误加空语句(;)。

本章小结

本章介绍的 if-else 语句用于实现二分支选择结构，switch 语句或 if-else 嵌套实现多路选择结构实现循环的控制语句有 while、do-while 和 for 语句。break 语句可用于 switch 与 3 个循环语句中，用于跳出所在的控制语句中。一个解决具体问题的程序需要综合使用这些控制语句来构建。

计算机解决问题都是按指定的顺序执行一系列的动作。按照特定的顺序执行相应的动作来求解问题的过程称为算法。程序中的语句是算法的体现，而算法要解决的是“做什么”和“怎么做”的问题。计算机程序中指定语句的执行顺序称为“程序控制”。结构化的程序控制包含 3 种基本结构：顺序结构，选择结构和循环结构，只由 3 种基本结构组成的算法是结构化的算法。

习题三

一、选择题

1. 若给定条件表达式(M)?(a++):(a--),则其中表达式M(　　)。

A. 和(M==0)等价　　B. 和(M==1)等价

C. 和(M!=0)等价　　D. 和(M!=1)等价

2. 以下选项中与if(a==1)a=b; else a++;语句功能不同的switch语句是(　　)。

A.
```
switch(a)
{
    case 1:a=b;break;
    default:a++;
}
```
B.
```
switch(a==1)
{
    case 0:a=b;break;
    case 1:a++;
}
```
C.
```
swithc(a)
{
    default:a++;break;
    case 1:a=b;
}
```
D.
```
switch(a==1)
{
    case 1:a=b;break;
    case 0:a++;
}
```

3. 若执行下面的程序时从键盘上输入5,则输出结果是(　　)。

```
#include <stdio.h>
void main()
{
    int x;
    scanf("%d",&x);
    if(x++ >5)printf("%d\n",x);
    else printf("%d\n",x--);
}
```

A. 7　　B. 6　　C. 5　　D. 4

4. 有如下程序,该程序执行结果是(　　)。

```
#include <stdio.h>
void main()
{
    float x=2.0,y;
    if(x<0.0)y=0.0;
    else if(x<10.0)y=1.0/x;
    else y=1.0;
    printf("%f\n",y);
}
```

A. 0.000000　　B. 0.250000　　C. 0.500000　　D. 1.000000

5. 下面程序的执行结果是(　　)。

```
#include < stdio. h >
void main( )
{
    int i,sum;
    for(i = 1;i <= 3;sum++)
        sum += i;
    printf("%d\n",sum);
}
```

A. 6　　B. 3　　C. 0　　D. 死循环

6. 下面程序的执行结果是(　　)。

```
#include < stdio. h >
void main( )
{
    int x = 23;
    do
    {
        printf("%d",x--);
    } while(! x);
}
```

A. 22　　B. 23　　C. 不输出任何内容　　D. 陷入死循环

7. 执行下面的程序后,a 的值为(　　)。

```
#include < stdio. h >
void main( )
{
    int a,b;
    for(a = 1,b = 1;a <= 100;a++)
    {
        if(b >= 20) break;
        if(b%3 == 1)
        {
            b += 3;
            continue;
        }
        b -= 5;
    }
    printf("a = %d\n",a);
}
```

A. 7　　B. 8　　C. 9　　D. 101

8. 下面的程序(　　)。

```
#include < stdio. h >
void main( )
{
  int x =3;
  do{
      printf( " % d\n" ,x -=2);
   } while( ! ( --x));
}
```

A. 输出是 1　　B. 输出是 1 和 -2

C. 输出是 3 和 0　　D. 是死循环

9. 有下面程序,输出结果是(　　)。

```
#include < stdio. h >
void main( )
{
    int y =9;
    for( ;y >0;y-- )
        if( y% 3 ==0)
        {
            printf( " % d" , -- y) ;continue;
    }}
}
```

A. 741　　B. 852　　C. 963　　D. 875421

10. 以下程序的输出结果是(　　)。

```
#include < stdio. h >
void main( )
{
    int   i;
    for( i =1;i <6;i++ )
    {
        if( i% 2)
        {
        printf( " * " ) ;continue;
        }
        printf( "#" ) ;
    }
    printf( " \n" ) ;
}
```

A. #*#*#　　B. #####　　C. *****　　D. *#*#*

11. 下面程序的运行结果为(　　)。

```
#include < stdio. h >
void  main( )
{
    int n;
    for( n = 1 ; n <= 10 ; n++ )
    {
        if( n% 3 ==0 ) continue;
        printf( "% d" ,n) ;
    }
}
```

A. 12457810　　B. 369　　C. 12　　D. 12345678910

12. 在 C 语言中,当 while 语句构成的循环中的条件为(　　)时,结束循环。

A. 0　　B. 1　　C. true　　D. 非 0

13. 下面各组中与给出的程序段功能不等价的是(　　)。

```
if( a >0 )  b =1;
else   if( a ==0 )  b =0;
    else   b = -1;
```

A.
```
if( a >0 )  b =1;
if( a ==0 ) b =0;
if( a <0 )  b = -1;
```

B.
```
if( a >0 )  b =1;
else
if( a <0 )  b = -1;
else      b =0;
```

C.
```
if( a >0 ) b =1;
if( a ==0 ) b =0;
else   b = -1;
```

D.
```
if( a >=0 )
if( a >0 )  b =1;
if( a ==0 ) b =0;
if( a <0 ) b = -1;
```

14. 以下程序段执行时(　　)。

```
x = -1;
do {
    x = x * x;
} while( !x) ;
```

A. 循环体将执行一次　　B. 循环体将执行两次

C. 循环体将执行无限次　　D. 系统将提示有语法错误

15. 以下程序的输出结果是(　　)。

```
#include < stdio. h >
void main( )
{
    int x =1 ,a =0 ,b =0;
    switch( x)
    {
    case 0 : b++ ;
```

```
    case 1:a++;
    case 2:a++;b++;
    }
    printf("a=%d,b=%d\n",a,b);
}
```

A. a=2,b=1　　B. a=1,b=1　　C. a=1,b=0　　D. a=2,b=2

二、程序阅读题

1. 下面程序运行时,若输入12134211↙,运行结果是________。

```
#include <stdio.h>
void main()
{
    char ch;
    int a,b,c,d,k,i;
    a=b=c=d=0;
    for(k=0;(ch=getchar())!='\n';k++)
    {
        switch(ch)
        {
        case'1':a++;
        case'2':b++;break;
        case'3':c++;
        case'4':d++;
        }
    }
    printf("%d,%d,%d,%d\n",a,b,c,d);
}
```

2. 下面程序的运行结果是________。

```
#include <stdio.h>
void main()
{
    int i,j,a=0;
    for(i=0;i<2;i++)
    {
        for(j=0;j<4;j++)
        {
            if(j%2==1) continue;
            a++;
        }
```

```
    }
    printf("%d\n",a);
}
```

3. 下面程序的运行时从键盘上输入1298↙,则输出结果是________。

```
#include <stdio.h>
void main()
{
    int n1,n2;
    scanf("%d",&n2);
    for(n1=0;n2!=0;n2/=10)
    {
        n1=n1*10+n2%10;
    }
    printf("%d",n1);
}
```

4. 下面程序运行时若输入121　88↙,输出________。

```
#include <stdio.h>
void main()
{
    int m,n;
    scanf("%d%d",&m,&n);
    while(m!=n)
    {
        while(m>n) m=m-n;
        while(m<n) n=n-m;
    }
    printf("%d\n",m);
}
```

5. 在执行以下程序时,如果从键盘上输入:ABCdef↙,则输出为________。

```
#include <stdio.h>
void main()
{
    char ch;
    while((ch=getchar())!='\n')
    {
        if(ch>='A'&& ch<='Z')
            ch=ch+32;
        else if(ch>='a'&& ch<'z')
```

```
            ch = ch - 32;
        printf("%c",ch);
    }
    printf("\n");
}
```

三、程序填空题

1. 下面程序接收键盘输入的若干学生成绩(以 -1 作为输入结束),求平均分并输出。请完善程序。

```
#include <stdio.h>
void main()
{
    int n = 0;
    float score, s = 0;
    scanf("%f",&score);
    while(score != -1)
    {
        s += score;
        ________;
        scanf("%f",&score);
    }
    printf("average = %5.2f\n",s/n);
}
```

2. 下列程序计算满足不等式 $1+3+5+7+\cdots+2(k-1)\leqslant 100$ 的最大奇数 $2(k-1)$。请完善程序。

```
#include <stdio.h>
void main()
{
    int i, m = 0;
    for(i = 1; ;i += 2)
    {
        m = m + i;
        if(m > 100)
            ____(1)____;
    }
    printf("i = %d\n", ____(2)____);
}
```

3. 下列程序输出大于 m 的 10 个 Fibonacci 数。请完善程序。

```
#include <stdio.h>
```

```
void main( )
{
    long int  m,f1,f2,f,n;
    f1 =1,f2 =1;
    n =0;
    scanf( "%ld",&m);
    while( n <10)
    {
        if( f2 >m)
        {
            printf( "%ld ",f2);
            ____(1)____;
        }
        ____(2)____;
        f1 = f2;
        f2 = f;
    }
}
```

4. 以下程序的功能是将键盘输入的正整数的各位相加后输出,请完善程序。

```
#include <stdio.h>
void main( )
{
    long int a,s =0;
    scanf( "%ld",&a);
    while( a)
    {
        ________;
        a/ =10;
    }
    printf( "\ns =%ld",s);
}
```

四、编程题

1. 给出一个百分制的成绩,输出对应的等级字符 A、B、C、D。规定:90 ~100 分为 A,75 ~89 为 B,60 ~74 为 C,60 分以下为 D。

2. 按 yyyy - mm - dd 格式输入一个日期,如 2004 - 10 - 31,判断这是这一年的第几天。

3. 编程实现从键盘输入 2 个 2 位正整数,将它们合并成一个新数输出,第一个数的十位成为新数的千位,个位成为新数的十位;第二个数的十位成为新数的百位,个位为新数的个位。如输入 23、74,则输出 2734。输入输出都以%d 为格式符。

4. 输入一个正整数 n,编写一个程序,计算 $2+4+6+\cdots+n$ 值。

5. 输入一个正整数 n,编写一个程序,计算 $1/1!+1/2!+1/3!+\cdots+1/n!$。

6. 输出 100 ~ 500 之内所有的素数,每行输出 8 个。

7. 计算并返回如下 $n+1$ 项数据的乘积 z:

$$m\times\frac{m}{\sqrt{m}}\times\frac{m}{\sqrt{m+\sqrt{m}}}\times\frac{m}{\sqrt{m+\sqrt{m+\sqrt{m}}}}\times\cdots\times\frac{m}{\sqrt{m+\sqrt{m+\sqrt{m+\sqrt{m+\cdots}}}}}$$

m 与 n 值由键盘输入。例如,$m=2,n=5$ 时,$z=3.140\,331$。

8. 将长整型数 x 中每一位为奇数的数依次取出,并逆序构成一个新数返回。x 由键盘输入。例如:程序运行时输入 123456789,输出:$b=97531$。

9. 计算满足表达式 $x^0+x^1+x^2+\cdots+x^n<y$ 的最大的 n,x 和 y 由键盘输入。例如,当 $x=2$,$y=1000$ 时,程序输出为 8。

10. 键盘输入整数 x,编程判断 x 是否是同构数。所谓"同构数"是指这样的一个 N 位自然数,其平方值的末尾 N 位数等于该数。例如:输入整数 5,5 的平方数是 25,5 是 25 中右侧的数,所以 5 是同构数。

11. 编程输出[a,b]范围内所有满足下面条件的数的个数:该数是素数,且该数逆序后形成的数也是素数。a 和 b 由键盘输入。例如,在[100,150]范围内 101、107、113、131、149 满足条件。

12. 编程实现:键盘输入一组学生成绩,输入以 -1 作为输入的结束。统计这批数据的最大值、最小值、平均值。

13. 韩信点兵问题:韩信有一队兵,他想知道有多少人,便让士兵排队报数。按 1 ~ 5 报数最后一人报 1;按 1 ~ 6 报数最后一人报 5;按 1 ~ 7 报数最后一人报 4;按 1 ~ 11 报数最后一人报 10。编程输出韩信有多少兵。

14. 猴子吃桃问题:猴子第一天摘下若干桃子,从这天起,每天吃掉一半再多吃一个。到第 10 天想再吃时,发现桃子只剩一个了。编程求猴子第一天摘下多少只桃子。

15. 编程输出[m,n]范围内的所有 Fibonacci 数。

16. 打印菱形图形。

```
     1
    222
   33333
  4444444
 555555555
66666666666
 555555555
  4444444
   33333
    222
     1
```

17. 已知1900年12月31号是星期一，编写程序，输入1900—2300年内任意一个日期，程序输出这一天是星期几。

18. 输入一个英文的句子(以句号结束)，将句中各单词分行打印出来。单词之间以空格分隔。

19. 求方程 $3x^3-4x^2-5x+12=0$ 在 $x_0=1$ 附近的根的近似解。

20. 用迭代法计算 a 的立方根，a 由键盘输入。

第4章

构造型数据类型

【本章导读】

在C语言中除了第2章介绍的基本数据类型(整型、字符型、实型、枚举),还有构造型数据类型。构造型数据类型是根据已定义的一个或多个数据类型用构造的方法来定义的。也就是说,一个构造类型的值可以分解成若干个“成员”或“元素”。每个“成员”都是一个基本数据类型或又是一个构造类型。在C语言中,构造类型有以下几种:数组类型、结构类型、共用类型。

本章将讲述一维数组和多维数组的定义、初始化和使用,字符串与字符数组的概念,结构体和共用体类型变量的定义方法和使用方法,结构体和共用体的嵌套使用,枚举型的概念以及用typedef定义类型名。重点是数组和结构体。

【本章要点】

第1节:数组、一维数组、字符数组、多维数组。

第2节:结构体、结构体成员、结构体数组。

第3节:共用体。

第4节:枚举类型、枚举常量。

4.1 数　组

为了处理方便,人们把具有相同类型的若干变量按有序的形式组织起来。这些按序排列的同类数据元素的集合称为数组。数组是最简单、最常用的构造型数据类型,它由若干个类型相同的元素组成,每个元素就是一个变量,每个数组都有一个名字,称为数组名。数组可以是一维的,也可以是多维的。C语言中数组元素的个数必须在定义数组时确定,不是可调数组。

4.1.1 数组概念的引入

首先研究一个问题:由键盘读入100个实数 $n_1, n_2, \cdots, n_{100}$。输出 $(n_1+n_{100})/2.0$, $(n_2+n_{99})/2.0$, …, $(n_{50}+n_{51})/2.0$。可以先把这100个实数存放在100实型变量中。为此定义100个实型变量n0,n1,…n99分别存放这100个实数,程序如下:

```
scanf("%f",&n0);
scanf("%f",&n1);
    ⋮
scanf("%f",&n99);
printf("%f,",(n0+n99)/2.0);
printf("%f,",(n1+n98)/2.0);
    ⋮
printf("%f,",(n49+n50)/2.0);
```

上述程序十分繁琐。在这种情况下,人们希望能有一种数据类型可以保存一组数据,并且可以方便地对这组数据进行输入、输出、运算等操作。

通过分析可以发现,所有的数据类型是一致的,都是实型,是具有统一特性的一组数据。为此引入数组概念,将这100个实型变量写成n[0],n[1],…,n[99],它们都有相同的数组名n,其中方括号中的数字称为数组下标。通过修改数组下标达到使用数组元素的目的,使操作得到简化。通过本节的学习,能够将上述程序简化为:

```
for(i=0;i<100;i++) scanf("%f",&n[i]);
for(i=0;i<50;i++) printf("%f,",(n[i]+n[99-i])/2.0);
```

由此可以看到引入数组的必要性。引入数组之后,程序变得非常简练。经常用到的排序和查找等程序设计算法,不使用数组就无法进行。程序设计语言中,数组是必不可少的重要数据类型。

数组是一组具有相同类型和名称的变量的集合。这些变量称为数组的元素,每个数组元素都有一个编号,这个编号称为下标,可以通过下标来区别这些元素。数组元素的个数有时也称为数组的长度。

4.1.2 一维数组

1. 一维数组的定义

一维数组是指数组元素只有一个下标的数组。定义一维数组的一般格式如下:

类型标识符　数组名[整型常量表达式];

类型标识符,是每一个数组元素的数据类型,可以是整型、实型、字符型,也可以是后面要学习的指针类型、结构体和共用体等。整型常量表达式用方括号括起来,所给出的值表示数组长度,即该数组有多少个数组元素,也就是能够存储多少个类型标识符所规定的数据类型的值。

数组名是用户定义的标识符,同变量名一样,命名规则也相同。数组名表示一个存储区的首地址,即第一个数组元素的地址。

```
int a[10];
```

这条定义语句说明:

① 定义了一个名为a的一维数组。

② 方括号中的10规定了a数组有10个元素,它们是a[0],a[1],a[2],…、a[9]。

③ 类型名int规定了a数组的每个元素都是整型变量。

④ 每个元素只有一个下标,因此数组a是一维数组。

⑤ 系统将为 a 数组在内存中分配一块 20 个字节的连续存储单元，每个元素（int 类型）占 2 个字节，a[0]元素分配的单元地址最低，a[9]元素分配的单元地址最高，如图 4-1 所示。

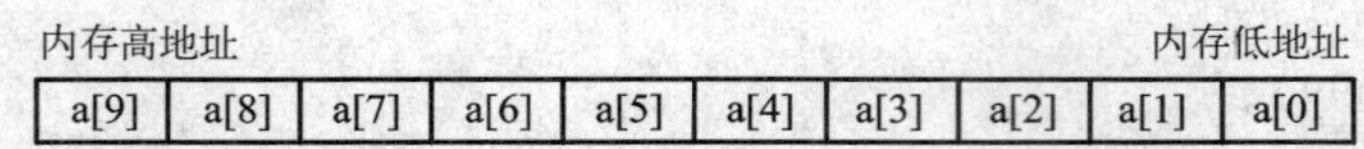

图 4-1　数组在内存中的存放

一条语句中，可以定义多个数组，也可以在定义普通变量名的同时定义数组。例如：

```
float x1,y[100],x2,z[10];
```

以上语句定义了两个单精度实型变量 x1 与 x2，同时还定义了两个单精度实型数组 y 与 z，其中 y 数组包含 100 个元素，它们是 y[0]～y[99]；z 数组包含 10 个元素，它们是 z[0]～z[9]。

对于数组类型说明应注意以下几点：

① 数组的类型实际上是指数组元素的取值类型。对于同一个数组，其所有元素的数据类型都是相同的。

② 数组名的书写规则应符合标识符的书写规定。

③ 数组名不能与其他变量名相同，例如：

```
void main()
{
    int a;
    float a[10];
    …
}
```

是错误的。

④ 方括号中的常量表达式表示数组元素的个数，如 a[5]表示数组 a 有 5 个元素，但是其下标从 0 开始计算，因此 5 个元素分别为 a[0]、a[1]、a[2]、a[3]、a[4]。

⑤ 不能在方括号中用变量来表示元素的个数，但是可以是符号常数或常量表达式。例如：

```
#define FD 5
void main()
{
    int a[3+2],b[7+FD];
    …
}
```

是合法的。但是下述说明方式是错误的：

```
void main()
{
    int n=5;
    int a[n];
    …
}
```

⑥ 允许在同一个类型说明中说明多个数组和多个变量。

例如：

int a,b,c,d,k1[10],k2[20];

2. 一维数组元素的使用

数组定义后，就可以在程序中使用数组元素。一维数组元素的使用格式如下：

数组名[下标表达式]

此处下标表达式可以是整型常量表达式或整型表达式。例如有如下定义语句：

int n[10];

设变量 i、j 均为整型变量，则对数组 n 的元素合法的使用形式可以是 n[0],n[1],…,n[9],n[i],n[i+1],f[i-j]等，程序中可以像使用变量一样使用这些元素。例如下述语句都是正确的：

```
scanf("%d%d",&n[3],&n[5]);
n[5]=(n[3]+n[2])/5;
printf("%d\n",n[5]);
```

由于定义数组 n 有 10 个元素，因此下标表达式的值必须大于等于 0，并且小于等于 9。

使用数组元素时应该注意：

① 系统在内存中为数组分配一块连续的存储单元，最低的地址对应于第一个数组元素，最高的地址对应最后一个数组元素。每个数组元素都等同于一个变量，使用数组元素就可以存取这些存储单元内的数据，就像存取变量的值一样。

② C 语言中不能对一个数组整体赋值。例如，若有下述程序段：

```
int i,a[10],b[10];
for(i=0;i<10;i++) scanf("%d",&a[i]);
```

则语句 b=a;是非法的，要把 a 数组元素赋值给下标对应的 b 数组元素可用如下语句：

```
for(i=0;i<10;i++) b[i]=a[i]);
```

③ 在使用数组元素时，数组元素中下标表达式的值必须是整型，下标表达式值的下限为 0，下标表达式值的上限为该数组元素的个数减 1。C 语言程序在运行过程中，系统并不自动检验数组元素的下标是否越界。因此数组两端都可能因为越界而破坏了其他存储单元中的数据，甚至破坏程序代码或操作系统。因此，在编写 C 语言程序时，应该特别注意保证数组下标不越界。

3. 一维数组的初始化

对一维数组进行初始化可以有下面几种情况和方式：

1）在定义数组时对全部数组元素赋以初值

int a[10]={0,1,2,3,4,5,6,7,8,9};

2）可以只给一部分数组元素赋初值，系统自动对其余元素赋一默认值：

int a[10]={1,3,5,7,9};

等价于：

int a[10]={1,3,5,7,9,0,0,0,0,0};

3）若想使数组中全部元素初始值都为 0 可以写成：

int a[5]={0};

等价于：

```
int a[5] = {0,0,0,0,0};
```

4）对全部数组元素赋初值时，可以不指定数组长度，其长度由初值个数自动确定：

```
int a[] = {0,1,2,3,4};
```

等价于：

```
int a[5] = {0,1,2,3,4};
```

5）不允许数组指明的元素个数小于初值个数：

```
int a[5] = {0,1,2,3,4,5};          //编译时出错"Too many initializers."
```

4. 一维数组程序举例

【例 4-1】 输入一个数据，在已知 10 个整数的数组中查找是否有该数据。

可以用变量 x 存放要查找的数，定义一个数组 a[10]来存放已有的 10 个数据，通过循环比较，在数组 a 中对 x 进行查找，若找到则输出"find!"，否则输出"no find!"。

编写程序如下：

```
#include <stdio.h>
void main()
{
    int i,x;
    int a[10] = {5,8,0,1,9,2,6,3,7,4};
    printf ("\n input a number: ");
    scanf("%d",&x);
    for (i=0;i<10;i++)
        if (x==a[i])
        {
            printf("find!\n");
            break;
        }
        if (i==10)
            printf("no find!\n");
}
```

【例 4-2】 用数组来处理 Fibonacci 数列。

Fibonacci 数列的特点是，前两个数为 1，之后的数是前两个数的和，即

1 1 2 3 5 8 13 21 34 55 89 144 233 377 610 987 1597 2584 4181 6765

可以把 Fibonacci 数列存放到数组中，若 f[i]表示数列中的第 i 个数，它的前两个数分别为 f[i-2]、f[i-1]，所以 f[i] = f[i-2] + f[i-1]，由于数列的前两个数为 1，这种规律应该从第三个数开始，因此 i 的取值应该从 2 开始。

编写程序如下：

```
#include <stdio.h>
```

```
void main( )
{
    int i;
    int f[20] = {1,1};
    for(i = 2;i < 20;i++ )
        f[i] = f[i - 2] + f[i - 1];
    for(i = 0;i < 20;i++ )
    {
        if(i%5 ==0) printf(" \n");/ * if语句用来控制换行,每行输出5个数据。 * /
        printf("% -12d",f[i]);
    }
}
```

运行结果:

```
        1       1       2       3       5
        8       13      21      34      55
        89      144     233     377     610
        987     1597    2584    4181    6765
```

4.1.3 字符数组

C语言中没有字符串类型的变量。字符串的存储有两种方式:一是把字符串存储在一个字符数组中,第二种方法是利用指针处理字符串常量(详见第5章)。本小节介绍使用字符数组来处理字符串的方法。

1. 字符数组的定义

字符数组的每个元素存放一个字符,其定义方法与定义一个一维数组相同:

char 数组名[整型常量表达式],…;

例如:

char str[10];

此语句定义了一个有10个元素的字符数组str。

2. 字符数组的初始化

1) 字符数组逐个元素赋初值

这种情况与一般的数组赋初值方法相同。例如:

char s[ ] = {'H','e','l','l','o','!','\0'};

等同于:

char s[7] = {'H','e','l','l','o','!','\0'};

2) 在赋初值时直接赋字符串常量

可以直接用字符串常量给一维字符数组赋初值。例如:

char s[ ] = { "Hello!" };

赋初值时,若不给定数组元素的个数,系统将按字符串中实际的字符个数来定义数组的大小。上述语句等同于：

char s[7] = { "Hello!" };

即用字符串常量给字符数组赋初值时，系统自动在最后补上字符串结束标志 '\0'，所以不必人为加入。也可以省略花括号，简写成：

char s[] = "Hello!";

这里字符数组 s 的内容如下：

s[0]	s[1]	s[2]	s[3]	s[4]	s[5]	s[6]
H	e	l	l	o	!	\0

用字符串常量直接给字符数组赋初值，应注意字符数组要有足够的存储单元存储字符串。例如：

char str[6] = "Hello!";

该语句定义了一个有 6 个元素的字符数组 str，但是字符串常量"Hello!"包括了字符串结束标志 '\0'，要占用 7 个存储单元，6 个单元空间不够用，'\0'将占用下一个不属于字符数组 str 的存储单元，会破坏其他内存单元的数据或程序代码。

3. 字符数组元素赋值

1）定义了一个字符数组后，就可以对其元素赋值。

例如：

char s[10];

s[0] ='H';s[1] ='e';s[2] ='l';s[3] ='l';s[4] ='o';s[5] ='!';

上述语句把 6 个字符存入了字符数组 s，存储结构如下：

s[0]	s[1]	s[2]	s[3]	s[4]	s[5]	s[6]	s[7]	s[8]	s[9]
H	e	l	l	o	!	\0			

以上字符数组 s 中存放了 6 个字符，并不等同于 s 中存放了字符串"Hello!"。因为 C 语言规定字符串要以字符串结束标志 '\0'结束。上面若加上 s[6] ='\0'，才是把字符串"Hello!"存入字符数组 s 中。因此，用字符数组来存放字符串时，若是逐个字符赋值给数组元素，要在最后一个字符之后加上字符串结束标志 '\0'。

用逐个字符给字符数组赋值，存储字符串，操作起来很不方便。C 语言提供了专门用于处理字符串的各种库函数。利用字符串处理函数，可以方便地将字符串存入字符数组，以及输入、输出字符串。

2）利用库函数 strcpy( )给字符数组赋字符串

可以方便地利用库函数 strcpy( )把字符串存入字符数组，函数 strcpy( )的调用形式为：

strcpy(字符数组 1，字符串 2)；

strcpy( )的作用是将字符串 2 复制到字符数组 1 中，复制时将字符串 2 后面的字符串结束标志 '\0'也复制到字符数组 1 中。例如下面的程序段：

```
char str1[30],str2[30],str3[] = "How are you!";
strcpy(str1,str3);            // 将字符串 "How are you.!" 存入字符数组 str1 中
```

strcpy(str2,"Hello!");　　　// 将字符串"Hello!"存入字符数组 str2 中

使用函数 strcpy()应该注意字符数组 1 必须定义得足够大,以便可以容纳得下被复制的字符串。定义字符串数组 1 时,其元素个数至少应该比字符串 2 的长度多 1,应该留有存放字符串结束标志 '\0'的元素。

注意:不能用赋值语句把字符串整体赋值给字符数组。

在 C 语言中,不能用赋值语句把字符串整体赋值给字符数组。例如:

```
char s1[30],s2[30],s3[] = "Good Morning!";
s1 = "Hello!";
s2 = s3;
```

以上两条赋值语句都是非法的。第一个赋值语句相当于把字符串"Hello!"的首地址赋值给 s1,第二个赋值语句相当于把数组 s3 的首地址赋值给 s2,但 s1 和 s2 都是数组的首地址,是地址常量,不能被赋值。

4. 字符数组的输入输出

在程序中可以逐个输入输出数组元素,也可以利用系统提供的字符串处理函数,整体输入输出字符数组中的字符串。第 2 章介绍的 printf()、scanf()、getchar()、putchar()、getch()、getche()等库函数均可用来输入、输出字符和字符串。

1)将字符数组中的字符串逐个字符地输入输出

① 在标准输入输出函数 printf()和 scanf()中使用%c 格式说明符。

② 使用 getchar()、putchar()、getch()和 getche()函数。

2)字符串整体输入输出

① 在标准输入输出函数 printf()和 scanf()中使用%s 格式说明符。

② 使用 gets()和 puts()函数输入输出一行。

【例 4-3】 由键盘输入两个字符串,比较它们的大小。

本例完成与库函数 strcmp()类似的功能。C 语言中字符串比较规则与其他语言相同,即对两个字符串从左到右逐个字符(按 ASCII 码值大小)相比较,直到出现第一个不同的字符或遇到'\0'为止。若全部字符相等,则认为两字符串相等;否则比较结果以第一个不相同的字符为准。

```
void main()
{
    char s1[300],s2[300];
    int result,i=0;
    printf("请输入两个字符串:");
    scanf("%s%s",s1,s2);
    while(s1[i] && s2[i] && s1[i]==s2[i])
        i++;
    result=s1[i]-s2[i];
    printf("字符串%s",s1);
    if(result==0)
```

```
        printf(" 等于 ");
    else if(result > 0)
        printf(" 大于 ");
    else
        printf(" 小于 ");
    printf("字符串%s\n",s2);
}
```

运行结果:

请输入两个字符串:abcDefg abcd

字符串 abcDefg 小于 字符串 abcd

【例 4-4】 把字符串 2 插入到字符串 1 中第 i 个开始的位置上。例如:字符串 1 为"abcde",字符串 2 为"xyz",i=3,则插入后,字符串 1 变成"abxyzcde"。

解题思路:先求出字符串 2 的长度 len2,然后把字符串 1 从最后一个字符开始后移 len2 个元素,依次移动元素,一直到第 i 个字符后移 len2 个元素,这样字符串 1 就留出 len2 个元素的空间,然后把字符串 2 插入到该空间中,并在最后加上字符串结束标志 '\0',如图 4-2。

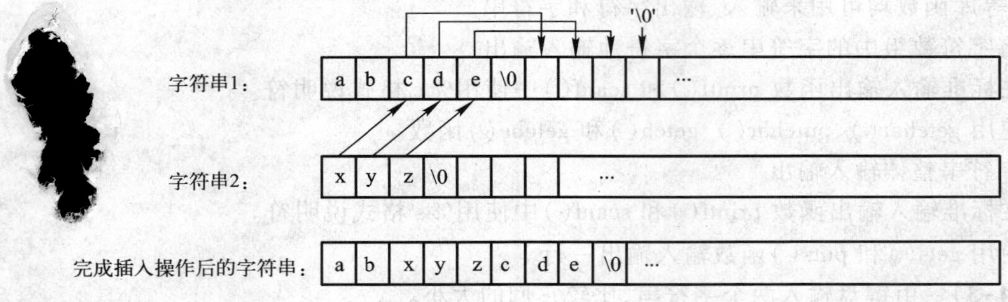

图 4-2 字符串插入操作过程

```
#include <stdio.h>
#define N 100
void main()
{
    char s1[N],s2[N];
    int i,j,pos,len1=0,len2=0;
    printf("请输入字符串 1、字符串 2 以及插入位置:");
    scanf("%s%s%d",s1,s2,&pos);
    while(s1[len1]) len1++;          /*求出字符串 1 的长度*/
    while(s2[len2]) len2++;          /*求出字符串 2 的长度*/
    if(pos<1 || pos>len1+1 || len1+len2>N) printf("不能作插入操作。\n");
    else
    {
        for(i=len1-1;i>=pos-1;i--)
```

```
        s1[i+len2]=s1[i];    /*s1[i]后移到s1[i+len2]处*/
    for(i=0;i<len2;i++)
        s1[pos-1+i]=s2[i];/*把字符串2插入到字符串1中空出的位置中*/
    s1[len1+len2]='\0';      /*写入字符串结束标志*/
    printf("插入后字符串1变成:%s\n",s1);
  }
}
```

运行结果:

请输入字符串1、字符串2以及插入位置:abcde xyz 3

插入后字符串1变成:abxyzcde

4.1.4 多维数组

前面介绍的一维数组只有一个下标,其数组元素也称为单下标变量。在实际问题中有很多数据是二维的或多维的,因此C语言允许构造多维数组。多维数组元素有多个下标,以标识它在数组中的位置,所以也称为多下标变量。一旦掌握了二维数组,就很容易推广到多维数组。

1. 二维数组的定义

二维数组类型说明的一般形式是:

类型说明符 数组名[整形常量表达式1][整形常量表达式2]…;

其中整形常量表达式1表示第一维下标的长度,整形常量表达式2表示第二维下标的长度。例如:

int a[3][4];

说明了一个3行4列的数组,数组名为a,其下标变量的类型为整型。该数组的下标变量共有3×4个,即:

	第0列	第1列	第2列	第3列
第0行	a[0][0],	a[0][1],	a[0][2],	a[0][3]
第1行	a[1][0],	a[1][1],	a[1][2],	a[1][3]
第2行	a[2][0],	a[2][1],	a[2][2],	a[2][3]

二维数组在概念上是二维的,即其下标在两个方向上变化,下标变量在数组中的位置也处于一个平面之中,而不是像一维数组只是一个向量。我们知道,实际的硬件存储器却是连续编址的,也就是说存储器单元是按一维线性排列的。如何在一维存储器中存放二维数组,可有两种方式:一种是按行排列,即放完一行之后顺次放入第二行;另一种是按列排列,即放完一列之后再顺次放入第二列。在C语言中,二维数组是按行排列的。在图4-3中,按行顺次存放,先存放a[0]行,再存放a[1]行,最后存放a[2]行。每行中有4个元素,也是依次存放。由于数组a说明为int类型,该类型占两个字节的内存空间,所以每个元素均占有两个字节。

内存低地址　　　　　　　　　　　　　　　　　　　　　　　　内存高地址

a[0][0]→a[0][1]→a[0][2]→a[0][3]→a[1][0]→a[1][1]→a[1][2]→a[1][3]→a[2][0]→a[2][1]→a[2][2]→a[2][3]

图4-3 二维数组在内存中的存放位置

2. 二维数组的使用

定义了二维数组后，就可以在程序中使用其数组元素。由于二维数组的元素为双下标变量，其表示的形式为：数组名[下标][下标]。其中下标应为整型常量或整型表达式。例如：a[3][4]表示a数组3行4列的元素。下标变量和数组说明在形式中有些相似，但这两者具有完全不同的含义。数组说明的方括号中给出的是某一维的长度，即可取下标的最大值；而数组元素中的下标是该元素在数组中的位置标识。前者只能是常量，后者可以是常量、变量、表达式。

二维数组元素的使用格式如下：

数组名[下标表达式1][下标表达式2]

此处下标表达式可以是整型常量表达式或整型表达式。例如，定义语句 int a[3][10]。设变量i、j均为整型变量，则对数组a的元素合法的使用形式可以是a[0][0],a[0][1],…,a[0][8],a[1][0],…,a[4][j],…,a[i][j],…,a[i+j][i-j]等，在程序中可以像使用变量一样使用这些元素。

使用二维数组元素时应注意：

① 所有下标表达式的值必须是整数，且不能越过数组定义时下标的上界与下界。系统也不会检查二维数组元素的下标是否越界，需要编程人员注意限制下标不要越界。

② C语言中，不能使用一个方括号来表示二维数组的元素，以下表示是非法的：

a[3,4],a[i,j]。

由二维数组的概念很容易推广到多维数组的情况，多维数组的定义形式为：

类型名 数组名[第1维长度][第2维长度]…[第n维长度];

多维数组的元素存放顺序是按第一维下标变化最慢，最右边的下标变化最快的原则。例如：

double x[2][2][3];

上述定义了一个双精度实型的三维数组x。数组x共有2×2×3=12个元素，其元素在内存中的存放顺序为：

x[0][0][0]→ x[0][0][1]→ x[0][0][2]→ x[0][1][0]→ x[0][1][1]→ x[0][1][2]→ x[1][0][0]→ x[1][0][1]→ x[1][0][2]→ x[1][1][0]→ x[1][1][1]→ x[1][1][2]

3. 二维数组的初始化

可以在定义二维数组的同时给二维数组的各元素赋初值，赋初值的方法有以下几种。

1) 对全部元素赋初值

① 用分行赋值方式，对全部元素赋初值

数组的每一行元素初始化赋值用花括号括起来，各元素之间用逗号“,”分开，最外层再加一对花括号。例如：

int a[3][5] = { {1,2,3,4,5},{6,7,8,9,10},{11,12,13,14,15} };

把第一个花括号内的数据赋值给第一行的元素，把第二个花括号内的数据赋值给第二行的元素，…。这种赋值方法直观，不易遗漏，易于查错。

② 按顺序赋值方式，对全部元素赋初值

二维数组存储是连续的，因此可以用一维数组赋初值的方法来给二维数组赋初值。例如：

int a[3][5] = { 1,2,3,4,5,6,7,8,9,10,11,12,13,14,15 };

这与上面①中的 a 数组赋初值的结果相同,但这种赋值方法不如第一种赋值方法清晰。

③ 省略第一维的长度,但第二维长度不能省略,对全部元素赋初值,例如:

```
int a[][5] = { 1,2,3,4,5,6,7,8,9,10,11,12,13,14,15 };
```

或者

```
int a[][5] = { {1,2,3,4,5},{6,7,8,9,10},{11,12,13,14,15} };
```

这与上面①、②中 a 数组赋初值的结果相同。系统会根据数据的总个数分配存储空间,共 15 个数据,已知每行 5 列,得知共 15/5 = 3 行。

2) 对部分元素赋初值

① 分行赋值方式,对部分元素赋初值。

可以对二维数组每一行的前面几个元素赋初值。而对于后面没有赋初值的元素,系统将自动给该行后面的元素赋初值 0。例如:

```
int a[4][5] = { {1,2},{0,8,9},{ },{16} };
```

则数组 a 中各元素的值为:

$$\begin{pmatrix} 1 & 2 & 0 & 0 & 0 \\ 0 & 8 & 9 & 0 & 0 \\ 0 & 0 & 0 & 0 & 0 \\ 16 & 0 & 0 & 0 & 0 \end{pmatrix}$$

用分行赋值方式对部分元素赋初值时,也可以省略第一维的长度。例如:

```
int a[][5] = { {1,2},{3,4,5},{ },{6} };
```

等同于

```
int a[4][5] = { {1,2},{3,4,5},{ },{6} };
```

② 按顺序赋值,对部分元素赋初值。

可以按顺序赋值的方式对二维数组的部分元素赋初值。对于后面没有赋初值的元素,系统也将自动赋初值 0。例如:

```
int a[3][5] = { 1,2,3,4,5,6,7,8,9,};
```

则数组 a 中各元素的值为:

$$\begin{pmatrix} 1 & 2 & 3 & 4 & 5 \\ 6 & 7 & 8 & 9 & 0 \\ 0 & 0 & 0 & 0 & 0 \end{pmatrix}$$

利用这一特点,可以用如下方式:

```
int b[5][9] = {0};
```

给二维数组 b 的所有元素赋初值 0。

③ 按顺序赋值,对部分元素赋初值,并且省略第一维的长度。

此时,数组第一维的大小按以下规则决定:设有 n 个初值数据,数组的第二维长度是 n2,因为是对部分元素赋初值,则 n/n2 不能被整除。第一维的大小 = n/n2 + 1。例如:

```
int a[][5] = {1,2,3,4,5,6,7,8,9,10,11};
```

此处共有 11 个初值数据,则 a 数组第一维的大小 = 11/5 + 1 = 3(这里 11/5 为整数除),即上述语句等同于:

int a[3][5] = {1,2,3,4,5,6,7,8,9,10,11};

【例 4-5】 一个学习小组有 5 个人,每个人有 3 门课的考试成绩。求全组分科的平均成绩和各科总平均成绩。

姓名	计算机导论	C 语言程序设计	数据结构
赵	80	75	92
钱	61	65	71
孙	59	63	70
李	85	87	90
周	76	77	85

设一个二维数组 a[5][3]存放 5 个人 3 门课的成绩。再设一个一维数组 v[3]存放所求得各分科平均成绩,设“变量 l”为全组各科总平均成绩。

程序代码如下:

```
void main()
{
    int i,j,s = 0,l,v[3],a[5][3];
    printf("input score\n");
    for(i = 0;i < 3;i++)
    {
        for(j = 0;j < 5;j++)
        {
            scanf("%d",&a[j][i]);
            s = s + a[j][i];
        }
        v[i] = s/5;
        s = 0;
    }
    l = (v[0] + v[1] + v[2])/3;
    printf("math:%d\nc languag:%d\ndbase:%d\n",v[0],v[1],v[2]);
    printf("total:%d\n",l);
}
```

程序中首先用了一个双重循环。在内循环中依次读入某一门课程的各个学生的成绩,并把这些成绩累加起来,退出内循环后再把该累加成绩除以 5 送入 v[i]之中,这就是该门课程的平均成绩。外循环共循环 3 次,分别求出 3 门课各自的平均成绩并存放在数组 v 之中。退出外循环之后,把 v[0]、v[1]、v[2]相加除以 3 即得到各科总平均成绩。最后按题意输出各个成绩。

数组是一种构造类型的数据。二维数组可以看作是由一维数组的嵌套而构成的。设一维数组的每个元素都又是一个数组,就组成了二维数组。当然,前提是各元素类型必须相同。根据这样的分析,一个二维数组也可以分解为多个一维数组。C 语言允许这种分解,如二维数组 a[3][4],可分解为 3 个一维数组,其数组名分别为 a[0],a[1],a[2]。对这 3 个一维数组不需另作说明即可使用。这 3 个一维数组各有 4 个元素,例如,一维数组 a[0]的元素为 a[0][0]、a[0][1]、a[0][2]、a[0][3]。必须强调的是,a[0]、a[1]、a[2]不能当作下标变量使用,它们是数组名,不是一个单纯的下标变量。

4.2 结构体

在实际问题中,一组数据往往具有不同的数据类型。例如,在学生登记表中,姓名应为字符型,学号可为整型或字符型,年龄应为整型,性别应为字符型,成绩可为整型或实型。由于这些数据属于一个学生,如果分别定义为相互独立的变量,就不能体现数据间有内在联系。显然,也不能用一个数组来存放这一组数据,因为数组中各元素的类型和长度都必须一致,以便于编译系统处理。为了解决这个问题,C 语言中给出了另一种构造型数据类型——"结构体"。它相当于其他高级语言中的记录。

4.2.1 结构体的定义

"结构体"也是一种构造类型,它由若干"成员"组成,每一个成员可以是一个基本数据类型或者又是一个构造类型。结构体既是一种"构造"而成的数据类型,那么在说明和使用之前必须先定义它,也就是构造它。如同在说明和调用函数之前要先定义函数一样。

1. 结构体类型的定义

定义一个结构的一般形式为:

```
struct 结构体名
{
    类型名 1   结构体成员名表 1;
    类型名 2   结构体成员名表 2;
      ⋮
    类型名 n   结构体成员名表 n;
};
```

说明:

① 结构体名由用户命名,命名规则与自定义标识符命名规则相同。

② 每个"结构体成员名表"都可以含有多个相同类型的成员名,它们之间以逗号隔开。结构体成员的命名规则与变量名的命名规则相同。结构体成员名允许与该结构体外的变量重名,不同结构体中的成员也可以同名。由于其属于结构体内部变量,它们代表不同的对象,互不干扰。

③ 结构体成员的类型可以是基本类型、数组、共用体、指针、空类型或已说明过的结构体类型等。

④ 其中 struct 是 C 语言的关键字,是结构体类型的引导字,用于说明结构体类型以及定义结构体变量。

⑤ 结构体说明的花括号后要以分号";"结尾。

例如:

```
struct stu
```

```
{
    int num;
    char name[20];
    char sex;
    float score;
};
```

在这个结构定义中,结构名为 stu,该结构由 4 个成员组成:第一个成员为 num,整型变量;第二个成员为 name,字符数组;第三个成员为 sex,字符变量;第四个成员为 score,实型变量。结构定义之后,即可进行变量说明。凡说明为结构 stu 的变量都由上述 4 个成员组成。由此可见,结构是一种复杂的数据类型,是数目固定,类型不同的若干有序变量的集合。

结构体成员也可以是一个结构体变量,即结构体允许嵌套结构。例如,下面语句定义了一个有嵌套结构的结构体,首先定义一个结构 date,由 year(年)、month(月)、day(日) 3 个成员组成,结构定义如下:

number	name	sex	birthday			dep	score
			yea	month	day		

```
struct date
{
    unsigned int year;
    unsigned int month;
    unsigned int day;
};
struct staff
{
    char number[8];
    char name[10];
    char sex
    struct date birthday;
    char dep[20];
    float score [2];
};
```

结构体类型说明只是说明了一个构造型数据类型,系统没有分配任何存储空间。就像 int a,int 表示整型,a 是变量,其数据类型是整形的一样,必须定义相应结构体类型的变量,系统才为该变量分配存储空间。需要注意的是,类型与变量是不同的概念。类型能够定义属于该类型的变量,变量一定属于某种类型。

2. 结构体变量的定义

定义了结构体类型,就可以利用该结构体类型定义结构体变量。结构体类型的变量有以下

4种定义方式。

1）紧跟在类型说明之后定义变量

一般形式为：

struct 结构体名
{
结构体成员表
} 变量名表；

例如：

```
struct book_type
{
    int num;
    char name[60];
    char writer[30];
    float price;
    char brief[300];
}book1,book2;
```

此处，在说明结构体类型 struct book_type 的同时，定义了一个结构体变量 book1 与一个结构体数组 book2。

2）先说明结构体类型，再单独进行变量定义

一般形式为：

struct 结构体名
{
结构体成员表
};
struct 结构体名　结构体变量名表；

例如：

```
struct staff
{
    char number[8];
    char name[10];
    char sex;
    int age;
    char dep[20];
    float wage[2];
};
…
struct staff worker1,worker2;
```

此处先说明了结构体类型 struct staff，再由另一条语句定义变量 worker1 与 worker2 为 struct staff 类型的变量。

3）说明一个无名结构体类型，直接定义变量

一般形式为：

```
struct
{
    结构体成员表
} 变量名表;
```

例如：

```
struct
{
    unsigned char month;
    unsigned char day;
    unsigned year;
}d;
```

以上说明结构体类型时省略了结构体类型名，直接定义结构体数组 d。若程序中不需要再次定义该结构体类型的变量，可用这种方式一次性定义变量。

4）用 typedef 说明一个结构体类型名，再用类型名进行变量定义。

4.2.2 结构体的操作

结构体是一个构造型数据类型，由此定义的结构体变量的成员，也可以像其他类型的变量一样被赋值、参与表达式运算以及用于输入、输出等操作。

1. 结构体变量成员的使用

结构体变量成员的表示方式为：

结构体变量名.成员名

运算符“.”称为结构体成员运算符，它在 C 语言中的运算优先级的级别是最高的。可以把“结构体变量名.成员名”看成一个整体，这个整体的数据类型与结构体中该成员的数据类型相同，可以像使用一个简单变量一样使用“结构体变量名.成员名”。

对于多层嵌套结构体成员的使用，应按照从最外层到最内层的顺序逐层使用成员名，每层成员名之间用结构体成员运算符“.”隔开，只能对最内层的成员进行存取、运算以及输入、输出等操作。

2. 结构体变量的初始化

对结构体变量进行初始化时，所赋初值顺序放在一对花括号中，系统按每个成员在结构体中的顺序一一对应赋初值，不允许跳过前边的成员给后面的成员赋初值，但可以只给前面的若干个成员赋初值，对于后面未赋初值的成员，对于数值型和字符型数据，系统自动赋初值零。例如：

```
struct book_tp
{
    char name[60];            /* 书名 */
    char author[30];          /* 作者 */
```

```
    float price;                    /* 价格 */
    struct datetp                   /* 出版日期 */
    {
        unsigned year;
        unsigned month;
    } pubday;
}
book1 = {"C 语言程序设计","谭浩强",24.0,{2006,4}},
book2 = {"VB 开发指南","Dianne Siebold"};
printf("%s,作者:%s,出版日期:%d 年%d 月,价格:%5.1f\n",book1.name,book1.author,
       book1.pubday.year,book1.pubday.month,book1.price);
printf("%s,作者:%s,出版日期:%d 年%d 月,价格:%5.1f\n",book2.name,book2.author,
       book2.pubday.year,book2.pubday.month,book2.price);
```

上述程序段运行结果为:

"C 语言程序设计,作者:谭浩强,出版日期:2006 年 4 月,价格:24.0 VB 开发指南,作者:Dianne Siebold,出版日期:0 年 0 月,价格:0.0

3. 相同类型结构体变量之间的整体赋值

旧版本的 C 语言标准中,不允许对结构体变量进行整体赋值操作,而只能逐一对结构体变量中的成员进行赋值。新 ANSI C 标准增加了对结构体类型变量的整体赋值操作。例如:

```
struct
{
    float f1,f2;
} x,y;
x.f1 = 12.3;
x.f 2 = 456.789;
y = x;
```

上述赋值语句 y = x;相当于两条赋值语句:

```
y.f1 = x.f1;y.f2 = x.f2;
```

即将 x 中每个成员的值都赋给 y 中对应的同名成员。这种赋值方法常用于程序中交换两个结构体变量中所有相对应的成员值。只有类型相同的结构体变量之间才能进行整体赋值。

【例 4-6】 学生的数据包括学号、姓名、出生日期、三门课成绩、总分及平均分。定义一个结构变量,其中每个成员都从键盘接收数据,然后计算总分及平均分,最后输出该学生的所有数据。请注意这个例子中不同类型的结构体成员的使用方法。

```
#include <stdio.h>
#define ESC 27
struct student_type
{
    long int num;               /* 学号 */
```

```
        char name[10];                      /*姓名*/
        struct date_type
        {
            int month;
            int day;
            int year;
        } birthday;                          /*出生日期*/
        float score[3],total,average;    /*三门课成绩、总分、平均分*/
    }
void main()
    {
        struct student_type stu;          /*定义 struct student_type 类型的结构体变量 stu*/
        do
        {
            printf("请输入学生的学号、姓名、出生年、月、日及三门课学习成绩:\n");
            scanf("%ld%s",&stu.num,stu.name);
            //此处 name 是字符数组首地址,前面不要使用地址运算符"&"
            scanf("%d%d%d",&stu.birthday.year,&stu.birthday.month,&stu.birthday.day);
            scanf("%f%f%f",&stu.score[0],&stu.score[1],&stu.score[2]);
            stu.total=stu.score[0]+stu.score[1]+stu.score[2];
            stu.average=stu.total/3.0;
            printf("现输出该学生的数据如下:\n");
            printf ("%10s%10s%16s%20s%10s%10s\n","学号","姓名","出生日期","三
                门课成绩","总成绩","平均成绩");
            printf("%10ld%10s",stu.num,stu.name);
            printf ("%6d年%2d月%2d日",stu.birthday.year,stu.birthday.month,stu.birthday.
                day);
            printf("%8.2f,%6.2f,%6.2f",stu.score[0],stu.score[1],stu.score[2]);
            printf("%8.2f%10.2f\n",stu.total,stu.average);
            printf("按 Esc 退出,按其他键继续…\n");
        } while(getch()!=ESC);            /*等待按键,按 Esc 退出*/
    }
```

说明:

① 表达式 sizeof(结构体类型) 或 sizeof(结构体变量)的值是该结构体各成员所分配的存储空间之和。例如下面程序段:

```
struct student_type stu1;
printf("%d,%d\n",sizeof(struct student_type),sizeof(stu1));
```

以上程序段运行后输出:40,40。其中成员 num 占用 4 个字节,name 占用 10 个字节,birthday 占用 6 个字节，数组成员 score 占用 12 个字节，total 和 average 各占用 4 个字节，合计共 40 个字节。

② 结构体变量名不是指向该结构的首地址，这与数组名的含义不同。结构体变量的首地址是：& 结构体变量名。

③ C 语言允许结构体变量作为一个整体赋值给相同类型的变量，但不允许把结构体变量作为一个整体进行输入、输出操作，也不允许结构体作为一个整体参与任何表达式计算。例如下面程序段：

```
struct student_type stu2;
printf("%s\n",stu2);          /* 非法语句 */
scanf("%d",&stu2);            /* 非法语句 */
printf("%ld,%s,%d,%d,%d,%f,%f,%f,%f,%f",stu2);          /* 非法语句 */
scanf ("%ld %s %d %d %d %f %f %f %f %f",&stu2);         /* 非法语句 */
stu2 = stu2 +1;               /* 非法语句 */
```

以上的输入、输出操作与表达式"stu2 +1"都是非法的。

4.2.3 结构体数组

如果数组的元素也可以是结构类型的，就可以构成结构型数组。结构数组的每一个元素都是具有相同结构类型的下标结构变量。在实际应用中，经常用结构数组来表示具有相同数据结构的一个群体，如一个班的学生档案、一个车间职工的工资表等。

1. 结构体数组的定义

结构数组的定义方法和结构变量相似，只需说明它为数组类型即可。例如：

```
struct stu
{
    int num;
    char * name;
    char sex;
    float score;
}boy[5];
```

定义了一个结构数组 boy1，共有 5 个元素，boy[0] ~ boy[4]。每个数组元素都具有 struct stu 的结构形式。

2. 结构体数组的初始化

结构体数组初始化的方法与数组的初始化相类似。由于数组中的每个元素都是一个结构体，可以将每个元素中成员的初值依次放在一对花括号内，以便区分各个元素。例如：

```
struct stu
{
    int num;
    char * name;
    char sex;
```

```
    float score;
} boy[5] = {
    {101,"Li ping","M",45},
    {102,"Zhang ping","M",62.5},
    {103,"He fang","F",92.5},
    {104,"Cheng ling","F",87},
    {105,"Wang ming","M",58};
}
```

也可以在初始化时不指定数组的长度,系统根据所赋初值的个数决定数组元素的个数。例如下面的语句与上述语句等价:

```
struct stu
{
    int num;
    char * name;
    char sex;
    float score;
} boy[] = {
    {101,"Li ping","M",45},
    {102,"Zhang ping","M",62.5},
    {103,"He fang","F",92.5},
    {104,"Cheng ling","F",87},
    {105,"Wang ming","M",58};
}
```

初始化时内层的花括号可以省略,但省略后各元素的初值连成一片,容易混淆。因此,一般不省略内层的花括号。

3. 结构体数组成员的使用

结构体数组成员的表示形式为:

结构体数组元素.成员名

假设已定义了与例 4-6 中相同的 struct student_type 结构体类型,则可以按如下程序段来定义结构体数组和使用结构体数组成员:

```
struct student_type student[10];
student[0].birthday.year = 1991;    /* 对数组 student 第 0 个元素的出生年份赋值 */
printf("%s\n",student[9].name);  /* 输出数组 student 第 9 个元素的姓名 */
```

【例 4-7】 计算学生的平均成绩和不及格的人数。

```
struct stu
{
    int num;
    char * name;
```

```
    char sex;
    float score;
}boy[5]={
    {101,"Li ping",'M',45},
    {102,"Zhang ping",'M',62.5},
    {103,"He fang",'F',92.5},
    {104,"Cheng ling",'F',87},
    {105,"Wang ming",'M',58},
};
void main()
{
    int i,c=0;
    float ave,s=0;
    for(i=0;i<5;i++)
    {
        s+=boy[i].score;
        if(boy[i].score<60) c+=1;
    }
    printf("s=%f\n",s);
    ave=s/5;
    printf("average=%f\ncount=%d\n",ave,c);
}
```

本例程序中定义了一个外部结构数组 boy,共 5 个元素,并作了初始化赋值。在 main()函数中用 for 语句逐个累加各元素的 score 成员值存于 s 之中,如 score 的值小于 60(不及格)即计数器 C 加 1,循环完毕后计算平均成绩,并输出全班总分,平均分及不及格人数。

【例 4-8】 从键盘上输入一段英文文字,假设每个单词由空格、制表符 '\t'、换行 '\n'来分隔,当输入单词 STOP 后,结束输入过程。以下程序统计这段文字中每个单词出现的次数(假设每个单词的长度不超过 20 个字符,不同单词总个数小于 1000)。

例如,输入了一段文字:abc aa 345 abc abc 555 aa aa a 555% 555 555 STOP
统计后输出:abc 出现 3 次,aa 出现 3 次,345 出现 1 次,555 出现 3 次,a 出现 1 次,555% 出现 1 次,STOP 出现 1 次。

程序中使用了库函数 strcmp()来比较两个字符串是否相同。程序如下:

```
#include <stdio.h>
#define N 21
#define M 1000
struct wordtype
{
    char word[N];    /*存放单词*/
```

```
    int time;            /* 存放该单词出现的次数 */
} wd[M];
/* 上述 wd 是一个结构体数组,由于是全局变量,其所有成员的初值均为0。*/
void main()
{
    int i,num =0;        /* num 用于统计不同单词的数目 */
    int in;              /* 变量 in 用于判定是否为已经出现过的单词,是则 in =1,否 in =0 */
    char str[N];
    printf("请输入一段英文,最后以单词 STOP 结束。\n");
    do
    {
        scanf("%s",str);
        in =0;           /* 先假设 str 为还未出现过的新单词 */
        for(i =0;i < num;i++)
            if(strcmp(wd[i].word,str) ==0) /* 判定 str 是否为已经出现过的旧单词 */
            {
                wd[i].time++;
                in =1;       /* str 是已经出现过的旧单词 */
                break;
            }
        printf("%s 出现%d 次,",wd[i].word,wd[i].time);
        if ((i+1)%5 ==0) printf("\n");     /* 每输出 5 项结果就换行 */
    }
    printf("\n");
}
```

运行结果:

请输入一段英文,最后以单词 STOP 结束。

abc aa 345 abc abc 555 aa aa a 555% 555 555 STOP

该段英文中,单词出现的频率统计如下:

abc 出现 3 次,aa 出现 3 次,345 出现 1 次,555 出现 3 次,a 出现 1 次,555% 出现 1 次,STOP 出现 1 次。

4.3 共 用 体

程序设计有时需要在同一段内存中存取不同类型的变量,例如,在同一个地址开始的内存块中,分别存取整型变量、字符型变量、实型变量的值。三种变量在内存中占有不同的字节数,但都从同一地址开始存放,它们的值可以相互覆盖。本节将介绍利用"共用体"类型(也称"联合体")来完成这样的操作。所谓共用体类型,就是几个不同类型的变量共占一段内存的结构。

4.3.1 共用体的定义

定义一个共用体类型的一般形式为：

```
union [共用体名]
{
    类型名1   共用体成员名1;
    类型名2   共用体成员名2;
        ⋮
    类型名n   共用体成员名n;
} [共用体变量名表];
```

成员表中含有若干成员，成员名的命名应符合标识符的规定。

例如：

```
union u_type
{
    char ch;
    int i;
    float f;
} v;
```

以上说明了一个共用体类型 u_type，同时还定义了一个该类型的共用体变量 v，如图 4-4 所示。

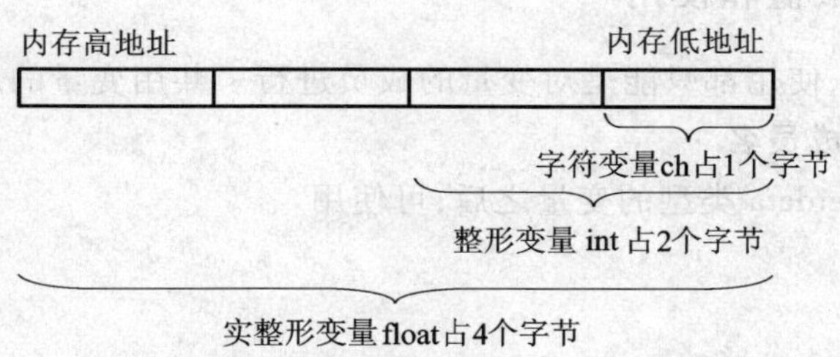

图 4-4 共同体成员内存占用示意图

“共用”与“结构”有一些相似之处。但两者有本质上的不同。在“结构”中各成员有各自的内存空间，一个结构变量的总长度是各成员长度之和。而在“共用”中，各成员共享一段内存空间，一个共用变量的长度等于各成员中最长的长度。应该说明的是，这里所谓的共享不是指把多个成员同时装入一个共用变量内，而是指该共用变量可被赋予任一成员值，但每次只能赋一种值，赋入新值则冲去旧值。

4.3.2 共用变量的说明

共用变量的说明和结构变量的说明方式相同，也有 3 种形式，即先定义再说明定义同时说明，直接说明。以 perdata 类型为例，说明如下：

```
union perdata
```

```
    {
        int class;
        char officae[10];
    };
    union perdata a,b;      /* 说明 a、b 为 perdata 类型 */
```
或者同时说明为：
```
    union perdata
    {
        int class;
        char office[10];
    }a,b;
```
或直接说明为：
```
    union
    {
        int class;
        char office[10];
    }a,b;
```
经说明后的 a、b 变量均为 perdata 类型。a、b 变量的长度应等于 perdata 的成员中最长的长度，即等于 office 数组的长度，共 10 个字节。

4.3.3 共用变量的赋值和使用

对共用变量的赋值、使用都只能是对变量的成员进行。共用变量的成员表示为：

共用变量名.成员名

例如，a 被说明为 perdata 类型的变量之后，可使用

a. class

a. office

不允许只用共用变量名作赋值或其他操作，也不允许对共用变量作初始化赋值，赋值只能在程序中进行。还要再强调说明的是，一个共用变量，每次只能赋予一个成员值。换句话说，一个共用变量的值就是共用变量的某一个成员值。

【例 4-9】 设有一个教师与学生通用的表格，教师数据有姓名、年龄、职业、教研室 4 项，学生有姓名、年龄、职业、班级 4 项。

编程输入人员数据，再以表格输出，程序代码如下：
```
void main()
{
    struct
    {
        char name[10];
        int age;
```

```
        char job;
        union
        {
            int class;
            char office[10];
        } depa;
    } body[2];
    int n,i;
    for(i=0;i<2;i++)
    {
        printf("input name,age,job and department\n");
        scanf("%s %d %c",body[i].name,&body[i].age,&body[i].job);
        if(body[i].job=='s')
            scanf("%d",&body[i].depa.class);
        else
            scanf("%s",body[i].depa.office);
    }
    printf("name\tage job class/office\n");
    for(i=0;i<2;i++)
    {
        if (body[i].job=='s')
            printf("%s\t%3d %d\n",body[i].name,body[i].age,body[i].job,body[i]
.depa.class);
        else
            printf("%s\t%3d %3c %s\n",body[i].name,body[i].age,
                body[i].job,body[i].depa.office);
    }
}
```

本例程序用一个结构数组 body 来存放人员数据，该结构共有 4 个成员。其中成员项 depa 是一个共用类型，这个共用又由两个成员组成，一个为整型量 class，一个为字符数组 office。在程序的第一个 for 语句中，输入人员的各项数据，先输入结构的前 3 个成员 name、age 和 job，然后判别 job 成员项，如为 s 则对共用 depa. class 输入（对学生赋班级编号）；否则，对 depa. office 输入（对教师赋教研组名）。

在用 scanf 语句输入时要注意，凡为数组类型的成员，无论是结构成员还是共用成员，在该项前不能再加“&”运算符。如程序第 18 行中 body[i]. name 是一个数组类型，第 22 行中的 body[i]. depa. office 也是数组类型，因此在这两项之间不能加“&”运算符。程序中的第二个 for 语句用于输出各成员项的值。

4.4 枚 举

在实际问题中,有些变量的取值被限定在一个有限的范围内。例如,一个星期内只有7天,一年只有12个月,一个班每周有6门课程等。如果把这些量说明为整型,字符型或其他类型显然是不妥当的。为此,C语言提供了一种称为“枚举”的类型。在“枚举”类型的定义中列举出所有可能的取值,被说明为该“枚举”类型的变量取值不能超过定义的范围。应该说明的是,枚举类型是一种基本数据类型,而不是一种构造类型,因为它不能再分解为任何基本类型。

4.4.1 枚举类型定义

枚举类型就是将变量的可取值一一列举出来,变量只能存取其中之一的值,存取其他值是错误的。枚举类型说明和定义变量的形式为:

enum [枚举类型名] { 枚举值1[=整型常数1],枚举值2 [=整型常数2], …,
枚举值n [=整型常数n] } [枚举型变量名表];

enum是C语言的关键字,是枚举类型的引导字,用于说明枚举类型以及定义枚举变量。

例如:

```
enum weekday
{
    sun,mou,tue,wed,thu,fri,sat
};
```

该枚举类型名为weekday,枚举值共有7个,即一周中的7天。凡被说明为weekday类型变量的取值只能是7天中的某一天。

4.4.2 枚举变量的使用

如同结构体数组和共用变量一样,枚举变量也可用不同的方式说明,即先定义后说明,同时定义说明或直接说明。

枚举类型的说明和变量定义有两种方式:第一种方式把定义和说明分开;第二种方式在说明枚举类型的同时定义枚举变量。

例如:

```
enum weekday {Mon,Tue,Wed,Thu,Fri,Sat,Sun};     /* 说明枚举类型 */
enum colors {red,green,blue} bkcolor,tecolor;   /* 说明枚举类型的同时定义枚举型变量 */
enum operator {plus,minus,times,divide};        /* 说明枚举类型 */
enum weekday workday,week_end;                  /* 用已定义好的枚举类型定义枚举变量 */
```

枚举类型在使用中有以下规定:

(1) 枚举值是常量,不是变量。不能在程序中用赋值语句再对它赋值。例如:

```
sun=5;mon=2;sun=mon;
```

对枚举weekday的元素再作赋值都是错误的。

(2) 枚举元素本身由系统定义了一个表示序号的数值,从0开始顺序定义为0,1,2…。如在 weekday 中,sun 值为 0,mon 值为 1,…,sat 值为 6。

```
void main( )
{
  enum weekday
  {
      sun,mon,tue,wed,thu,fri,sat
  } a,b,c;
  a = sun;
  b = mon;
  c = tue;
  printf("%d,%d,%d",a,b,c);
}
```

(3) 只能把枚举值赋予枚举变量,不能把元素的数值直接赋予枚举变量。例如:

a = sum;b = mon;

是正确的。而

a = 0;b = 1;

是错误的。

如一定要把数值赋予枚举变量,则必须用强制类型转换,例如:

a = (enum weekday)2;

其意义是将顺序号为 2 的枚举元素赋予枚举变量 a,相当于:

a = tue;

还应该说明的是枚举元素不是字符常量也不是字符串常量,使用时不要加单、双引号。

【例 4-10】 程序举例。

```
void main( ) {
 enum body
 {
     a,b,c,d
 } month[31],j;
 int i;
 j = a;
 for(i = 1;i <= 30;i++) {
     month[i] = j;
     j++;
     if (j > d) j = a;
 }
 for(i = 1;i <= 30;i++) {
     switch(month[i])
     {
```

```
            case a:printf("%2d %c\t",i,'a');break;
            case b:printf("%2d %c\t",i,'b');break;
            case c:printf("%2d %c\t",i,'c');break;
            case d:printf("%2d %c\t",i,'d');break;
            default:break;
        }
    }
  printf("\n");
}
```

4.5 类型定义

C 语言不仅提供了丰富的数据类型,而且还允许由用户自己定义类型说明符,也就是说允许由用户为数据类型取“别名”。类型定义符 typedef 即可用来完成此功能。类型定义的一般形式如下:

typedef 类型 类型名;

例如:

```
typedef struct stu {
    char name[20];
    int age;
    char sex;
} STUDENT;
```

定义 STUDENT 表示 stu 的结构类型,然后可用 STUDENT 来说明结构变量,例如:

```
STUDENT s1,s2;
```

4.6 程序举例

4.6.1 排序与查找

排序问题是程序设计中的典型问题之一。所谓排序,就是将数组中的各元素的值按从小到大(或从大到小)的顺序重新排列。排序过程一般都要进行元素值的比较和元素值的交换。下面举例说明两种排序算法:冒泡排序法和选择排序法。

【例 4-11】 用冒泡排序法对已有的 6 个整数进行排序(从小到大)。

冒泡排序法的基本思想是:假设有 n 个数据放在数组 a 中,现要把这 n 个数从小到大排序。

首先,在 a[0] ~ a[n-1] 的范围内,依次比较两个相邻元素的值,若 a[j] > a[j+1],则交换 a[j] 与 a[j+1],否则不交换,j = 0,1,2,…,n-2,经过这样 n-1 次比较(称为一趟冒泡),就把 a[0] ~ a[n-1] 中最大的值换到了元素 a[n-1] 中;然后在 a[0] ~ a[n-2] 的范围内再进行一趟冒泡,又将该范围内元素的最大值换到了元素 a[n-2] 中;依次进行下去,最多只要进行 n-1

趟冒泡，就可完成排序，从第 1 轮到第 n - 1 轮，各轮的比较次数依次为 n - 1 次、n - 2 次 … 1 次。如果在某趟冒泡过程中没有交换相邻元素的值，则说明排序已完成，可以提前结束处理。图 4-5 所示是一个冒泡排序的例子，图中用花括号表示每趟冒泡的范围。

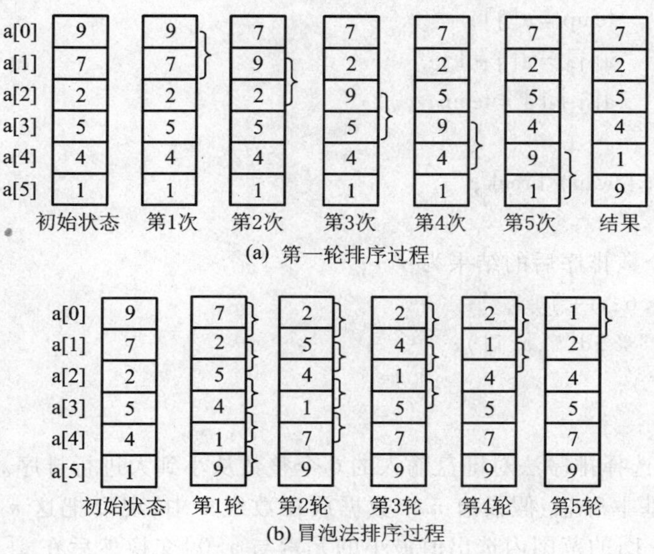

图 4-5　冒泡排序法

分析：定义一个整型数组 a[6] 来存放要进行排序的 6 个整数，冒泡排序法的思路就是依次比较相邻的两个数，将较小的数放前面，较大的数放后面。n 个数排序需要进行 n - 1 轮比较，从第 1 轮到第 n - 1 轮，各轮的比较次数依次为 n - 1 次、n - 2 次 … 1 次。

经第一轮排序后已经得到最大的数。然后进行第二轮排序，对余下的前面的 5 个数按照上面的方法进行比较，经过 4 次比较和交换，就可以得到次大的数 7。如此进行下去，对 6 个数进行 5 轮排序，才能使 6 个数按从小到大的顺序排列。

在第一轮中要进行 5 次比较，在第二轮中比较 4 次……第五轮中比较 1 次。如果有 n 个数，则要进行 $n-1$ 轮比较排序，从第 1 轮到第 n - 1 轮，各轮的比较次数依次为 n - 1 次、n - 2 次 … 1 次。

根据上述算法，写出程序如下：

```
void main()
{
    int i,j,a[6],temp,swap;        /* 变量 swap 用于判定本趟冒泡是否交换了元素值 */
    printf("请输入 6 个整数:");
    for(i = 0;i < 6;i++)
        scanf("%d",&a[i]);
    for(i = 0;i < 6 - 1;i++)
    {
        swap = 0;
        for(j = 0;j < 6 - i - 1;j++)
```

```
            if(a[j] > a[j+1])
            {
                swap = 1;
                temp = a[j];
                a[j] = a[j+1];
                a[j+1] = temp;
            }
            if(!swap) break;
    }
    printf("6 个数排序后的结果为:");
    for(i=0;i<6;i++)
        printf("%3d,",a[i]);
    printf("\n");
}
```

【例 4-12】 用选择排序法对键盘输入的 6 个整数从小到大进行排序。

选择排序法的基本思想:假设有 n 个数据放在数组 a 中,现要把这 n 个数从小到大排序。首先在 a[0] ~ a[n-1]的范围内选出值最小的元素与 a[0]交换然后在 a[1] ~ a[n-1]的范围内再选出值最小的元素与 a[1]交换依次进行下去,进行 n-1 次选择后就可完成排序。

从 a[i] ~ a[n-1]中选出值最小的元素并与 a[i]交换位置,可用下列步骤实现:引入整型变量 j 和 k,变量 j 赋初值取 i+1,变量 k 赋初值取 i;反复比较 a[k]和 a[j]的值,若 a[k] > a[j]则将 j 值赋给 k(即 k 总是记录着值最小的元素下标),每进行一次比较,j 加 1;当 j > n-1 时,若 k≠i 则交换 a[i]与 a[k]。

显然,选择排序法对冒泡排序法进行了改进,它减少了元素之间交换数据的次数。

根据上述算法,写出程序如下:

```
void main()
{
    int i,j,k,a[6],temp;
    printf("请输入 6 个整数:");
    for(i=0;i<6;i++)
        scanf("%d",&a[i]);
    for(i=0;i<6-1;i++)
    {
        k=i;
        for(j=i+1;j<6;j++)
            if(a[k] > a[j])k=j;
        if(k!=i)
        {
            temp=a[i];
```

```
            a[i] = a[k];
            a[k] = temp;
        }
    }
    printf("6 个数排序后的结果为:");
    for(i = 0;i < 6;i++ )
        printf("%3d,",a[i]);
    printf("\n");
}
```

【例 4-13】 折半查找:有 8 个数按从小到大的顺序存放在一个数组中,输入一个数,用折半法找出该数是数组中第几个元素的值。如果该数不在数组中,则输出"没找到"。

用折半法在某数组中查找一个数,要求该数组已经作了排序。假设有 n 个元素按从小到大的顺序存放在数组 a[0] ~ a[n-1]中,需要查找的数是 x,引入两个整型变量 low 与 high 分别表示查找区间两端点元素的下标。首先设置:

low = 0;high = n - 1;

即开始是在 a[0] ~ a[n-1] 区间内查找。设 mid 为一整型变量,查找时令 mid = (high + low)/2,比较 x 与 a[mid]的值,有 3 种情况:

① 若 x 等于 a[mid],则说明找到了。

② 若 x > a[mid],说明待查元素可能在 a[mid+1] ~ a[high]之间,可令 low = mid + 1。

③ 若 x < a[mid],说明待查元素可能在 a[low] ~ a[mid-1]之间,可令 high = mid - 1。

若是②、③两种情况,则查找范围缩小了一半。重复上述查找过程,直到查找范围缩小到零(没找到),或 x 等于 a[mid](查找成功)为止。

图 4-6 所示是两个折半查找的例子,图中用花括号表示每次查找的区间,箭头指向中间元素 a[mid]。

```
{6,9,15,25,26,36,48,53} 第 1 次查找:low = 0,high = 7,mid = (0 + 7)/2 = 3。
           ↑
6,9,15,25,{26,36,48,53} 第 2 次查找:low = 4,high = 7,mid = (4 + 7)/2 = 5。
              ↑
6,9,15,25,{26},36,48,53 第 3 次查找:low = 4,high = 4,mid = (4 + 4)/2 = 4。
           ↑
```

(a) 折半查找值为 26 的元素,经过三次比较查找成功

```
{6,9,15,25,26,36,48,53} 第 1 次查找:low = 0,high = 7,mid = (0 + 7)/2 = 3。
           ↑
{6,9,15},25,26,36,48,53 第 2 次查找:low = 0,high = 2,mid = (0 + 2)/2 = 1。
    ↑
6,9,{15},25,26,36,48,53 第 3 次查找:low = 2,high = 2,mid = (2 + 2)/2 = 2。
```

(b) 折半查找值为 11 的元素,经过三次比较查找范围缩小到零,没有找到

图 4-6 折半查找

根据以上分析,编写程序如下:

```
#define N 8
```

```
void main()
{
    int a[N] = { 6,9,15,25,26,36,48,53 };
    int low = 0,high = N - 1,mid,x,found = 0;   /* 变量 found 用于判定是否找到 */
    printf("请输入查找数据:");
    scanf("%d",&x);
    if(x >= a[low] && x <= a[high])              /* 如果 x 位于查找区间内,则开始查找 */
        while(!found && low <= high)
        {
            mid = (low + high)/2;
                if (a[mid] == x) found = 1;
                else if(x >  a[mid]) low = mid + 1;
                else high = mid - 1;
        }
    if(found) printf("元素值为 %d 的数组下标是 %d 。\n",x,mid);
    else printf("未找到。\n");
}
```

运行结果:

请输入查找数据:26

元素值为 26 的数组下标是 4 。

4.6.2 简单加密计算

信息加密问题是信息社会中一个非常重要的问题,其所涉及的信息的加密算法,如果忽略加密算法的复杂性,此问题是一类信息的遍历处理问题。

【例 4-14】 从键盘输入一段信息,对其进行简单加密处理。加密规则如下:

① 英文字母:字母的 ASCII 码 +4。如果计算结果在大写字母 Z 和 Z+4 之间,或大于小写字母 z,则将计算结果减 26。

② 其他字符:不处理。

根据算法要求构建如下程序:

```
if((c >='a')&&(c <='z')||(c >='A')&&(c <='Z'))
{
    c = c + 4;
    if(c >'Z'&&c <'Z' + 4||c >'z')
    c = c - 26;
    printf("%c",c);
}
```

程序代码如下:

```
#include <stdio.h>
```

```
void main( )
{
    char c[20];
    int i=0;
    gets(c);
    for(i=0;c[i]!='\0';i++)
    {
        if((c>='a')&&(c<='z')||(c>='A')&&(c<='Z'))
        {
            c=c+4;
            if(c>'Z'&&c<'Z'+4||c>'z')
                c=c-26;
            printf("%c",c);
        }
    }
}
```

4.6.3 杨晖三角程序

【例 4-15】 编写程序打印下面的杨辉三角形(输出 6 行),杨辉三角形满足以下规则:

首行只有一个元素值为 1;从第二行开始首末两元素都是 1;中间的第 k 个元素等于上一行第 $k-1$ 个元素与上一行第 k 个元素之和,如图 4-7 所示。

```
1
1   1
1   2   1
1   3   3   1
1   4   6   4   1
1   5   10  10  5   1
…
```

图 4-7 杨辉三角形

```
#include<stdio.h>
#define N 6
void main( )
{
    int i,j,a[N][N];
    for (i=0;i<N;i++)
        a[i][0]=a[i][i]=1;      /*使第一列和对角元素置 1*/
    for (i=2;i<N;i++)
        for (j=1;j<i;j++)
            a[i][j]=a[i-1][j-1]+a[i-1][j];
```

```
    for (i = 0;i < N;i++)
    {
        for (j = 0;j < i + 1;j++)
            printf("% -5d",a[i][j]);
        printf("\n");
    }
}
```

运行结果：

```
1
1    1
1    2    1
1    3    3    1
1    4    6    4    1
1    5   10   10    5    1
```

4.6.4 矩阵运算

矩阵运算是数学中的一种基本运算，可以用编程的方法处理。一般来说，多维矩阵处理的问题总可以转换成多维数组的问题，直接用矩阵运算的公式进行处理即可。

【例 4-16】 编写程序，可以实现 $m \times n$ 矩阵和 $n \times p$ 矩阵相乘。m、n、p 均小于 10，矩阵元素为整数。

首先可以根据题意写出函数头。可以定为

```
void MatrixMutiply(int m,int n,int p,long lMatrix1[MAX][MAX],long
lMatrix2[MAX][MAX],long lMatrixResult[MAX][MAX]),
```

其中 lMatrix1 和 lMatrix2 分别是输入的 $m \times n$ 矩阵和 $n \times p$ 矩阵，lMatrixResult 是输出的 m × p 矩阵。

因为 m、n 和 p 都是未知量，要进行处理的矩阵大小是变量。但可以定义比较大的二维数组，只使用其中的部分数组元素。

矩阵相乘的算法比较简单，输入一个 $m \times n$ 矩阵和一个 $n \times p$ 矩阵，结果必然是 $m \times p$ 矩阵，有 $m \times p$ 个元素，每个元素都需要计算，可以使用 $m \times p$ 嵌套循环进行计算。

根据矩阵乘法公式：

$$E_{i,j} = \sum_{k-1}^{n} M1_{i.k} \times M2_{k.j}$$

可以用循环直接套用上面的公式计算每个元素。嵌套循环内部进行累加前，一定要注意对累加变量进行清零。

```
#define MAX 10void MatrixMutiply(int m,int n,int p,long lMatrix1[MAX][MAX],
long lMatrix2[MAX][MAX],long lMatrixResult[MAX][MAX])
{
    int i,j,k;
```

```
    long lSum;      /* 嵌套循环计算结果矩阵(m×p)的每个元素 */
    for(i = 0;i < m;i++)
        for(j = 0;j < p;j++)
        {
            /* 按照矩阵乘法的规则计算结果矩阵的 i×j 元素 */
            lSum = 0;
            for(k = 0;k < n;k++)
                lSum += lMatrix1[i][k] * lMatrix2[k][j];
            lMatrixResult[i][j] = lSum;
        }
}
void main()
{
    long lMatrix1[MAX][MAX],lMatrix2[MAX][MAX];
    long lMatrixResult[MAX][MAX],lTemp;
    int i,j,m,n,p;
    /* 输入两个矩阵的行列数 m,n,p */
    printf("\nPlease input m of Matrix1:\n");
    scanf("%d",&m);
    printf("Please input n of Matrix1:\n");
    scanf("%d",&n);
    printf("Please input p of Matrix2:\n");
    scanf("%d",&p);
    /* 输入第一个矩阵的每个元素 */
    printf("\nPlease elements of Matrix1(%d * %d):\n",m,n);
    for(i = 0;i < m;i++)
        for(j = 0;j < n;j++)
        {
            scanf("%ld",&lTemp);
            lMatrix1[i][j] = lTemp;
        }
        /* 输入第二个矩阵的每个元素 */
    printf("\nPlease elements of Matrix2(%d * %d):\n",n,p);
    for(i = 0;i < n;i++)
        for(j = 0;j < p;j++)
        {
            scanf("%ld",&lTemp);
            lMatrix2[i][j] = lTemp;
```

```
        }
        /* 调用函数进行乘法运算,结果放在 lMatrixResult 中 */
    MatrixMutiply(m,n,p,lMatrix1,lMatrix2,lMatrixResult);
    /* 打印输出结果矩阵 */
    printf("\nResult matrix: \n");
    for(i=0;i<m;i++)
    {
        for(j=0;j<p;j++)
            printf("%ld ",lMatrixResult[i][j]);
        printf("\n");
    }
}
```

程序运行的结果为:

```
Please input m of Matrix1:
3
Please input n of Matrix1:
2
Please input p of Matrix2:
3
Please elements of Matrix1(3*2):
1 2
0 1
3 0
Please elements of Matrix2(2*3):
1 2 0
3 1 1
Result matrix:
7 4 2
3 1 1
```

【例 4-17】 调用随机函数产生一个 5 行 5 列的二维数组(矩阵)a,要求每个数组元素均为整数,并且 10≤a[i][j]≤99,输出该矩阵。把矩阵 a 转置(行、列互换),然后再输出该矩阵。

库函数 randomizse()用于:初始化随机数产生函数 random()。调用库函数 random(n)产生一个 0~n-1 的随机整数。调用这两个函数,程序中应使用库文件包含#include <stdlib.h>。

把矩阵转置,即把矩阵的行、列互换,为了防止已交换过的元素再次进行交换,程序中控制列号的变量 j 是从 i+1 循环到 n-1。例 4-15 程序如下:

```
#include <stdlib.h>
const int Max=99,Min=10;
```

```
void main()
{
    int i,j,a[5][5],temp;
    randomize();
    for(i=0;i<5;i++)
        for(j=0;j<5;j++)
            a[i][j]=Min+random(Max-Min+1); /*限制 Min≤a[i][j]≤Max*/
    printf("随机产生的 a 矩阵如下:\n");
    for(i=0;i<5;i++)
    {
        for(j=0;j<5;j++)
            printf("%5d",a[i][j]);
        printf("\n");
    }
    for(i=0;i<5;i++)
        for(j=i+1;j<5;j++)
        {
            temp=a[i][j];
            a[i][j]=a[j][i];
            a[j][i]=temp;
        }
    printf("a 矩阵转置后如下:\n");
    for(i=0;i<5;i++)
    {
        for(j=0;j<5;j++)
            printf("%5d",a[i][j]);
        printf("\n");
    }
}
```

运行结果:

```
随机产生的 a 矩阵如下:
   27   51   40   30   75
   44   11   54   22   61
   82   62   21   92   41
   25   97   80   94   10
   76   48   35   54   32
a 矩阵转置后如下:
```

```
27  44  82  25  76
51  11  62  97  48
40  54  21  80  35
30  22  92  94  54
75  61  41  10  32
```

4.6.5 建立通信录

【例 4-18】 建立同学通信录。

```
#include <stdio.h>
#define NUM 3
struct mem
{
    char name[20];
    char phone[10];
};
void main()
{
    struct mem man[NUM];
    int i;
    for(i=0;i<NUM;i++)
    {
        printf("input name:\n");
        gets(man[i].name);
        printf("input phone:\n");
        gets(man[i].phone);
    }
    printf("name\t\t\tphone\n\n");
    for(i=0;i<NUM;i++)
        printf("%s\t\t\t%s\n",man[i].name,man[i].phone);
}
```

本程序中定义了一个结构 mem,它有两个成员 name 和 phone 用来表示姓名和电话号码。在主函数中定义 man 为具有 mem 类型的结构数组。在 for 语句中,用 gets()函数分别输入各个元素中两个成员的值。然后又在 for 语句中用 printf 语句输出各元素中两个成员值。

本章小结

本章讲述一维数组和多维数组的定义、初始化和使用;字符串与字符数组的概念;结构体定义,结构体的操作以及结构体数组。简单介绍了共用体类型变量的定义方法和使用方法;枚举型的概念以及用 typedef 定义类型名。最后是程序举例,介绍了几个典型程序。本章的重点是数组和结构体。数组分为一维数组、多维数组和字符数组,多维数组是对一维数组的扩展。数组的下标从 0 开始,使用数组时注意不能越界,数组越界将导致错误,甚至使系统瘫痪,C 编译系统不对数组越界进行检查,由用户控制。定义数组时,元素个数一定用常量表达式,在使用数组时下标可以使用变量;数组元素不能整体赋值。由二维数组很容易扩展到多维数组。数组元素是相同类型元素的集合,结构体是不同类型元素的集合。多层嵌套结构体成员的使用,应按照从最外层到最内层的顺序逐层使用成员名,每层成员名之间用结构体成员运算符"."隔开,只能对最内层的成员进行操作。同类型的结构体变量可以整体赋值。

习题四

一、选择题

1. C 语言中数组元素下标的数据类型是(　　)。

A. 整型常量　　B. 整型表达式

C. 任何类型的表达式　　D. 整型常量或整型表达式

2. 以下在定义一维数组 a 的同时,给 a 数组所有元素赋初值 0,正确的语句是(　　)。

A. int a[5] = {0};　　B. int a[5] = (0,0,0,0,0);

C. int a[5] = { };　　D. int a[5] = {5,0};

3. 以下程序段的运行结果是(　　)。

```
int i=1,a[ ] = { 1,5,10,9,13,7 };
while(a[i] <=10) a[i++ ] +=2;
for(i=0;i<6;i++) printf("%d ",a[i]);
```

A. 2 7 12 11 13 9　　B. 1 7 12 11 13 7

C. 1 7 12 11 13 9　　D. 1 7 12 9 13 7

4. 以下对 C 语言字符数组的错误描述是(　　)。

A. 字符数组可以存放字符串

B. 字符数组中的字符串可以整体输入、输出

C. 可以在赋值语句中通过赋值运算符 = 对字符数组整体赋值

D. 字符数组中字符串的结束标志是 '\0'

5. 以下语句把字符串"abcde"赋初值给字符数组,不正确的语句是(　　)。

A. char s[ ] = "abcde";　　B. char s[ ] = {'a','b','c','d','e','\0'};

C. char s[ ] = { "abcde" };　　D. char s[5] = "abcde";

6. 若有定义语句 char s1[ ] = "abc",s2[9],s3[ ] = "ABCD",s4[ ] = {'a','b','c'};则对库函数 strcpy( )不正确的调用是(　　)。

A. strcpy(s1,"Ok!");　　B. strcpy(s2,"Ok!")

C. strcpy(s3,"Ok!");　　D. strcpy(s4,"Ok!")

7. 以下程序段的输出结果是(　　)。

```
char s1[ ] = "ABCDEF",s2[ ] = "abc";
```

```
int i;
strcpy(s1,s2);
for(i=0;i<6;i++)
    if(s1[i]) printf("%c",s1[i]);
```

A. abcEF　　B. ABCDEF

C. abcDEF　　D. abc

8. 以下不能对二维数组 a 进行正确的初始化的语句是:(　　)。

A. int a[2][3]={0};

B. int a[][3]={1,2,3,4,5};

C. int a[2][3]={{1,2},{3,4},{5,6}};

D. int [2][3]={{1},{3,4,5}};

9. 以下程序段的运行结果是(　　)。

```
int i,x[3][3]={1,2,3,4,5,6,7,8,9};
for(i=0;i<3;i++) printf("%d",x[i][2-i]);
```

A. 369　　B. 963

C. 753　　D. 357

10. 下面程序的运行结果是(　　)。

```
main()
{
    int a[][3]={1,2,3,4,5,6};
    printf("%d",a[1][1]);
}
```

A. 3　　B. 4　　C. 5　　D. 6

11. 若 a[][3]={1,2,3,4,5,6,7};则 a 数组第一维的大小是(　　)。

A. 2　　B. 3　　C. 4　　D. 无确定值

12. 定义一个结构体变量时,系统分配给它的内存大小是:(　　)。

A. 各成员所需内存量的总和　　B. 成员中占内存量最大者所需的容量

C. 结构中第一个成员所需内存容量　　D. 结构中最后一个成员所需内存容量

13. 在 C 程序中,使用结构体的目的是(　　)。

A. 将一组相关的数据作为一个整体,以便程序使用

B. 将一组相同数据类型的数据作为一个整体,以便程序使用

C. 将一组数据作为一个整体,以便其中的成员共享存储空间

D. 将一组数值一一列举出来,该类型变量的值只限于列举的数值范围内

14. 若有如下定义,则正确的赋值语句为(　　)。

```
struct date2
{
    long i;
    char c;
```

```
}two;
struct date1
{
    int cat;
    struct date2 three;
}one;
```

A. one. three. c ='A';　　　　B. one. two. three. c ='A';

C. three. c ='A';　　　　D. one. c ='A';

15. 下列程序段的输出结果为(　　)。

```
struct date
{
    int a;
    char s[5];
}arg = {27,"abcd"};
arg. a  - =5;
strcpy(arg. s,"ABCD");
printf("%d,%s\n",arg. a,arg. s);
```

A. 22,ABCD　　B. 27,abcd　　C. 22,abcd　　D. 27,ABCD

16. 以下程序段的运行结果是(　　)。

```
enum weekday { aa,bb =2,cc,dd,ee }week = ee;
printf("%d\n",week);
```

A. 4　　B. 5　　C. ee　　D. 0

17. 下列关于 typedef 语句的描述,错误的是(　　)。

A. 用 typedef 只是对原有的类型起个新名,并没有生成新的数据类型

B. typedef 可以用于变量的定义

C. typedef 定义类型名可嵌套定义

D. 利用 typedef 定义类型名可以增加程序的可读性

18. 若 typedef char STRING[255];STRING s;则 s 是(　　)。

A. 字符指针数组变量　　　　B. 字符数组变量

C. 字符变量　　　　D. 字符指针变量

二、填空题

1. 以下程序段在 w 数组中插入一元素 x,w 数组中的数已按由小到大顺序存放,插入前数组有 n 个元素。要求插入 x 后数组中的数仍有序(由小到大顺序存放)。

```
int w[15 ] = {1,3,3,6,9,15},n =6,x =8,i ,p =0;
while(x > w[p]) p++; /* 找出插入的位置 */
for(i = n;i > p;i--) w[i] = ________;
________ = x;
n++;      /* 插入后元素个数加 1 */
```

2. 以下程序段的运行结果是________。

```
int a[] = { 5,1,15,9,6 },i,j,temp;
for(i = 1;i < 5;i++ )
{
    temp = a[i];
    j = i - 1;
    while(j >= 0 && temp > a[j]) a[j + 1] = a[j-- ];
    a[j + 1] = temp;
}
for(i = 0;i < 5;i++ ) printf("%d,",a[i]);
```

3. 有 *n* 个数分别存放在数组 a[0] ~ a[n - 1] 中。下面程序段的功能是从 a 数组中查找值为 y 的元素;若找到,则输出该元素的下标值,找不到输出 -1。其中 k 为整型变量。

```
k = n - 1;
while(k >= 0 && ________) k-- ;
printf("%d\n",k);
```

4. 以下程序段的输出结果是________。

```
union example
{
    struct
    {
        int x,y;
    } in;
    int a;
    int b;
}e;
e.a = 1;    e.b = 2;
e.in.x = e.a * e.b;
e.in.y = e.a + e.b;
printf("%d,%d",e.in.x,e.in.y);
```

5. 以下程序用来检查二维数组是否对称(即:对所有 i、j 都有 a[i][j] = a[j][i])。

```
void main()
{
    int a[4][4] = { 1,2,3,4,2,2,5,6,3,5,3,7,8,6,7,4 };
    int i,j,found = 0;
    for(j = 0;j < 4;j++ )
    {
        if(found) break;
        for(i = 0;i < 4;i++ )
```

```
            if(_________)
            {
                found = _________;
                break;
            }
        }
    if(found) printf("不对称\n");
    else printf("对称\n");
}
```

6. 以下程序的运行结果是_________。

```
void main()
{
    enum em {em1 = 3,em2 = 1,em3};
    char * aa[] = {"AA","BB","CC","DD"};
    printf("%s%s%s\n",aa[em1],aa[em2],aa[em3]);
}
```

三、编程题

1. 输入10个整数存入数组中,找出其中最小数和最大数。

2. 有10个数围成一圈,求出相邻3个数之和的最小值。

3. 有5个候选人,候选人编号为1~5。30个选民,每个选民可选一个候选人编号,也可选0表示投弃权票。统计输出每个候选人所得票数以及弃权票数。

4. 有1 000个编了号的产品,编号为1 001~2 000,从中随机抽取10个产品来检验。编写程序,由小到大输出被抽取的产品编号。

5. 对数组A中的$N(0<N<100)$个整数从小到大进行连续编号,要求不能改变数组A中元素的顺序,且相同的整数具有相同的编号。例如:若A数组为{5,3,4,7,3,5,6} 则输出为:3,1,2,5,1,3,4 。

6. 输入若干个整数(少于50个)以-1结束输入,把这些数存入数组a中,并输出。另外,找出a数组中的所有素数存入数组b,并按每行5个元素的格式由大到小输出这些素数。

7. 编写程序实现将字符串str2拷贝到字符串strl。

8. 从键盘输入一个字符串,将该字符串中的字符排序。然后再输入一个字符,并用折半查找法找出该字符在已排序的字符串中的位置。若该字符不在字符串中输出提示信息。

9. 编写程序,将一个字符串反向存放。

10. 编写程序,输入两个字符串str与substr,删除主字串str中的所有子字串substr。

11. 输入一串英文文字,统计其中每个字母(不区分大小写)的数目。

12. 从键盘输入2个字符串s1与s2,并在s1串中的最大字符后边插入字符串s2。

13. 把1~25的自然数按行顺序存入一个5×5的二维数组中,然后输出该数组的右上半三角。

14. 输入一个3×4的实数矩阵a,一个4×2的实数矩阵b,计算两矩阵的积c=a×b,c中各元素保留 2 位小数,第 3 位小数四舍五入。

15. 找出一个二维数组中的鞍点,即该位置上的元素在该行上最大,在该列上最小。有可能没有鞍点。

16. 键盘输入一正整数 $n(1 \leq n \leq 20)$,打印 $n \times n$ 阶右手旋转方阵。例如,若 $n=4$ 则输出:

```
1  12  11  10
2  13  16  9
3  14  15  8
4  5   6   7
```

17. 利用结构体类型编制一程序,实现输入 3 个学生的学号、数学、语文、英语成绩,然后计算每位学生的总成绩以及平均成绩并按总分由大到小输出成绩表。

18. 定义一个结构体变量包括年、月、日成员,将其转换成这一年的第几天并输出。应注意闰年的二月有 29 天,表达式“(year%4==0 && year%100!=0) || (year%400)==0”值为真,即为闰年,其中 year 表示年号。

19. 有一个 unsigned long 类型整数,分别将其前 2 个字节和后 2 个字节作为两个 unsigned int 类型整数输出(设一个 int 型数据占 2 个字节)。

20. 定义枚举类型 money,用枚举元素代表人民币的面值。包括 1 分、2 分、5 分;1 角、2 角、5 角;1 元、2 元、5 元、10 元、20 元、50 元、100 元。

第5章

指 针

【本章导读】

指针是C语言的一个重要概念，也是C语言区别于其他程序设计语言的最重要特征之一，正确、灵活地使用指针可以设计出结构紧凑、效率更高的应用程序。指针主要有3种用途：(1)实现数组的快速访问；(2)允许函数修改其调用参数；(3)为使用C语言中的动态内存分配函数提供支持，以便于实现链表和其他的动态数据结构。

本章首先介绍内存地址和指针的概念，然后详细讲解指针的基本操作和应用，包括：指针变量的定义、引用和指针变量的运算，指针和数组的关系、指针和字符串的关系以及内存的动态分配机制和链表等内容。

【本章要点】

第1节：内存、内存地址、指针、指针变量。

第2节：指针变量的引用、指针数组、指针变量的运算、二级指针。

第3节：指针和数组、指针和字符串；无类型指针、malloc()函数、free()函数、链表。

5.1 内存、内存地址与指针的概念

1. 内存和内存地址

存储器是计算机的记忆和存储部件，分为主存储器和辅助存储器两类，主存储器又称为内部存储器，简称内存；辅助存储器也称为外部存储器，简称外存。内存被划分成许多单元，称为内存单元，每个内存单元存放一个字节的数据，也就是说，一个字节的数据在内存中存储时，占用一个内存单元。为了区分各个内存单元，计算机按照一定的规则对每个内存单元定义了一个唯一的编号，这个编号称为内存单元地址。对内存单元的操作只有两种：读操作和写操作。在计算机内部，不论是往内存的某个单元中写入数据，还是从内存的某个单元中读取数据，都是通过该单元的地址进行的，因此，只要知道了某个内存单元的地址，就可以对这个内存单元进行访问。图5-1描述了内存中内存单元的划分、内存单元的值和地址之间的关系。

从图5-1可以看出，内存单元具有两个基本属性：一个是值，另一个是地址。通过内存单元

的地址可以精确地找到这个内存单元,而值是内存单元中存储的数据。

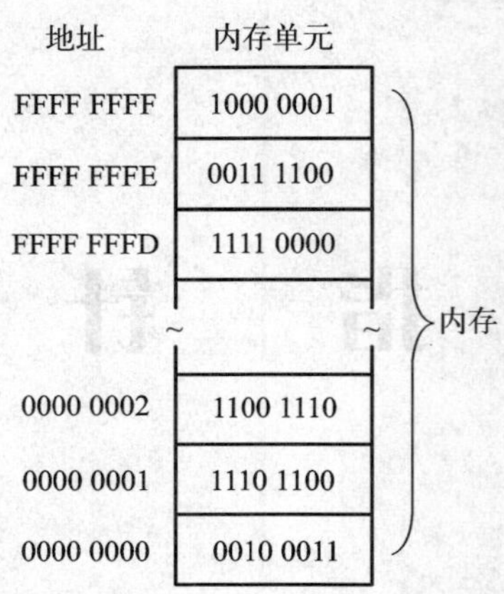

图 5-1　内存单元的划分和内存单元的值与地址的关系

2. 变量的访问方式

计算机中运行的程序和程序运行时加工的数据都必须放在内存中,不同类型的数据占用不同数量的内存单元,例如 long 类型数据占 4 个内存单元(4 个字节),char 类型的数据占 1 个内存单元(1 个字节)。假定在程序中定义了下列 3 个变量:

```
long x = 7, y = 8, z = 9;
```

则编译系统在编译这部分代码时,将分别为变量 x、y、z 各分配 4 个字节的内存空间,并把数字 7、8,9 分别保存在对应的内存空间中。

编译系统为变量分配的内存单元是连续的,因此,只要知道变量的数据类型和第一个内存单元的地址,即可计算出这个变量在内存中的正确位置,第一个内存单元的地址称为该变量的地址。为了能在程序中正确地访问这些变量的存储单元,编译系统在变量的地址和变量名之间建立某种"关联",当在程序中使用这些变量的数据时,可以直接按变量名访问这些变量的存储单元,例如语句:

```
z = x + y;
```

其含义是将变量 x 的存储单元中的数据和变量 y 的存储单元中的数据相加,并把结果送入变量 z 的存储单元中。这种通过变量名访问变量存储单元的方式称为"直接访问"方式。

对变量存储单元的访问除直接访问外,还可以进行"间接访问"。所谓间接访问就是把一个变量的地址放在另一个专门存放地址的变量中,找到了这个专门存放地址的变量,也就找到了存放数据的变量的地址,再根据地址对该变量进行访问,在 C 语言中通过指针实现变量的间接访问。

3. 指针和指针变量

指针是 C 语言中的一种特殊数据,用于指示变量、数据或函数在内存中存放的位置。由于指针的内部实现机制是通过地址来完成的,因此,可以通俗地讲,指针就是地址。

一个变量在内存中的地址称为这个变量的指针,例如在图 5-2 中,变量 x 的地址 0012FF7C 就是变量 x 的指针,地址 0012FF78 是变量 y 的指针。通过变量的指针可以找到这个变量在内存中的位置,也就是说,变量的指针指向了这个变量的存储单元。

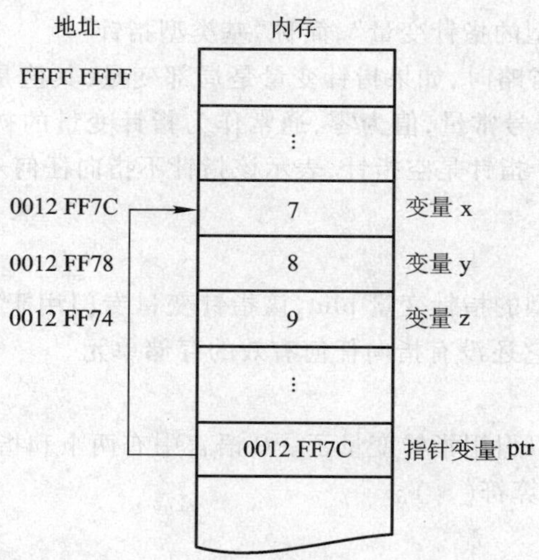

图 5-2　指针变量与普通变量的关系

指针不但可以指示变量在内存中的位置,还可以指示数据和函数在内存中的位置。例如,函数在内存中的入口地址称为该函数的指针;使用动态内存分配函数得到的内存块,这个内存块的首地址称为它的指针,由于这个内存块没有名称,因此只能通过指针来访问。

如果一个变量专门用来存放地址(指针),则称它为指针变量。当指针变量存储了另一个变量的地址时,通常说该指针变量指向了这个变量;当一个指针变量指向一个变量后,也说该指针变量有了指向。如图 5-2 中,指针变量 ptr 指向了变量 x。

一般地,在不至于引起混淆的情况,也把指针变量简称为指针,这时,应根据上下文正确理解这些术语。

5.2 指针类型数据及其操作

5.2.1 指针变量的定义与引用

1. 指针变量的定义

使用指针的一般过程是先把指针存放在一个指针变量中,然后再通过指针变量引用指针。C 语言规定所有的变量在使用前必须指定其类型,指针变量也不例外,应定义为指针类型。所谓指针类型就是它的域含有指向其他对象的指针的类型,例如对于类型 T,指向它的对象的指针类型可以写为:T*,一个具有 T* 类型的变量(指针变量)可以存储一个类型为 T 的对象的地址。

在 C 语言中,定义指针变量的一般格式如下:

基类型 *指针变量名[= 初始值];

其中:

(1) 指针变量名前的"*"表示该变量是一个指针变量,但它不是指针变量名的一部分。如果要在一行中同时定义多个指针变量,每个指针变量名前都要有一个"*"号。

(2) 基类型可以是 C 语言中的任何一种数据类型,是指针变量所指向的对象的类型;此时称该指针变量是“指向基类型的指针变量”,简称“基类型指针”。

(3) 初始值可以省略,省略时,如果指针变量是局部变量,其值是随机值;如果是全局变量,则是 NULL。NULL 是一个符号常量,值为零,通常作为指针变量的初始值。当一个指针变量的值等于 NULL 时,通常称这个指针是空指针,表示该指针不指向任何对象。

例如,下面的语句:

```
int *pInt = NULL;
```

定义了一个指向 int 类型的指针变量 pInt,该指针变量专门用于存放 int 型数据在内存中的地址,且初始值为 NULL,即它还没有指向任何有效的存储单元。

2. 指针变量的引用

定义指针变量后,就可以引用指针变量了。C 语言中有两个和指针变量有关的运算符:取地址运算符(&)和间接访问运算符(*)。

(1) 取地址运算符

取地址运算符(&)是一个单目运算符,结合方向为右结合,优先级和“++”运算符的相同。

使用格式如下:

& 变量名;

功能是返回紧跟其后的变量的地址,主要用来为指针变量赋值。

例如下列语句:

```
int *pInt, x = 10;
pInt = &x;
```

将把变量 x 在内存中的地址存入指针变量 pInt 中,即指针变量 pInt 指向了变量 x。

(2) 间接访问运算符

间接访问运算符(*)也称为指针运算符,也是一个单目运算符,结合方向为右结合,优先级和“++”运算符的相同。

使用格式如下:

***指针变量名;**

功能是访问紧跟其后的指针变量所指向的对象。

在绝大多数情况下,“*指针变量”将返回指针变量所指向的对象的值,但将“*指针变量”放在赋值语句的左边时,将把右边表达式的值存储到指针变量所指向的对象中。

例如下列代码:

```
int *pInt, x = 10, y;
pInt = &x;
y = *pInt;
*pInt = 20;
```

语句“pInt = &x;”使 pInt 指向了 x;语句“y = *pInt;”将把 pInt 指向的对象的值(即 x 的值)赋给 y;语句“*pInt = 20;”把 20 赋给了 pInt 指向的对象,即把 20 赋给了 x。执行完上述代码后,x = 20, y = 10。

使用指针变量时应特别注意以下几点:

① 在定义了一个指针变量后,编译系统也要为这个指针变量分配一定大小的存储空间,所

分配的存储空间大小只和系统有关，而和指针的基类型无关，也就是说，无论是指向什么类型的指针，在特定的系统中，所占用的内存空间大小是固定不变的。

② 指针变量在使用前要进行初始化，即要让指针变量有一个指向，如果在程序中引用了未初始化的指针变量，则可能会引发一些预想不到的错误。

③ 指针变量和普通变量一样都有地址和值，但指针变量的值是其他对象的地址，而普通变量的值是一般意义下的数据。因此，直接引用指针变量时，使用的是指针变量的值，即该指针变量指向的对象的地址。如果要使用指针变量所指向的对象的值，应将间接访问运算符应用于该指针变量。

④ 基类型不是“指针类型”，而是指针变量所指向的对象的类型，它实际上是限定了当用指针变量访问该指针变量所指向的内存空间时，编译系统将把这块内存空间中的内容当做什么类型的数据来看待。

⑤ 所有的指针运算都和基类型相关联，所以正确说明指针的基类型非常重要。

【例 5-1】 显示变量和指针变量的值及地址、指针变量所占内存空间大小及通过指针变量访问变量内容的程序示例。

```
#include <stdio.h>
void main(void)
{
    int *pInt, x = 10, y;
    char *pCha;
    short *pSSL;
    pInt = &x;
    y = *pInt;
    printf("\n 变量 x 的地址 = %p", &x);
    printf("\n 变量 y 的地址 = %p", &y);
    printf("\n 变量 x 的值 = %d", x);
    printf("\n 变量 y 的值 = %d", y);
    printf("\npInt 指针变量指向的变量的值 = %d", *pInt);
    printf("\npInt 指针变量的值 = %p", pInt);
    printf("\npCha 指针变量的值 = %p", pCha);          /* 随机值 */
    printf("\npSSL 指针变量的值 = %p", pSSL);          /* 随机值 */
    printf("\npInt 指针变量的地址 = %p", &pInt);
    printf("\npCha 指针变量的地址 = %p", &pCha);
    printf("\npSSL 指针变量的地址 = %p", &pSSL);
    printf("\npInt 指针变量所占内存空间的大小 = %d", sizeof(pInt));
    printf("\npCha 指针变量所占内存空间的大小 = %d", sizeof(pCha));
    printf("\npSSL 指针变量所占内存空间的大小 = %d", sizeof(pSSL));
}
```

该程序的运行结果如下：

变量 x 的地址 = 0012FF78
变量 y 的地址 = 0012FF74
变量 x 的值 = 10
变量 y 的值 = 10
pInt 指针变量指向的变量的值 = 10
pInt 指针变量的值 = 0012FF78
pCha 指针变量的值 = CCCCCCCC
pSSL 指针变量的值 = CCCCCCCC
pInt 指针变量的地址 = 0012FF7C
pCha 指针变量的地址 = 0012FF70
pSSL 指针变量的地址 = 0012FF6C
pInt 指针变量所占内存空间的大小 = 4
pCha 指针变量所占内存空间的大小 = 4
pSSL 指针变量所占内存空间的大小 = 4

地址	内存	
	⋮	
0012FF7C	0012FF78	指针变量 pInt
0012FF78	10	变量 x
0012FF74	10	变量 y
0012FF70	CCCCCCCC	指针变量 pCha
0012FF6C	CCCCCCCC	指针变量 pSSL
	⋮	

图 5-3　各变量在内存中的存储情况

图 5-3 显示了各变量在内存中的存储情况。

【例 5-2】　分析下列程序的运行结果。

```
#include < stdio. h >
void main( void)
{
    int x = 20 , y = 10 , t;
    int *p, *q;
    p = &x;
    q = &y;
    if( *p > *q) {
        t = *p;
        *p = *q;
        *q = t;
    }
    printf( " \nx = % d y = % d" , x, y) ;
}
```

程序分析：

① 程序中定义了两个可以指向 int 类型数据的指针变量 p 和 q,通过“p = &x;”和“q = &y;”语句,使 p 指向了变量 x,q 指向了变量 y。

②“if(*p > *q) ;”语句判断 p 指向的变量的值是否大于 q 所指向的变量的值,即判断 x 是否大于 y;因 x 的值是 20,y 的值是 10,所以判断条件的结果为“真”,因此执行 if 后面花扩号中的语句。

③ 通过“t = *p;”、“ *p = *q;”和“ *q = t;”3 条语句将 x 和 y 的值交换,因此,程序的输出结果是:x = 10,y = 20。

3. 指针数组

指针可以像其他数据类型一样构成数组,其定义方式也类似。但应注意指针数组中的元素都是指向相同数据类型的指针。

定义指针数组的一般格式如下:

基类型 *指针数组名[整数表达式]=[{初始值列表}];

其中,“基类型”是指针数组元素(指针)所指向的对象的类型。

对指针数组元素进行赋值的一般写法是:

指针数组名[下标]=& 变量名

访问指针数组元素所指向的对象的一般写法是:

***指针数组名[下标]**

例如,下面的语句:

int *pa[10];

定义了一个包含10个元素的指针数组pa,且数组的每个元素均是指向int型数据的指针变量。要把一个int型变量,例如var的地址赋给pa的下标是3的元素,则可以写为:

pa[3]=&var;

预求var的值,可写为:

*pa[3];

【例5-3】 指针数组程序示例。

```
#include <stdio.h>
void main(void)
{
    int a,b,c,d,e;
    int *p[5]={&a,&b,&c,&d,&e},i,j,*t;
    for(i=0;i<5;i++){
        scanf("%d",p[i]);
    }
    for(i=0;i<5;i++){
        for(j=i+1;j<5;j++){
            if(*p[i]>*p[j]){
                t=p[i];
                p[i]=p[j];
                p[j]=t;
            }
        }
    }
    for(i=0;i<5;i++){
        printf("\n%d",*p[i]);
    }
```

}

程序说明：

① 程序中定义了一个基类型是 int 的指针数组 p，并在定义时对该数组进行了初始化，使该数组的各元素依次指向了变量 a、b、c、d、e。

② 在第一个 for 循环中，通过 scanf( )函数循环接受从键盘上输入的数据，并依次保存到变量 a、b、c、d、e 中。

③ 通过两层嵌套的 for 循环，使指针数组 p 中的元素所指向的变量是升序排列的，即 p[0]指向了最小值的变量，p[4]指向了最大值的变量。注意，程序并没有交换变量 a、b、c、d、e 的值，而交换的是指针数组 p 中的元素。

④ 用最后一个 for 循环在屏幕上显示指针数组 p 的各元素所指向的变量的值。

5.2.2 指针变量运算

指针变量的运算主要有以下 4 种：

- 赋值运算
- 指针变量和整数的加、减运算
- 关系运算
- 指针变量的相减运算

1. 指针变量的赋值运算

在引用指针变量前，要让这个指针变量有一个具体的指向。为指针变量赋值主要有以下两种形式：

① 把一个变量的地址赋给指向相同数据类型的指针变量。例如下列语句：

```
int x, *p;
p = &x;
```

将变量 x 的地址赋给了指针变量 p。

② 把一个指针变量的值赋给另一个指向相同数据类型的指针变量。例如下列语句：

```
int x;
int *p1, *p2;
p1 = &x;
p2 = p1;
```

p1 和 p2 指向的数据类型相同，因此，可以相互赋值。此时，指针变量 p1 和 p2 均指向了变量 x。

注意：不能把一个常数直接赋给指针变量，但允许将数值 0(NULL)赋给任何类型的指针变量，此时，通常称这个指针是空指针，表示该指针不指向任何对象。

2. 指针变量和整数的加、减运算

指针变量中存储的是地址，因此，指针变量和整数进行加、减运算是按地址的运算规则进行的。当一个指针变量和整数进行加、减运算后，实际上会产生一个新的地址值，新地址值和加减运算时的整数值及指针变量的基类型有关。

例如，一个指针变量 p 和一个整数 n 执行了如下形式的运算：

p = p + n

p = p - n

则指针变量 p 的值按下列公式计算：

p 的新值 = p 的旧值 ± n * sizeof(指针基类型)

因此，从整体上看，当一个指针变量加减 n 后，实际上是把指针变量的指向，向后或向前移动了 n 个基类型单元。

C 语言中，有如下几种指针变量和整数的加减运算形式(假设 p 是一个指针变量)：

① 加一个整数：p + n，指针的指向将向后移动 n 个基类型单元。

② 减一个整数：p - n，指针的指向将向前移动 n 个基类型单元。

③ 自加：p++ 或 ++p，指针的指向将向后移动 1 个基类型单元。

④ 自减：p-- 或 --p，指针的指向将向前移动 1 个基类型单元。

图 5-4 显示了指针变量 p 加减一个整数后的指向情况。

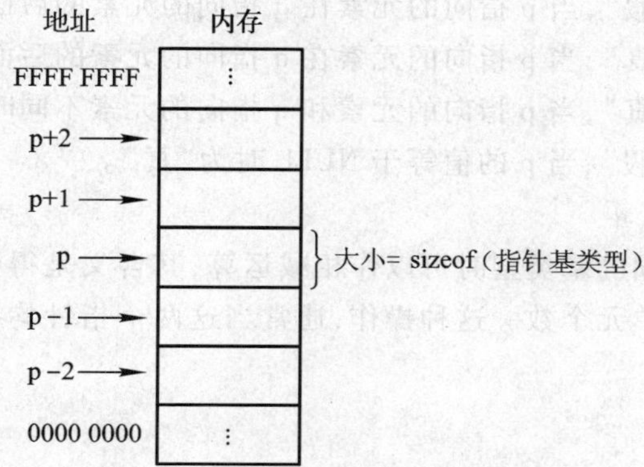

图 5-4　指针变量加减一个整数后的指向

一般来说，指针和整数进行加减运算的操作只有在指针变量指向数组时才有实际意义，因为数组元素在内存中是连续存储的，在这种情况下，指针变量加减一个整数后可以使指针变量永远指向数组的某个元素。但需要特别注意的一个问题是访问的越界问题，由于系统不会对访问数组时进行越界检查，因此，当访问超出数组的范围时，实际上访问的是其他的存储单元，如果往这个存储单元中进行了写操作，则会覆盖原来的内容，从而造成无法预料的错误。

例如下列代码：

```
int arrayInt[10];
int *p;
p = &arrayInt[5];          /*p 指向了 arrayInt[5]*/
p = p + 3;                 /*p 指向了 arrayInt[8]*/
p--;                       /*p 指向了 arrayInt[7]*/
*(p + 2) = 10;             /*将 10 赋给了 arrayInt[9]*/
*(p + 5) = 20;             /*访问了非数组元素，可能造成无法预料的错误*/
```

3. 指针变量的关系运算

具有相同基类型的两个指针变量可以进行关系运算，例如，假设指针变量 p1、p2 指向了同一个数组的元素,则 p1 和 p2 可以进行:>、>=、<、<=、==、!=等关系运算。一般来说,指针变量的关系运算,只有在这两个指针变量均指向同一个数组时才有实际意义。但任何指针变量同 NULL 作相等比较或不相等比较均有意义,目的是测试该指针变量是否是空指针。

例如,假设有下列语句:

```
int arrayInt[10];
int *p, *q;
p = &arrayInt[5];          /* p 指向了 arrayInt[5] */
q = &arrayInt[6];          /* p 指向了 arrayInt[6] */
```

则

p == q	结果为"假",当 p 和 q 指向相同的元素时为"真"。
p < q	结果为"真",当 p 指向的元素在 q 指向的元素的前面时为"真"。
p <= q	结果为"真",当 p 指向的元素在 q 指向的元素的前面或相同时为"真"。
p > q	结果为"假",当 p 指向的元素在 q 指向的元素的后面时为"真"。
p >= q	结果为"真",当 p 指向的元素在 q 指向的元素的后面或相同时为"真"。
p != q	结果为"真",当 p 指向的元素和 q 指向的元素不同时为"真"。
p == NULL	结果为"假",当 p 的值等于 NULL 时为"真"。

4. 指针变量的相减运算

两个指针变量具有相同的基类型时可以作相减运算,其含义是得到这两个指针变量所指向的变量之间间隔的基类型单元个数。这种操作,通常当这两个指针均指向同一个数组时才有实际意义。

例如,下列代码:

```
int x[3];
int *p, *q;
p = &x[0];
q = &x[2];
printf("%d\n",q - p);
```

将在屏幕上显示数字:2

5.2.3 多级指针

指针可以指向任何类型的数据,同样也可以指向指针。因此,可以构造出一个指针让其指向另一个指针,而后者指向目标值;在这种情况下,前者称为二级指针或指针的指针,后者称为一级指针。如果一级指针的存储单元中存放的指针又是一个二级指针,这时原来的二级指针称为三级指针,以此类推可以定义 n 级指针。虽然可以定义 n 级指针,但在实际应用中,很少有需要超过二级指针的情况。图 5-5 显示了二级指针的含义。

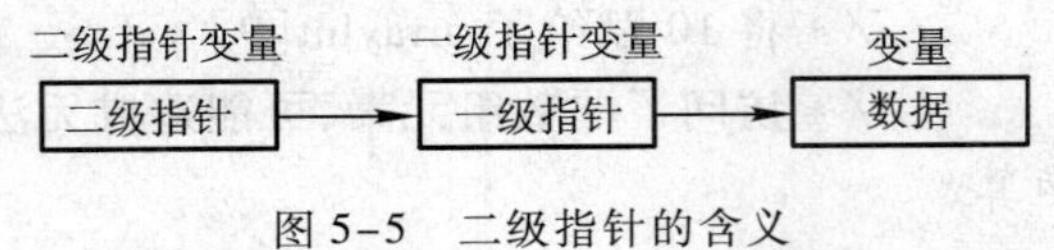

图 5-5 二级指针的含义

1. 二级指针的定义

定义二级指针的一般形式如下：

基类型 ** 二级指针变量名[=初始值];

其中：

(1) 二级指针变量名前面有两个“*”，表示该变量是指向指针的指针变量。

(2) 基类型是二级指针变量指向的一级指针变量所指向的对象的类型，可以是 C 语言中的任何一种有效类型。

(3) 初始值可以省略，省略时，如果二级指针变量是局部变量，则其值是随机值；如果是全局变量，则是 NULL。

例如下列代码：

```
float **p;
```

定义了一个二级指针变量 p，它可以存储一级指针变量的地址，而这个一级指针变量是指向 float 类型的指针变量。

2. 二级指针的操作

可以对二级指针进行赋值、加减整数、指针相减、比较和间接访问等操作，其中使用较多的是赋值操作和间接访问。

(1) 二级指针变量的赋值

对二级指针变量的赋值通常有以下两种情况：

① 如果一个一级指针变量的基类型和一个二级指针变量的基类型相同，则可以把这个一级指针变量的地址赋给这个二级指针变量。

② 如果两个二级指针变量的基类型相同，则它们可以相互赋值。

下列代码显示了二级指针变量的赋值操作。

```
int x = 10;
int *p, ** pp, **qq;
p = &x;
pp = &p;
qq = pp;
```

各变量在内存中的关系如图 5-6 所示。

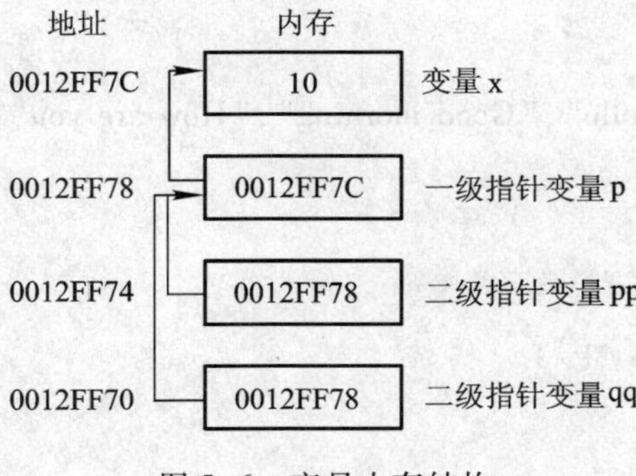

图 5-6 变量内存结构

(2) 二级指针变量的间接访问

可以直接引用二级指针变量,也可以将间接运算符(*)应用于二级指针变量,通常有以下3种引用情况:

① 直接使用二级指针变量名,则使用的是二级指针变量的内容,即一级指针变量的地址。

② 对二级指针变量应用一次间接运算符,则使用的是一级指针变量指向的变量的地址。

③ 对二级指针变量应用两次间接运算符,则使用的是一级指针变量指向的变量的值。

例如,如图5-6所示:

在程序中直接引用二级指针变量名pp时,使用的值是:0012FF78。

如果对二级指针应用一次间接运算符,即*pp时,使用的值是:0012FF7C。

如果对二级指针应用两次间接运算符,即**pp时,使用的值是:10。

【例5-4】 分析下列程序的运行结果。

```
#include <stdio.h>
void main(void)
{
    int x, *p, **pp;
    x = 10;
    p = &x;
    pp = &p;
    printf("%d", **pp);
}
```

程序分析:

① p是一个可以指向int类型数据的一级指针变量;pp是一个二级指针变量,它指向的一级指针变量可以指向int类型数据。

② 通过"p = &x;"和"pp = &p;"语句,将p指向了变量x,pp指向了p。

③ 语句"**pp;"得到的是pp指向的一级指针变量所指向的变量的值,即是x的值,因此,printf()函数将在屏幕上显示数字10。

【例5-5】 指针数组和二级指针程序示例。

```
#include <stdio.h>
void main(void)
{
    char *aStr[] = {"Hello","Good morning","How are you",NULL};
    char **p;
    p = &aStr[0];
    while(*p){
        printf("\n%s", *p);
        p++;
    }
}
```

程序说明：

① aStr 是一个指向字符类型的指针数组，共有 4 个元素，其中前 3 个元素指向了 3 个不同的字符串，第 4 个元素 aStr[3]的值是 NULL。通过"p = &aStr[0];"语句将 p 指向了 aStr 数组，形成的指向关系如图 5-7 所示。

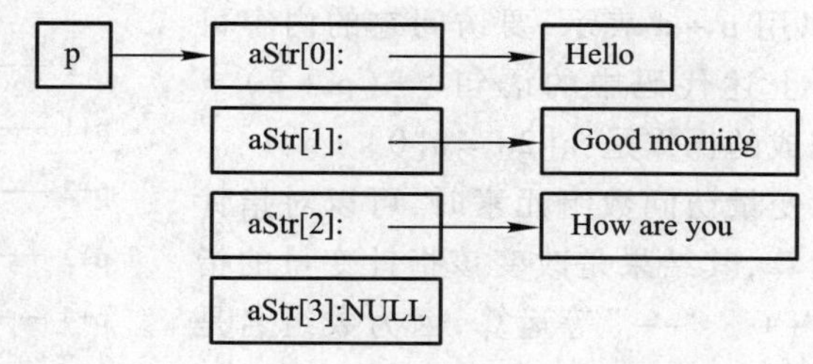

图 5-7 指针指向关系图

② 因为 p 是一个二级指针，所以 *p 的值是地址。当 while 语句第一次执行时，* p 就是 aStr[0]的值，而该值指向了"Hello"字符串，因此，printf 语句显示的信息是"Hello"；经过"p++；"语句，使 p 指向 aStr 数组的下一个元素，即 aStr[1]，进入下一次 while 语句的执行。当 p 指向 aStr[3]时，*p 的值，即 aStr[3]的值为 NULL，此时 while 语句的循环条件为"假"，退出循环，程序结束。因此程序的执行结果是在屏幕上显示："Hollo"、"Good morning"和"How are you"3 条信息。

5.3 指针的应用

5.3.1 指针与数组

在 C 语言中，指针和数组有紧密的联系，数组名代表了整个数组的首地址，即数组名是一个指针。对数组元素的访问通常有两种方法，一种是下标法，另一种是指针法。一般来说，使用指针访问数组元素的效率要比使用下标访问数组元素时的效率高。

1. 指针和一维数组

程序中定义了一个一维数组后，编译系统会在内存中为该数组分配一块具有一定大小的连续存储空间，数组名就是第一个元素（下标为 0 的元素）的地址。数组中任一元素的地址可以写为：

(数组名 + 下标)

或

& 数组名[下标]

第一个元素的地址是：(数组名) 或 & 数组名[0]。知道了第一个元素的地址，即可通过指针访问数组的其他元素。

用指针法访问数组元素时，通常可以采用两种方式：一种是直接用数组名，其一般的写法是：*(数组名 + 下标)；另一种是定义一个指针变量，让其指向数组的第一个元素，然后通过该指针变量访问数组的其他元素。例如下列代码：

```
int a[5] = {1,3,5,7,9};
```

```
int *p;
p = a;        /* 或 p = &a[0]; */
*(p+2) = *(p) + *(p+1);
```

在上述代码中，通过语句“p = a;”使指针变量 p 指向了数组 a 的第一个元素。数组中第 n + 1 个元素 a[n]的地址可以用 p + n 表示，要访问它的内容可以写为：*(p + n)，因此，上述代码中的语句“*(p + 2) = *(p) + *(p + 1)”实际完成的操作是：a[2] = a[0] + a[1]。

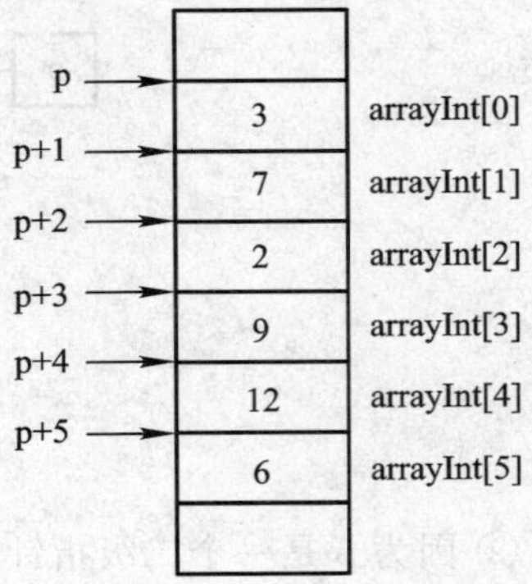

当用指向数组的指针变量访问数组元素时，可以对指针变量执行“++”、“--”等运算，其结果是改变该指针变量的指向；但不能对数组名执行“++”、“--”等运算，因为数组名是一个指针（地址），而不是指针变量。

例 5-6 显示了用指针法访问数组元素的方法，图 5-8 描述了指针 p 和数组 arrayInt 的关系。

图 5-8　指针 p 和数组 arrayInt 的关系

【例 5-6】　输出数组中元素的最大值。

```
void main(void)
{
    int arrayInt[6] = {3,7,2,9,12,6};
    int maxValue;
    int *p;
    int i;
    /* 用数组名访问数组元素 */
    maxValue = *(arrayInt);
    for(i=0;i<6;i++){
        if(*(arrayInt+i) > maxValue) maxValue = *(arrayInt+i);
    }
    printf("\nmaxValue = %d\n",maxValue);
    /* 用一个指针变量访问数组元素 */
    maxValue = arrayInt[0];
    for(p = arrayInt;p < arrayInt+6;p++){
        if(*p > maxValue) maxValue = *p;
    }
    printf("\nmaxValue = %d\n",maxValue);
}
```

2. 指针和二维数组

C 语言中定义的二维数组实际上是一个一维数组，这个一维数组的每一个成员又是一个一维数组。例如，下面的定义：

```
int a[3][4] = {{1,3,5,7},{2,4,6,8},{10,20,30,40}};
```

二维数组 a 由 a[0]、a[1]、a[2] 3 个元素组成，而 a[0]、a[1]、a[2]每个元素又分别是由 4

个 int 型元素组成的一维数组。

由于数组名是一个指针,因此数组名 a 代表了整个二维数组的首地址,也就是第 1 行的首地址,a + 1 代表了第 2 行的首地址,a + 2 代表了第 3 行的首地址。由于 a[0]、a[1]、a[2]又都是一维数组,因此它们又分别代表一个一维数组的首地址,例如,a[0]代表的一维数组是:a[0][0]、a[0][1]、a[0][2]、a[0][3]。

图 5-9 描述了二维数组 a 中的元素与地址的对应关系。

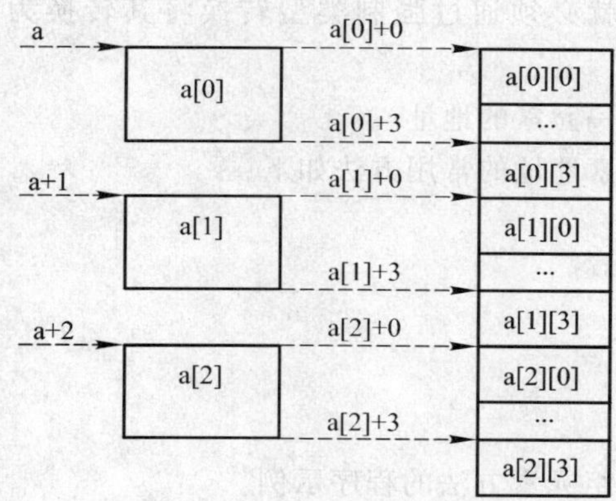

图 5-9　二维数组 a 中的元素与地址的对应关系

可以定义一个指针变量让其指向二维数组的一整行,定义的一般形式如下:

基类型(*指针变量名)[长度]

该定义的含义是:定义一个指针变量,使其可以指向二维数组的一整行,该二维数组元素的类型是“基类型”,每一行有“长度”个元素。定义中的圆括号是必需的,不能省略。

例如,下面的代码:

```
int (*p)[4];
```

定义了一个指针变量 p,该指针变量可以指向一个由 4 个 int 型元素组成的一维数组。因此,下面的语句:

```
p = a;
```

使 p 指向了数组 a 的第 1 行,即指向了 a[0];p + 1 指向了第 2 行,即 a[1];p + 2 指向了第 3 行,即 a[2]。

(1) 用指针法访问二维数组元素

用指针法访问二维数组的任一元素 a[i][j]时,通常有以下几种方法:

① 通过二维数组名访问,访问格式:

((a + i) + j)。

② 通过“一维数组名”访问,访问格式:

*(a[i] + j)。

③ 把二维数组看成一维数组,让一个指针变量指向数组的元素,然后通过该指针变量访问。

由于二维数组在内存中是按行连续存放的,因此,只要得到了第一个元素(a[0][0])的地

址,就可计算出任一元素的地址,从而访问对应的元素。例如,下列代码获得了二维数组第一个元素的地址:

(int *)(a) 或 &a[0][0]

注意:虽然数组名也代表了整个二维数组的首地址,即也指向了二维数组的第一个元素,但不能直接用 a、a+1、a+2、…的方式访问到二维数组的元素,其原因是二维数组名的“指针类型”不是二维数组元素的类型,而是另一个一维数组类型。因此,要从二维数组名得到可以访问二维数组元素的指针,就必须通过强制类型转换将其转换为指向二维数组元素类型的指针。

(2) 获取二维数组中任一元素的地址

获得二维数组中任一元素地址的常用方法如下:

① &a[i][j]

② a[i]+j

③ *(a+i)+j

④ &a[0][0]+4*i+j

⑤ a[0]+4*i+j

【例 5-7】 访问二维数组元素方法的程序示例。

```
void main(void)
{
    int a[3][4] = {{1,3,5,7},{2,4,6,8},{10,20,30,40}};
    int *p;
    int i,j;
    printf("通过二维数组名访问数组中的元素\n");
    for(i=0;i<3;i++){
        for(j=0;j<4;j++){
            printf("%d\n",*(*(a+i)+j));
        }
    }
    printf("通过一维数组名访问数组中的元素\n");
    for(i=0;i<3;i++){
        for(j=0;j<4;j++){
            printf("%d\n",*(a[i]+j));
        }
    }
    printf("把二维数组看成一维数组访问二维数组中的元素\n");
    p=(int *)(a);
    for(i=0;i<12;i++){
            printf("%d\n",*p++);
    }
```

```
}
```

【例 5-8】 输入年月日,计算该日子是当年的第几天。

```
#include <stdio.h>
void main(void)
{
    int year,month,day;
    int dayTAB[2][12] = {
        {31,28,31,30,31,30,31,31,30,31,30,31},
        {31,29,31,30,31,30,31,31,30,31,30,31}};
    int i,j;
    printf("\n请输入年月日:");
    scanf("%d%d%d",&year,&month,&day);
    j = 0;
    if((year%4 ==0 && year%100!=0) || (year%400 ==0))j =1;
    for(i =0;i < month -1;i++){
        day = day + *( *(dayTAB + j) + i);
    }
    printf("\n天数 =%d",day);
}
```

3. 指针和字符串

在 C 语言中,字符串被定义为是一个以空字符终结的一维字符数组,因此,可以使用 char 类型的指针变量来处理字符串。通常,char 类型的指针变量称为字符指针变量。

字符指针变量的定义形式如下:

char *指针变量名[=初始值];

和其他的指针变量一样,在使用字符指针变量之前,必须进行初始化,即要对字符指针变量进行赋值。为字符指针变量赋值通常有两种方式:一是在程序运行过程中,将一个已有字符数组的首地址赋给一个字符指针变量,让其指向该字符串;二是在定义字符指针变量时对其设定初始值。

例如,下列代码让一个字符指针变量指向了一个已有的字符数组。

```
char szStr[20] = "I love china!";
char *pStr;
pStr = szStr;
```

下列代码在定义字符指针变量时为其设定了初始值。

```
char *pStr = "I love china!";
```

上述代码等价于:

```
char *pStr;
pStr = "I love china!";
```

得到了字符串的指针就可以按指针的方式来处理字符串了,但需要注意的是这两种初始化方法的区别:如在上面的代码中,当用数组初始化时,编译系统首先为 szStr 数组分配 20 个字节的存储单元,然后再把这个字符串的字符逐个赋给数组的对应元素,因此,pStr 指针变量指向的是字符数组的首地址;当在定义时初始化时,其过程是编译系统首先给字符串分配 14 个字节的内存块(字符串"I love china!"的长度是 13),并把字符串存储到这个内存块,同时设置最后一个内存单元的值为 0,最后把该内存块的首地址赋给 pStr 指针变量。

【例 5-9】 测试字符串的长度。

```
#include <stdio.h>
void main(void)
{
    char *str = "I am a student";
    char *p;
    int sLen;
    p = str;
    while(*p)p++;
    sLen = p - str;
    printf("长度 = %d\n",sLen);
}
```

【例 5-10】 从键盘输入一个英文单词,判断该单词是否是回文。

注:所谓"回文"是指左右对称的字符序列,即自左向右读和自右向左读是相同的。

```
#include <stdio.h>
#include <string.h>
void main(void)
{
    char szBuffer[100];
    char *p, *q;
    int szLen;
    int flag = 1;
    printf("\n 请输入一个英文单词:");
    gets(szBuffer);
    szLen = strlen(szBuffer);
    for(p = szBuffer,q = szBuffer + szLen - 1;p < q;p++,q--){
        if(*p!=*q){
            flag = 0;
            break;
        }
    }
    if(flag)printf("\n 单词 %s 是回文!",szBuffer);
    else printf("\n 单词 %s 不是回文!",szBuffer);
}
```

程序说明：

① flag 变量是一个标志，当输入的单词是一个回文时，等于 1；否则，等于 0。程序首先用 gets( ) 函数接受从键盘上输入的英文单词，并把输入的内容存储到 szBuffer 变量中，然后用 strlen( ) 函数得到 szBuffer 中字符串的长度。

② 在 for 循环初始条件中，用“p = szBuffer, q = szBuffer + szLen - 1;”语句让指针 p 指向了 szBuffer 的第 1 个字符，q 指向了 szBuffer 的最后一个字符。通过语句“p < q;”测试是否对字符串的所有字符已经检测完毕。循环体中的“if(*p != *q);”语句，在第一次循环时，判断第 1 个字符是否不等于最后一个字符，如果不相等，则设置 flag 标志等于 0，并且退出循环；否则，通过语句“p++ ,q-- ;”让指针 p 指向第 2 个字符，q 指向倒数第 2 个字符，继续循环比较。

③ 根据 flag 的值，显示输入的英文单词是否是回文的信息。

5.3.2 动态内存分配

在以前编写的程序中使用了各种类型的变量、数组，它们的一个共同特点是，当程序被编译完成后，这些变量、数组在内存中的大小就确定了，在程序的运行过程中不会改变。另一方面，在程序的运行过程中也不能再加入一些新的变量和数组。但是，有时程序可能需要使用数量不定的存储空间，例如一个字处理程序，很难预测用户到底要输入多少个字符；在这种情况下，用一般的变量或数组无法处理。为了解决这个问题，C 语言提供了动态内存分配机制，允许在程序的运行过程中获得所需的内存。

C 语言动态内存分配机制的核心由 malloc( ) 函数和 free( ) 函数构成，它们协调工作，一个用于分配内存，另一个用于释放分配的内存；指针对动态内存分配机制提供了必要的支持；动态内存分配函数和 void 类型指针密切相关。

1. void 类型指针

void 是一种特殊的类型，表示“无类型”，变量不能定义为 void 类型，但 C 语言允许定义 void 类型的指针变量，称为无类型指针变量，初始值通常设为 NULL。

void 类型指针通常用在以下两种情况：

① 一些标准函数的返回值是无类型指针，例如动态内存分配函数 malloc( ) 的返回值，这种类型的指针不能直接赋给其他类型的指针变量，所以需要定义一个无类型指针变量来接受它的返回值。但在使用时，要根据情况将无类型指针强制转换为其他类型的指针，转换的语法如下：

(数据类型 *)无类型指针变量名

② 如果一个函数的形式参数被定义为无类型指针，则在用实际参数调用该函数时，不需要对实际参数进行强制转换。

关于函数参数的有关内容参见第 6 章。

2. 动态内存分配和释放函数

① malloc( ) 函数

malloc( ) 函数实现内存的动态分配，其函数原型如下：

void *malloc(unsigned int size)

该函数分配 size 个字节的内存，分配成功时，返回一个指向该内存首地址的基类型是 void 的指针；如果系统中没有足够的内存空间满足分配要求，则分配失败，并返回 NULL。

② free( )函数

free( )函数的原型如下：

void free(void *memblock)

该函数释放由 memblock 指针所指向的内存空间，memblock 必须是由 malloc( )函数返回的指针。一旦内存被释放，它又可以通过 malloc( )函数被重新分配。

在使用 free( )函数时，一定要注意：memblock 是由 malloc( )函数分配成功时的返回值，如果用一些无效的指针调用了 free( )函数，则会破坏系统的内存管理结构。

使用这两个函数时，应将头文件 stdlib. h 和 malloc. h 包含在程序中。

【例 5-11】 内存的动态分配和释放及 void 类型指针的使用程序示例。

```
#include < stdio. h >
#include < malloc. h >
#include < stdlib. h >
void main( void)
{
    void *p = NULL;
    p = malloc( sizeof( int) ) ;
    *( int * ) p = 10 ;
    printf( " \n% d" , *( int * ) p) ;
    free( p) ;
}
```

程序说明：

① 首先用 malloc( )函数分配了一块可以存储一个 int 型数据的存储空间，并用定义的无类型指针变量 p 接受这个存储空间的首地址。

② 通过类型强制转换语句“ *(int*) p;”，将数字 10 保存到了该存储空间，并用 prinft( )函数将存储在该内存空间的数据显示在屏幕上。

③ 用 free( )函数释放了由 malloc( )函数分配的存储空间。

5. 3. 3 指针与结构体

结构体是一种用户自定义的数据类型，主要用来描述由多个不同的，但是彼此相关的数据成员组成的组合数据。结构体指针就是指向结构体类型数据的指针，一个结构体变量的起始地址就是这个结构体变量的指针。

1. 指向结构体类型的指针变量

定义结构体指针变量的一般形式如下：

struct 结构体类型名 *结构体指针变量名[=初始值]

例如，下列代码：

```
struct student {
    int no;
char name[21];
```

```
    int age;
} stud;
struct student *p = &stud;
```

其中,p 是 student 结构体指针变量,通过取地址运算符(&),将 stud 变量的地址赋给了指针变量 p,即让 p 指向了 stud 结构变量。需要特别强调的是:p 指向的是整个结构体变量,而不是结构体的某个成员;如果要得到结构体变量中某个成员的地址,例如 stud 的 age 成员的地址,可以写为:&stud. age。

通过结构体指针变量访问结构体变量的成员,可以采用如下两种方法:

(1) 使用结构体的圆点操作符

使用的一般格式如下:

(*构体指针变量名). 成员名

例如,在上述代码中,要访问 stud 的 age 成员,可写为:(*p). age。

(2) 使用指向操作符 ->

指向操作符 -> 是 C 语言提供的一个专门用指针来访问结构、联合和位域等数据类型变量成员的运算符,使用的一般格式是:

结构体指针变量名 -> 成员名

例如,在上述代码中,要访问 stud 的 age 成员,可写为:p -> age;

2. 指向结构体数组的指针

通过把结构体数组的起始地址赋给一个指针变量,可以让该指针变量指向结构体数组。例如,下面的代码:

```
struct student stud[10], *p;
p = stud;
```

其中,p 是 student 结构体指针,通过 p = stud 赋值语句,使 p 指向了 stud 结构体数组的第 1 个元素(下标为 0 的元素)。

在 p 指向了 stud 结构体数组的第 1 个元素后,如果执行 p++ 运算,则 p 将指向 stud 结构体数组的第 2 个元素,即指向了 stud[1]。

【例 5-12】 输入 5 名学生的姓名和成绩,按成绩排序。

```
#include <stdio.h>
#include <string.h>
struct StudentInfo{
    char Name[21];                  /* 存储姓名 */
    int Score;                      /* 存储成绩 */
};
void main(void)
{
    struct StudentInfo stuInfo[5], *pStu, t;
    int i, j;
    for(i = 0; i < 5; i++){         /* 循环输入学生的姓名和成绩 */
```

```c
            fflush(stdin);
            printf("请输入第 %d 个学生的姓名:\n",i+1);
            gets(stuInfo[i].Name);
            printf("请输入第 %d 个学生的成绩:\n",i+1);
            scanf("%d",&stuInfo[i].Score);
        }
        pStu = stuInfo;                      /* 将 pStu 指向数组的第 0 个元素 */
        for(i=0;i<5;i++){                    /* 用冒泡法排序 */
            for(j=0;j<4;j++){
                if((pStu+i)->Score > (pStu+j)->Score){
                    strcpy(t.Name,(pStu+i)->Name);
                    t.Score=(pStu+i)->Score;
                    strcpy((pStu+i)->Name,(pStu+j)->Name);
                    (pStu+i)->Score=(pStu+j)->Score;
                    strcpy((pStu+j)->Name,t.Name);
                    (pStu+j)->Score=t.Score;
                }
            }
        }
        for(i=0;i<5;i++){                    /* 输出排序后的结果 */
            printf("%-20s %d\n",(pStu+i)->Name,(pStu+i)->Score);
        }
}
```

程序说明:

① 程序中定义的 stuInfo 结构数组用于保存学生的姓名和成绩信息;通过第一个循环语句,利用 gets()函数和 scanf()函数从键盘上接受输入,并将输入的数据依次保存到 stuInfo 结构数组。

② 通过"pStu=stuInfo;"语句将 pStu 指向了该结构体数组的第 0 个元素。

③ 使用冒泡法按成绩对结构数组进行了排序;通过最后一个循环在屏幕上显示结果。

5.3.4 线性表

在程序设计中,经常要处理各种各样的数据结构,例如线性表、二叉树、广义表和图等,其中线性表是一种最简单、应用较为广泛的数据结构。线性表是由 n 个数据元素构成的有限序列,每个数据元素可以由若干个数据项组成,且具有下列 4 个特点:

① 存在唯一的一个被称为是"第一个"的数据元素。

② 存在唯一的一个被称为是"最后一个"的数据元素。

③ 除第一个元素外,表中的每个元素均只有一个前驱元素。

④ 除最后一个元素外,表中的每个元素均只有一个后继元素。

线性表的数据元素一般用结构体来描述，例如，一个学校的学生健康状况调查表，由姓名、学号、性别、年龄、班级和健康情况 6 个数据项组成，这时，可以定义如下的一个结构体来存储学生健康状况的数据：

```
struct STUHEALINFO{
    char name[21];              /* 姓名     */
    int stuID;                  /* 学号     */
    char sex[3];                /* 性别     */
    int age;                    /* 年龄     */
    char class[31];             /* 班级     */
    char healthInfo[11];        /* 健康状况 */
};
```

假设有 100 个学生的数据需要存储和处理，最直观的想法是，定义一个具有 100 个元素的结构体数组，把这些学生的数据存放到这个数组中，然后进行处理。使用数组存储和处理线性表的特点是数据元素的逻辑次序和存放在数组中的次序一致，可以实现数据元素的随机访问。但存在两个主要的缺点：

① 如果并不知道学生的确切人数或人数变化较大时，则只能定义一个足够大的数组，而这个数组要能存储最大情况下的人数，因此，会造成大量存储空间的浪费；

② 如果在数组中需要插入一个元素或删除一个元素，则需要移动大量的其他元素，因此，执行效率较低。那么是否存在一个既不浪费存储空间，执行效率又较高的方法呢？链表是解决上述问题的一种有效方法。

链表是一种非固定长度的数据结构，特别适合于数据个数可变的数据存储。图 5-10 显示了一种最基本的链表形式（单链表）。

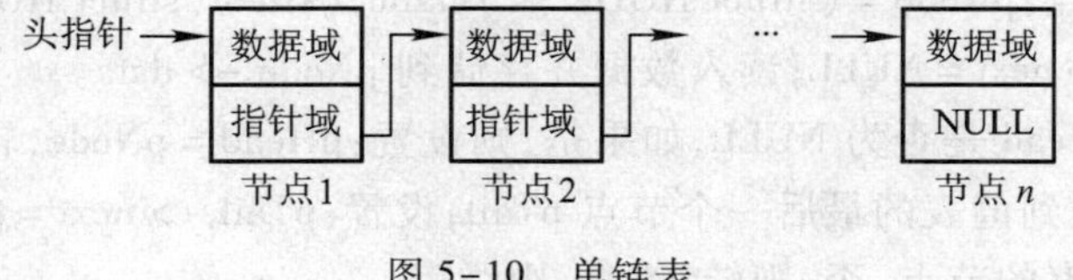

图 5-10　单链表

从图 5-10 可以看出链表的基本构造：

（1）每个节点包括两部分，一部分是数据域，用于存储数据项；另一部分是指针域，用于连接它的后继元素，这两部分组成了数据元素的存储映像。

（2）通过节点的指针域将一个个数据元素连接起来；头指针记录了链表第一个节点的位置，目的是能够找到链表；最后一个元素由于没有后继元素，因此把它的指针域设置为 NULL，用于标志是链表的最后一个节点。

节点在内存中的物理存储位置可以是连续的，也可以是不连续的，但逻辑次序和数据元素的次序一致。

在图 5-10 所示的链表中，每个节点只包含了指向直接后继节点位置的指针，这种链表称为单链表。如果给每个节点再增加一个指针域，使其指向它的直接前驱节点，就构成了双向链表，此外，还有循环链表等类型。

链表的基本操作主要包括链表建立、节点查找、插入节点和删除节点等几种。本书只介绍单链表的基本操作。

假设链表的节点定义如下：

```
struct NODE{
    char data[21];              /* 数据域 */
    struct NODE *next;          /* 指针域 */
};
struct NODE *pHead = NULL;      /* 头指针 */
```

1. 链表的建立

建立链表通常有两种方法：头插法和末插法。

(1) 头插法

所谓头插法就是从一个空表开始，重复地读入数据，生成新节点，将读入的数据存放到新生成节点的数据域中，然后再将新节点插入到当前表的表首，直至建立所有的节点。这种方法的特点是，生成的链表中节点的次序和输入数据的次序相反。具体过程如下：

① 产生一个新节点：pNode = (struct NODE *)malloc(sizeof(struct NODE));

设置：pNode -> next = NULL；读入数据并存储到 pNode -> data。

② 检测头指针 pHead 是否为 NULL，如果是，则设置：pHead = pNode，转③；

如果不是，则设置：pNode -> next = pHead，pHead = pNode；转③。

③ 是否建立了所有的节点，否，则转①；是，则结束。

(2) 末插法

与头插法类似，只是将生成的新节点插入到当前表的表尾。即第一个生成的节点是头节点，最后一个是尾节点，生成的链表中节点的次序与输入的次序一致。具体过程如下：

① 产生一个新节点：pNode = (struct NODE *)malloc(sizeof(struct NODE));

设置：pNode -> next = NULL；读入数据并存储到 pNode -> data。

② 检测头指针 pHead 是否为 NULL，如果是，则设置：pHead = pNode，转③；

如果不是，则找到链表的最后一个节点 pTail，设置：pTail -> next = pNode，转③。

③ 是否建立了所有的节点，否，则转①；是，则结束。

2. 查找节点

在链表中查找指定值的节点是链表的常用操作，插入节点和删除节点操作经常和查找节点联系在一起。查找的基本方法是从链表的第一个节点开始，沿着指针链，用查找值和链表中逐个节点的值进行比较，找到符合条件的节点后，停止查找，并返回相应节点的指针，否则返回一个空指针。具体过程如下：

① 把头指针赋给一个临时指针变量：pTemp = pHead。

② 循环检测 pTemp 是否为 NULL，是，则转③；不是，则检测 pTemp -> data 是否满足要查找的条件，满足，则返回 pTemp，结束；不满足，则设置：pTemp = pTemp -> next，转②，继续循环。

③ 没有找到，返回 NULL。

3. 插入节点

在链表中插入节点就是把一个新建的节点连接到链表中，通常有两种情况，一是在空表中插入;二是在某节点的后面(或前面)插入。在空表中插入时,新插入的节点既是头节点,又是最后一个节点,此时只需修改头指针让其指向新节点即可。在某节点的后面(或前面)插入一个节点的一般做法是,首先找到要插入的位置,然后再修改相应节点的指针。图 5-11 描述了在节点 p 的后面插入一个新节点 pNode 之前和之后的状态。

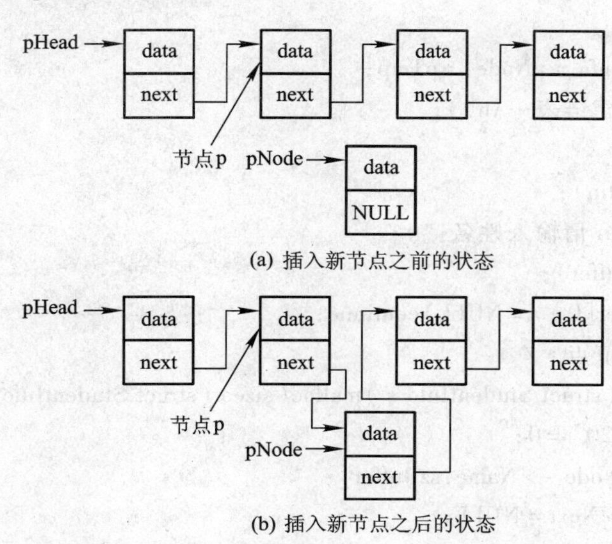

图 5-11　在节点 p 的后面插入一个新节点

在某节点的后面插入一个新节点的具体过程如下:

① 如果 pHead = NULL,则意味着该链表是一个空表,此时,设置:pHead = pNode,结束。

② 找到新节点要插入的位置,设位置是节点 p 的后面;设置:pNode -> next = p -> next, p -> next = pNode;结束。

4. 删除节点

从链表中删除一个节点就是要断开该节点和链表的连接,并释放该节点所占用的存储空间,一般过程如下:

① 找到要删除的节点 p;在查找过程中,同时记录节点 p 的前驱节点 q。

② 如果 p 是链表的第一个节点,设置:pHead = p -> next;否则,设置 q -> next = p -> next;释放 p 的存储空间,结束。

【例 5-13】　单链表使用程序示例。

```
#include <stdio.h>
#include <stdlib.h>
#include <malloc.h>
#include <string.h>
struct StudentInfo{
    char Name[21];                /* 数据域 */
    struct StudentInfo *Next;     /* 指针域 */
};
```

```
struct StudentInfo  *pHead = NULL;
void main(void)
{
    char szBuffer[256];
    char ch;
    struct StudentInfo  *pNode, *pTmp;
    printf("\n 创建链表…\n");
    while(1){
        fflush(stdin);
        printf("\n 请输入姓名:");
        gets(szBuffer);
        if(szBuffer[0] == = NULL) continue;
        /* 创建节点 */
        pNode = (struct StudentInfo *)malloc(sizeof(struct StudentInfo));
        szBuffer[20] = 0;
        strcpy(pNode -> Name, szBuffer);
        pNode -> Next = NULL;
        pTmp = pHead;
        if(pTmp == NULL){
            pHead = pNode;
        }
        else{
            while(pTmp){
                if(pTmp -> Next == NULL) break;
                pTmp = pTmp -> Next;
            }
            pTmp -> Next = pNode;
        }
        printf("是否继续输入(y/n)");
        ch = getchar();
        if(ch =='N'|| ch =='n') break;
    }

    /* 依次显示链表的节点 */
    fflush(stdin);
    printf("\n\n\n 按任意键显示链表节点…\n");
    getchar();
    pTmp = pHead;
```

```
    while(pTmp){
        printf("%s\n",pTmp->Name);
        pTmp = pTmp->Next;
    }

    /*删除链表*/
    fflush(stdin);
    printf("\n\n\n按任意键删除链表…\n");
    getchar();
    while(pHead){
        pTmp = pHead->Next;
        printf("删除 %s 节点\n",pHead->Name);
        free(pHead);
        pHead = pTmp;
    }
}
```

程序说明:

① 程序用末插法创建了一个单链表。在创建链表的过程中,首先用 gets()函数接受输入的姓名,如果输入的姓名数据为空,则要求继续输入;如果不为空,则创建一个新节点,并设置新节点的数据域和指针域,同时将该节点连接到链表中。

② 在显示链表的程序段中,首先用 pTmp = pHead 语句将链表头指针的值赋给了临时指针变量 pTmp,在后面的循环显示中,用临时指针遍历整个链表。如果直接用 pHead 指针,则在遍历了整个链表后,将找不到该链表。

③ 在循环删除链表节点的程序段中,首先用 pTmp 变量保存了 pHead 指针的指针域,因为,后面的 free(pHead)语句将释放 pHead 所指向节点的空间,释放后,该节点的指针域将是一个随机值,最后通过 pHead = pTmp 让 pHead 又指向了该链表原来的下一个节点。

5.4 程序举例

【例 5-14】 用筛选法求素数。

思路:为求 N 以内的素数,首先用动态内存分配函数分配一个大小是 $N+1$ 的数组,将数组下标为 0 和 1 的元素设置为 0,下标为 $2 \sim N$ 的元素设置为 1;然后依次考察下标为 $2 \sim N$ 的元素,当发现当前下标的数组元素值为 1 时,将下标是当前下标 2 倍、3 倍…的那些元素全部设置为 0;最后那些元素值仍为 1 的元素的下标都是素数。

```
#include <stdio.h>
#include <malloc.h>
#include <stdlib.h>
void main(void)
```

```
{
    int N,i,j,k;
    unsigned char *p;
    printf("\n请输入一个正整数:");
    scanf("%d",&N);
    p=(unsigned char *)malloc((N+1)*sizeof(char));
    if(p==NULL){
        printf("\n内存分配失败!");
        return;
    }
    *p=0;
    *(p+1)=0;
    for(i=2;i<=N;i++){
        *(p+i)=1;
    }
    for(i=2;i<=N;i++){
        if(*(p+i)==1){
            for(j=2;j<N;j++){
                k=j*i;
                if(k>N)break;
                *(p+k)=0;
            }
        }
    }
    for(i=2;i<=N;i++){
        if(*(p+i)==1)printf("\n%d",i);
    }
    if(p)free(p);
}
```

【例 5-15】 整理字符串:将字符串的前导空格和后随空格删除,并将字符串中非空格字符串之间的连续的多个空格只保留一个,而删除多余的空格。

思路:

① 从最后一个字符开始往回检查字符串,当遇到第一个不是空格的字符时,将该字符后面的那个字符设置为 0,并停止检查;这样就删除了字符串的尾部空格。

② 从第一个字符开始检查字符串,当遇到第一个不是空格的字符时,记录下该字符的位置,设此时的位置为 pos,并停止检查;这样从 pos 开始,以后的字符串就相当于删除了原字符串的前导空格。

③ 用 malloc()函数产生一个适当大小的临时字符串,让一个指针 q 指向这个临时字符串,另一个指针 p 指向原字符串的 pos 位置。用指针 p 循环检测原字符串,当检测到不是空格的字

符时，将该字符保存到 q 指向的临时字符串中；当检测到连续的空格时，只向 q 指向的临时字符串中存储一个空格；并调整 q 指向的位置。

④ 将临时字符串拷贝到原字符串，删除临时字符串。

```
#include <stdio.h>
#include <string.h>
#include <malloc.h>
#include <stdlib.h>
void main(void)
{
    char buffer[256] = {0};
    char *p, *q;
    void *pVoid;
    int i,pos,len,flag;
    printf("\n请输入一个字符串:");
    gets(buffer);
    for(i = strlen(buffer) - 1;i > 0;i--){
        if( *(buffer + i) != 32){
          *(buffer + i + 1) = 0;
            break;
        }
    }
    for(pos = 0;pos < strlen(buffer);pos++){
        if( *(buffer + pos) != 32) break;
    }
    p = &buffer[pos];
    len = strlen(p) + 1;
    pVoid = malloc(len * sizeof(char));
    q = (char*)pVoid;
    flag = 1;
    while( *p){
        if( *p == 32){
            if(flag){
               *q = *p;
              flag = 0;
              q++;
            }
        }
        else{
```

```
                *q = *p;
                q++;
                flag = 1;
            }
        p++;
    }
    *q = 0;
    q = (char *)pVoid;
    strcpy(buffer,q);
    free(pVoid);
    printf("\n%s",buffer);
}
```

本章小结

本章首先介绍了内存、内存地址和指针的概念，并详细讲解了指针的主要操作和应用，包括：指针变量的定义、引用，指针变量的运算，指针和数组的关系、指针和字符串的关系，内存的动态分配和链表的常用操作，对于涉及的每一个技术细节，均给出了相应的实例，并进行了讲解。

使用指针变量时应特别注意的是：编译系统为指针变量分配的存储空间的大小只和系统有关，而和指针的基类型无关；在使用指针变量前要对其进行初始化，即要让指针变量有一个具体的指向；指针变量和普通变量一样都有地址和值，但指针变量的值是其他对象的地址，而普通变量的值是一般意义下的数据；基类型限定了当用指针变量访问该指针变量所指向的内存空间时，编译系统将把这块内存空间中的内容当做什么类型的数据来看待，所有的指针运算都和基类型相关联。

习题五

一、简答题

1. 什么是指针？如何让指针指向一个变量？
2. 使用指针需要注意哪些问题？
3. 指针和数组之间有什么联系和区别？
4. 指针变量和一个整数进行加减运算，为什么只有在它指向数组时才有实际意义？
5. 使用 malloc()函数和 free()函数需要注意哪些问题？

二、程序阅读题

1. 阅读下列程序，写出运行结果。

```
#include <stdio.h>
void main(void)
{
    int a[] = {2,9,6};
```

```
    int *p = &a[0],x = 8,y,z;
    for(y = 0;y < 3;y++ ){
        z = ( *(p + y) < x)? *(p + y):x;
        printf("%d\n",z);
    }
}
```

2. 阅读下列程序,写出运行结果。

```
#include < stdio.h >
void main(void)
{
    int a[ ] = {2,4,6,8,10};
    int *p[ ] = {&a[0],&a[1],&a[2],&a[3],&a[4]};
    int **pp,i;
    for(i = 0;i < 5;i++ ){
        a[i] = a[i]/2 + a[i];
    }
    pp = p;
    printf("%d\n", *( *(pp + 2)));
    printf("%d\n", *( *(++pp)));
}
```

3. 阅读下列程序,写出运行结果。

```
#include < stdio.h >
void main(void)
{
    char str[20] = "I am a student";
    char *p, *q;
    p = &str[7];
    q = str;
    while( *q) q++;
    printf("%s,%d\n",p,q - p);
}
```

4. 阅读下列程序,写出运行结果。

```
#include < stdio.h >
#include < malloc.h >
#include < stdlib.h >
void main(void)
{
    int *p,i,j,t;
```

```
    p = (int *)malloc(10 * sizeof(int));
    for(i = 0;i < 10;i++){
        *(p + i) = i * 2;
    }
    for(i = 0,j = 9;i < 5;i++,j--){
        t = *(p + i);
        *(p + i) = *(p + j);
        *(p + j) = t;
    }
    for(i = 0;i < 10;i++){
        printf("%d\n", *(p + i));
    }
    free(p);
}
```

三、程序改错题

1. 阅读下列程序,指出程序中存在的错误。

```
#include <stdio.h>
void main(void)
{
    int x, *p;
    x = 10;
    * p = x;
}
```

2. 阅读下列程序,指出程序中的错误。

```
#include <stdio.h>
void main(void)
{
    int a[10],b[10];
    int *p,i;
    p = a;
    for(i = 0;i < 20;i++) * p++ = i;
}
```

3. 阅读下列程序,指出程序中的错误。

```
#include <stdio.h>
#include <string.h>
void main(void)
{
```

```
        char  *p;
        char s[80];
        p = s;
        do{
            gets(s);
            while( *p)printf(" %d ", *p++);
        }while(stricmp(s,"exit"));
    }
```

四、编程题

1. 从键盘输入一个字符串,统计大写字符和小写字符的个数。

2. 将一个整数按字节输出其内容。

3. 将一个字符串中的小写字符全部变成大写。

4. 将一个 3×3 矩阵的上三角元素和下三角对应元素交换。

5. 编写一个通配符"?"的匹配程序,该通配符可以匹配任意一个字符。要求从键盘上输入两个字符串,一个是待检测的字符串,另一个是包含通配符的串;显示待检测字符串中所有与包含通配符串匹配的位置。例如,待检测字符串 ="abc 123 bc",含通配符串 ="? c",则将显示:1,8。

6. 输入一个字符串,内有数字和非数字字符,将所有连续的数字字符提取出来,并显示在屏幕上。例如,若输入的字符串是:abc123 = 1ed456at789,则将显示 123、1、456、789。

7. 求出以下两个字符串包含的最长的相同单词。单词之间由一个或多个空格分隔。

s1[ ] = "This is C programming text"

s2[ ] = "This is a text for C programming"

第 6 章

函　数

【本章导读】

一个应用程序从组成上讲，通常由若干个程序模块组成，每个模块用来实现一个特定的功能，在 C 语言中通过函数实现模块的功能。为了提高程序设计的质量和效率，使编写的程序结构清晰、易读、易维护，软件工作者提出了一些在程序设计时应遵循的原则和规范，其中使用较广泛的是结构化程序设计。

本章首先介绍结构化程序设计的基本思想和设计程序时应遵循的原则和规范；然后详细介绍函数的有关内容和应用，主要包括：函数的定义、参数传递、函数调用、递归、函数和指针的关系、局部变量和全局变量的概念、变量的存储类型、编译预处理等内容；最后给出了一些函数应用的典型实例。

【本章要点】

第 1 节：结构化编程的基本思想。

第 2 节：函数定义、return 语句、变量的作用域、局部变量、全局变量、存储类型。

第 3 节：函数调用形式、函数调用方式、内部函数、外部函数、参数传递。

第 4 节：返回指针的函数、函数指针、通过函数指针调用函数、函数指针作为函数的参数、main( ) 函数。

第 5 节：函数的嵌套调用，递归。

第 6 节：编译预处理的含义，宏定义，文件包含，条件编译。

6.1 结构化编程的概念

一个程序是否结构良好、效率高、易于维护、易于理解已经成为衡量软件质量的重要标准。为了提高程序设计的质量和效率，使编写的程序结构清晰、易读、易维护，软件工作者提出了一些在程序设计时应遵循的原则和规范，其中最引人注目的就是结构化程序设计。

结构化程序设计的概念由荷兰学者 Edsger. W. Dijkstra 等人在 20 世纪 60 年代后期提出，是一种“结构良好”的程序设计技术。

结构化程序设计以模块化设计为中心，强调程序的结构性。在结构上将软件系统划分为若干个功能相对独立的模块，各模块单独编程，再由各模块连接、组合构成相应的软件系统。每个模块具有“单入口”和“单出口”，由顺序结构、选择结构和循环结构三种基本结构构成。在模块的分解、设计过程中，采用“自顶向下、逐步求精”的设计过程。即在求解问题时，从问题本身开始，经过逐步细化，将解决问题的步骤分解为由基本程序结构模块组成的结构化程序。

进行结构化程序设计时应遵循下列原则。

(1) 设计程序时采用“自顶向下，逐步求精”的模块化方法

把整个要解决的问题看成一个模块，然后按功能将其分解为若干个第一层模块，它们各自承担一定的功能，共同完成整个系统的功能；第一层模块又可以进一步分解成第二层模块，第二层模块又可以分解为更简单的第三层模块，这样逐步细化下去，直到细化的模块变得非常简单，易于实现为止。

划分的模块应遵循以下原则：

① 完整性：按问题的逻辑功能划分模块，保证一个功能在一个模块中，不要把一个功能分散在几个模块中。

② 单一性：每个模块只能完成一个功能，如果一个模块包含两个不同的逻辑功能，就应再细划分，以保证结构清晰。

③ 独立性：模块之间要保持相对独立性，即一个模块对数据的处理，不能影响到其他模块中的数据。

(2) 程序设计时使用“三种基本结构”

结构化程序设计将程序的结构限制为顺序、判断、循环三种基本结构，任何复杂的程序都可以用这三种基本结构组合而成。如果一个程序的结构是由这三种基本结构组成的，这样的程序就是结构化程序。

(3) 程序设计时严格限制 goto 语句的使用

一般地说，程序的质量和程序中使用 goto 语句的数量成反比。goto 语句的跳转跨度越大，可能引起的错误就越多，向前跳转的 goto 语句比向后跳转的 goto 语句更有害。因此，结构化程序设计要求尽量避免使用 goto 语句，在不得不使用时应十分谨慎，不能跳得很远，只限于在一个结构内部跳转，不能从一个结构跳转到另一个结构。

6.2 函数的定义

6.2.1 函数定义的一般形式

1. 函数概述

在 C 语言程序设计中，模块化编程是通过函数实现的。函数是 C 语言程序的基本构件，也是 C 语言最重要的特征之一。函数分为标准库函数和用户自定义函数两种类型，标准库函数由系统提供，在程序中可以直接使用，例如，前面程序中经常使用的 printf( ) 函数、scanf( ) 函数和 gets( ) 函数；用户自定义函数由用户自己定义，用来实现用户指定的功能。

每一个函数都是一个独立的代码块，一个函数的代码专属于该函数，也就是说，任何其他函

数中的任何语句都不可能访问这些代码，例如，用 goto 语句不可能从一个函数的内部跳转到另一个函数的内部。构成一个函数体的代码对其他函数是隐藏的，它既不会影响程序的其他函数，也不受其他函数的影响。

一个 C 语言程序通常由一个名为 main 的主函数和若干个功能独立的函数组成，程序中除 main 函数外，其他函数可以被重复调用，不管 main( ) 函数位于程序的什么位置，程序总是从 main 函数开始执行，到 main( ) 函数的结束而结束程序的运行。

2. 函数定义的一般形式

C 语言中，定义函数的一般格式如下：

```
[返回类型]  函数名(参数列表)
{
    函数体
}
```

例如，下列代码：

```
int add(int x,int y)
{
    int z;
    z = x + y;
    return z;
}
```

定义了一个名称是 add 的函数，该函数的返回类型是 int，有两个 int 型参数。

关于函数定义的说明：

① 函数定义中的第一行称为函数头，由一对花括号{}括起来的部分称为函数体。因此，函数的定义由两部分构成：一部分是函数头，另一部分是函数体。

② 函数名是识别函数的标识符，一个程序中除了 main( ) 函数外，其余函数的名字可以按自己的习惯命名，但最好有助于记忆，同时应符合 C 语言对标识符的规定。函数名后面的一对圆括号是函数的标志，不能省略。

③ 返回类型是函数执行结束后返回到主调函数的值的类型，可以是 C 语言的任何一种数据类型。如果省略返回类型，则函数的返回类型是 int 类型。当返回类型是 void 类型时，表示函数没有返回值。虽然返回类型可以省略，但最好不要省略，因为这样有利于编译程序的排错。例如，上面 add( ) 函数的定义也可以写成下列形式：

```
add(int x,int y){…}
```

但最好不要这样书写。

④ 参数列表是用逗号分隔的变量表，各变量由变量的类型和变量名组成，即参数列表的一般形式是：

(类型　变量名$_1$，类型　变量名$_2$，…，类型　变量名$_n$)

每一个变量名的前面必须有一个类型说明符，不能让两个变量名共用一个类型说明符，例如，上面 add( ) 函数的定义，如果写成下列形式：

```
int add(int x,y)
```

将是错误的。

函数定义中，如果没有参数列表，则称该函数为无参函数，否则称为有参函数。例如，上面定义的 add( ) 函数是一个有参函数，而下面定义的 print( ) 函数：

```
void print( )
{
    printf( "hello,world" );
}
```

是一个无参函数。无参函数的另一种更常用的书写格式是在参数列表的位置写上 void 关键字，例如，上面的 print( ) 函数也可以写为：

```
void print( void) {…}
```

在有参函数中，参数列表中的变量，称为形式参数，简称形参，相应地，在主调函数中调用一个函数时，函数名后面括号中的参数称为实际参数，简称实参。例如，add( ) 函数中的变量 x 和 y 是该函数的形式参数。

⑤ 函数体是函数的主体，由变量的定义部分和执行语句两部分组成，用于实现函数的功能。

⑥ C 语言中所有的函数是相互独立的，不能在一个函数的内部定义另一个函数，即不允许函数的嵌套定义。

【例 6-1】 定义一个计算圆面积的函数。

```
#include <stdio.h>
void CompCircleArea( float r)
{
    float s;
    s = 3.14 * r * r;
    printf( "%f",s);
}
void main( void)
{
    CompCircleArea(5);
}
```

程序说明：

程序定义了一个名为 CompCircleArea 的函数，返回类型是 void，说明函数没有返回值。函数有一个参数，因此是有参函数，其形式参数是 r。在 main( ) 函数中，通过语句“CompCircleArea(5)”调用了该函数，调用该函数的实际参数是数值 5。

3. 函数的返回值和 return 语句

函数的返回值就是函数执行以后返回到主调函数的结果，在函数体内通过 return 语句实现，也就是说，一个函数返回到主调函数的结果是通过 return 语句完成的。返回值的类型由定义函数时指定的返回类型决定，即函数的返回类型规定了函数中 return 语句返回值的类型。当在函数体内执行了 return 语句后，该函数将结束，把控制权转向主调函数，因此，return 语句还为函数提供了一个出口。在函数体内允许有多个 return 语句，无论执行了哪一个，都将结束该函数的执行。

return 语句有如下两种格式。

(1) return(表达式)　或　return　表达式

功能:结束函数的执行,将表达式的值返回给主调用函数,表达式的类型应和函数定义中的返回类型兼容。

(2) return

功能:结束函数的执行,无返回值,此时,函数定义中的返回类型应为 void 类型。

对于返回类型是 void 的函数,如果 return 语句是函数体的最后一条语句,则可以省略该语句。

【例 6-2】　定义一个计算字符串长度的函数。

```
#include <stdio.h>
int GetStrLen(char *pString)
{
    int nCount;
    for(nCount=0;*(pString+nCount)!=0;nCount++);
    return nCount;
}
void main(void)
{
    char szBuffer[200];
    printf("\n 请输入一个字符串:");
    gets(szBuffer);
    printf("\n 您输入的字符串的长度=%d\n",GetStrLen(szBuffer));
}
```

程序说明:

程序定义的计算字符串长度的函数是:GetStrLen(),其返回类型为 int,有一个类型是字符指针的形式参数,因此该函数是一个有参函数。在函数体内,通过 for 循环得到了要测试字符串的长度,并把结果保存在 nCount 变量中,通过 return 语句把得到的长度返回给主调函数。

【例 6-3】　编写程序,求出所有的两位绝对素数。

注:一个素数,当它的数字位置对换以后仍为素数,这样的素数称为绝对素数。

```
#include <stdio.h>
#include <math.h>
int isPrime(int n) /*判断 n 是否是素数*/
{
    int i;
    if(n==2)return 1;
    else if(n%2==0)return 0;
    else{
```

```
    for(i = 3;i <= sqrt(n);i += 2){
        if(n% i == 0)return 0;
    }
  }
  return 1;
}
int inv(int n ) /* 个位和十位的数字对换 */
{
    int i,j;
    i = n/10;
    j = n % 10;
    return (j * 10 + i);
}
void main(void)
{
    int i;
    for(i = 11;i <= 99;i++){
        if(isPrime(i) && isPrime(inv(i)) ){
            printf("%d\n",i);
        }
    }
}
```

程序的运行结果:11　13　17　31　37　71　73　79　97

6.2.2 局部变量与全局变量

在C语言程序中定义变量时,必须指定变量的类型,其实质是告诉编译程序应该为这个变量分配多大的存储空间。实际上,变量还有一个重要的特征——变量的作用域。所谓变量的作用域就是指这个变量的有效范围,也称为可见范围,具体来说就是,该变量是在某个函数内有效,还是全程有效。C语言中的所有变量都有自己的作用域,从作用域的角度可以把变量分为局部变量和全局变量两种类型。

1. 局部变量

在函数内部定义的变量称为局部变量,具有以下3个特点。

(1) 暂时性

局部变量随着函数的运行而生成,随着函数的退出而消亡,因此局部变量不能在两次函数调用之间保存其值(但有一个例外,就是用static存储分类符说明后,内容6.2.2节)。

(2) 局部性

局部变量的作用域就是定义该变量的函数内部,也就是说,局部变量只在定义它的函数内部是可见的,出了该函数都不能访问这些变量。

(3) 独立性

在不同的函数内定义的局部变量是相互独立的,即便使用了相同的名称,也不会相互发生命名冲突。

函数的形式参数也是局部变量,在进入函数时产生,退出函数时消亡。因此,形式参数的值在函数的两次调用之间也不会被保留;同时,它的名称也不能和该函数内部定义的其他局部变量的名称发生冲突。

【例 6-4】 验证局部变量暂时性和独立性的程序示例。

```
#include <stdio.h>
void f1(int flag)
{
    int x;
    if(flag == 1) x = 5;
    printf("f1: flag = %d x%d\n", flag, x);
}
void f2(void)
{
    int x;
    x = 10;
    printf("f2: x = %d\n", x);
}
void main(void)
{
    f1(1);
    f1(2);
    f2();
}
```

运行结果:

```
f1: flag = 1  x = 5
f1: flag = 2  x = -858993460
f2: x = 10
```

【例 6-5】 验证局部变量局部性的程序示例。

```
#include <stdio.h>
void f(void)
{
    int x = 1, y = 2;
    printf("x = %d y = %d\n", x, y);
}
void main(void)
```

```
{
    printf("x = %d y = %d\n",x,y);
}
```

上述程序在编译时将产生两个编译错误：

error C2065：'x'：undeclared identifier

error C2065：'y'：undeclared identifier

2. 全局变量

全局变量和局部变量不同，它定义在函数外部，可以被任何函数使用，在整个程序执行期间保持有效，因此，全局变量具有以下两个特点：

(1) 作用域的全局性

全局变量的作用域是从全局变量的定义点开始，直到程序的结束，全程有效。

(2) 值的永久性和共享性

可以在任何程序的内部访问全局变量，一个函数对其值进行的修改，在另一个函数中也是可见、有效的。

从全局变量的特点可以看出，在程序中使用全局变量可以达到在各个函数之间共享数据的目的。

若全局变量和某个函数内定义的局部变量同名，则在该函数内，这个全局变量将被同名的局部变量屏蔽，也就是说，在该函数内访问的是函数的局部变量，而不是与其同名的全局变量。

【例 6-6】 分析下列程序的执行结果。

```
#include <stdio.h>
int y = 5;                                  ┐
void func()                                 │
{                                           │
    printf("\ny = %d",y);                   │
}                                           │
                                            │
void main(void)                             ├ 全局变量 y 的作用域
{                                           │
    int y;          ┐                       │
    y = 3;          │ 局部变量 y 的作用域，局部 │
    func();         │ 变量屏蔽了全局变量       │
    printf("\ny = %d",y);  ┘                │
}                                           ┘
```

程序分析：

① 在 main()函数中，定义了一个和全局变量 y 同名的局部变量，因此，在 main()函数内对变量 y 的操作，是对局部变量 y 的操作；语句“y = 3;”，把 3 赋给了 main()函数的局部变量 y；执行“func()”语句后，转到了 func()函数的内部执行。

② 在 func()函数内，因为没有同名的局部变量 y，因此，对变量 y 的操作就是对全局变量 y

进行操作,printf 语句将显示:y = 5。

③ main( )函数中的 printf 将显示出局部变量 y 的值,即显示:y = 3。

关于在程序中使用局部变量和全局变量的说明:

在结构化程序设计中,强调了模块的独立性,要求每个模块处理的数据,不要影响到其他模块的数据。从局部变量和全局变量的特点来看,局部变量满足了模块的独立性要求,而全局变量则破坏了模块的独立性要求,因此,在程序设计中应尽量使用局部变量,尽量少使用全局变量。但也不是说就不能使用全局变量,全局变量也有其优点,它可以使数据在不同的函数中共享;另外对一些问题的处理,如果没有全局变量的支持,可能很难实现。

6.2.3 变量的存储类别

C 语言中定义变量的一般形式如下:

[存储类型] 数据类型 变量名

从上面的定义格式可以看到,变量实际上有两个属性:一个是数据类型,另一个是存储类型。数据类型指定了变量应在内存中分配的内存单元数和存放数据的性质;而存储类型指定了变量的存储性质,其实质是告诉编译系统如何存储变量。当省略存储类型时,使用默认的存储性质。

C 语言定义了 4 个关键字:auto、static、register 和 extern 来说明变量的存储性质,这 4 个关键字通常称为存储分类符。

1. 局部变量的存储类型

可用于局部变量的存储分类符有 3 个:auto、static 和 register,它们说明的变量分别叫自动变量、静态局部变量和寄存器变量。

(1) 自动变量

定义自动变量的格式如下:

auto 数据类型 变量名

局部变量的默认存储类型是 auto,即在局部变量的定义中省略存储类型时,变量就是自动变量。

自动变量具有局部变量的一般特性,即暂时性、局部性和独立性。

(2) 静态局部变量

普通局部变量(自动变量)的一个特点是当函数运行时,局部变量存在;当函数退出时,局部变量消失。因此,在函数的两次调用之间无法保留其值。但在一些情况下,可能需要在函数的两次调用之间保留局部变量及其值,为解决这个问题,可以将局部变量说明为静态局部变量。

定义静态局部变量的格式如下:

static 数据类型 变量名

例如:static int x;

静态局部变量具有如下 3 个特点:

① 静态局部变量在函数调用结束后不会消失,并保留原来的值,即静态局部变量所占用的存储空间不会随着函数的退出而释放,在下一次调用该函数时,其值就是上一次调用结束时的值。

② 静态局部变量在编译时赋初值,且只赋一次初值。如果程序在定义静态局部变量时没有为其赋初值,则编译系统会为其自动赋初值 0(数值型变量)或空(字符型变量)。

③ 静态局部变量是一个局部变量,它的作用域是在定义它的函数内,对其他函数是不可见的。

静态局部变量对于编写 C 语言的一些独立函数是非常重要的,因为有时有些函数在调用之间需保留其值,如果没有静态局部变量,就必须使用全局变量,而全局变量可能会带来一些副作用。虽然静态局部变量具有一些比较好的特点,但也不能在程序中滥用静态局部变量,因为,静态变量的存储空间不会消失,若使用不当会造成内存空间的浪费,因此,应避免将大数组定义为静态的。

(3) 寄存器变量

寄存器变量是 C 语言为了提高程序效率而提供的一种存储局部变量的方式,一般情况下,程序运行时各变量的值存放在内存中,如果要对这些值进行访问,则由控制器将该变量的值从内存读到运算器中进行计算。为了提高变量的存取速度,C 语言允许将变量的值直接放在 CPU 的寄存器中,这样就无须到内存中去访问,这样的变量称为寄存器变量。寄存器变量的一般定义格式如下:

register　数据类型　变量名

例如:register int rx;

使用寄存器变量时,应注意以下几点:

① 寄存器变量只能是 int、char 和指针类型的变量。

② 寄存器变量只能是局部变量和函数的形式参数。

③ 可以定义多个寄存器变量,但由于 CPU 中寄存器数量有限,虽然定义了寄存器变量,如果在程序的运行过程中,没有空闲的寄存器可用,则这类变量会转换成自动变量。

【例 6-7】 静态局部变量和寄存器变量程序示例。

```
#include <stdio.h>
int sub()
{
    static int x=1;
    x=2*x;
    return x;
}
void main(void)
{
    register int i;
    for(i=1;i<5;i++){
        printf("\nx=%d",sub());
    }
}
```

程序说明:

① 在 sub()函数中定义的静态局部变量 x 的初始化是在编译时完成的,在以后的函数调用中,语句“static int x=1;”不再起作用;在每次调用 sub()函数时,x 的值将翻倍,并在两次调用之间保留上一次的值。

② 在 main()函数中，定义了一个寄存器变量 i，并用它作为 for 循环的控制变量，调用了 4 次 sub()函数（作为 printf 函数的参数被调用）。第一次调用 sub()函数时，因 x 的值为 1，经过“x =2 * x;”语句，将 x 变为 2；第 2 次调用时，x 的值变为 4，以此类推。所以程序运行的结果是在屏幕上显示：

```
x =2
x =4
x =8
x =16
```

【例 6-8】 编程计算 1 ~9 的阶乘值。

```
#include  <stdio.h>
int fac(int n)
{
  static int f =1;
  f  *=n;
  return f;
}
void main(void)
{
  int i;
  for(i =1;i <10;i++){
     printf("%d! =%d\n",i,fac(i));
  }
}
```

2. 全局变量的存储类型

可用于全局变量的存储分类符有 2 个：extern 和 static，用它们说明的全局变量分别称为外部变量和静态全局变量。全局变量的存储性质主要用来解决由多个源文件组成的程序中，在不同源文件中定义的全局变量的引用问题和命名冲突问题。

（1）外部变量

一个应用程序通常由若干个源程序文件组成，在这些文件中必须共享的数据应定义为全局变量。因此，存在这样一个问题：在一个源文件中定义的全局变量，如何在另一个源文件中引用。为解决这个问题，C 语言提供了一种机制，方法是在其他的源文件中用 extern 关键字再次描述这些全局变量。例如，假设一个程序包含了两个源程序文件：File1.c 和 File2.c，其代码形式如下：

```
File1.c                      File2.c
int x;                       extern int x;
char ch;                     extern char ch;
void main(){                 int func1(){
  …                            …
}                            }
```

在文件 File1. c 中定义的两个全局变量 x 和 ch,在文件 File2. c 中也可以引用它们。

extern 关键字的实质是告诉编译程序:这些变量的类型和名称已经在其他地方定义了,不必再为它们分配存储空间,同时也把相应的标识符(变量名)告诉了这个文件。

外部变量的声明格式如下:

extern　数据类型　变量名

在一个由多个源程序文件组成的应用程序中,对全局变量较好的使用方法是,在一个源文件中定义所有的全局变量,而在其他要使用这些全局变量的源文件中用 extern 将这些全局变量声明成外部的。

(2) 静态全局变量

定义静态全局变量的一般格式如下:

static　数据类型　变量名

外部变量使得在一个文件中定义的全局变量,在另一个文件中可见。而静态全局变量仅在定义该变量的文件中可见,它的作用域仅局限于从它的定义点到定义它的源文件结束,对其他文件是不可见的,即使在其他的源文件中出现了同名的全局变量,也不会互相冲突。例如下列程序代码:

```
Fiel1. c                        Fi1e2. c
static int x = 10;              int x = 100;
void main( ) {                  int func( ) {
   …                               …
}                               }
```

在文件 File1. c 中定义的静态全局变量 x,仅在该文件可见,即该变量的有效范围在 File1. c 文件,在 File2. c 文件中是不可见的;File2. c 文件定义的全局变量 x 和 File1. c 中定义的 x 没有任何关系,也不会和 File1. c 中的 x 发生冲突。

注意:在由多个源文件构成的程序中,如果在不同的源文件中出现了同名的全局变量,而这些全局变量又没有在相应的源文件中用 static 或 extern 关键字说明,则在生成可执行文件时会产生连接错误。例如下列代码:

```
Fiel1. c                        File2. c
int x = 10;                     int x = 100;
void main( ){                   int func( ) {
   …                               …
}                               }
```

在生成可执行文件时会产生一个连接错误。

6.3 函数调用

6.3.1 函数的调用形式

1. 函数调用的一般格式

调用函数的一般格式如下:

函数名(实参表)

即直接写出函数名,并用实际参数代替形式参数即可。

例如,假设在程序中定义了下列两个函数:

```
int max(int x,int y);
void pt(void);
```

则调用这两个函数的语句可以写为:

```
max(3,4);
pt();
```

关于函数调用的几点说明:

① 如果被调函数是无参函数,则实参表为空,但函数名后面的一对圆括号不能省略。例如,上面的调用语句:pt()。

② 如果被调函数的实参表包含多个实参,则各个参数之间用逗号隔开,实参与形参的个数应一样、类型应兼容,实参与形参按对应关系进行数据传递。例如,上面的调用语句:"max(3,4);"。

③ 在函数被调用之前,要在主调函数的前面对该函数的形式进行说明,也就是要声明该函数的原型。对函数原型的声明就是把函数的原型列出来,并用一个";"号结束。

函数原型的一般格式如下:

返回类型　函数名(参数列表);

其中,返回类型、函数名、参数列表中参数的类型和次序要原函数的一样,而参数名可有可无。例如,上面 max()函数的原型声明可以写为:

int max(int x,int y);

或　int max(int a,int b);

或　int max(int,int);

如果有多个函数原型要声明,每个声明应单独占一行。

声明函数原型的主要作用是向编译程序传递一些调用该函数所需要的信息,例如,参数个数、参数类型等,以便于在调用该函数时,编译程序可以进行类型和参数个数的检查。虽然在声明函数原型时可以不写参数名,但较好的作法是写上参数名,因为使用参数名可使编译程序在错误发生时能根据名称来标识错误。

如果把函数的定义放在主调函数的前面,因为编译程序已经知道了该函数的所有信息,所以,就不必对它进行单独的声明了。

系统提供了许多标准函数,例如,经常使用的 printf()、scanf()、strcpy()等函数,在调用它们之前也要进行声明。这些函数的声明放在了一些独立的文件中,这些文件的扩展名一般是 .h,称为头文件。在编写程序时,通过#include(预编译指令,文件包含)语句将这些文件包含到了源程序文件中,这样就可以正确使用这些标准函数了。

【例 6-9】 定义一个在原始字符串中查找子字符串的函数,找到时,返回子字符串在原始字符串中的位置,没有找到时,返回 -1。

```
#include <stdio.h>
#include <string.h>
int SearchSubString(char *pSubStr,char *pSouStr);      /* 函数原型声明 */
```

```
void main(void)
{
    char szBuf[256];
    char szStr[256];
    int x;
    printf("请输入原字符串:");
    gets(szBuf);
    printf("请输入要查找的字符串:");
    gets(szStr);
    x = SearchSubString(szStr,szBuf);
    printf("\n\n\n 原字符串:%s\n",szBuf);
    printf("要查找的字符串:%s\n",szStr);
    if(x == -1)printf("在原字符串中没有要查找的字符串\n");
    else printf("要查找的字符串在原字符串的位置:%d\n",x);
}

int SearchSubString(char *pSubStr,char *pSouStr)
{
    int pos,sLen;
    int subLen,souLen;
    char ch;
    subLen = strlen(pSubStr);
    souLen = strlen(pSouStr);
    if(subLen > souLen)return -1;
    sLen = souLen - subLen;
    for(pos = 0;pos <= sLen;pos ++){
        ch = pSouStr[pos + subLen];
        pSouStr[pos + subLen] = 0;
        if(strcmp(pSubStr,&pSouStr[pos]) ==0){
            pSouStr[pos + subLen] = ch;
            return pos;
        }
        pSouStr[pos + subLen] = ch;
    }
    return -1;
}
```

程序说明:

① 在 main()函数中调用了 SearchSubString()函数,但该函数定义在 main()函数的后面,因

此，为使调用成功，在 main( ) 函数的前面声明了该函数的原型。

② SearchSubString( ) 函数完成在原始字符串中查找子字符串的功能，在该函数中，首先判断子字符串的长度是否大于原始字符串的长度，如果大于的话，就返回 -1；否则，从原始字符串的第一个字符开始循环截取和子字符串长度等长的串和子字符串进行相等比较；如果有相等的串，就返回位置数据，没有，则返回 -1。

2. 函数的调用方式

C 语言中有 3 种调用函数的方式。

(1) 语句调用方式

被调函数作为一个独立的语句形式出现在程序中，这种语句称为函数调用语句。这种调用只要把被调函数名直接写出，并以实参代替形参即可。这种情况下，一般不要求函数有返回值，只要求函数完成某一个特定的功能。例如下列代码：

```
printf("\n%d",x);
```

(2) 表达式调用方式

被调函数出现在一个表达式中，函数的返回值参与表达式的计算。很明显，在这种情况下，被调函数必须有返回值，且返回值的类型要和表达式其他元素的类型兼容。例如下列代码：

```
float f;
f = 10 * sin(15 * 3.14/180.);
```

(3) 作为函数参数的调用方式

被调函数作为主调函数的实际参数，这种情况同样也要求被调函数具有返回值，且返回值的类型要和主调函数对应形式参数的类型兼容。例如下列代码：

```
    printf("\n%lf", sin(15 * 3.14/180.));
```

3. 内部函数和外部函数

一个应用程序通常由若干个源程序文件组成，C 语言根据一个函数能否被其他源程序文件中的函数所调用，将函数分为内部函数和外部函数两种类型。如果一个函数只能被它所在文件中的函数调用，而不能被其他文件中的函数调用，则称为内部函数；如果一个函数不但可以被它所在文件中的函数调用，同时还能被其他文件中的函数调用，则称为外部函数。

(1) 内部函数

内部函数也称为静态函数，说明内部函数的方法是在函数定义中的返回类型前面加上 static 关键字。一般格式如下：

static　返回类型　函数名(参数列表)

内部函数的含义和静态全局变量的一样，它只能被该函数所在的源程序文件中的其他函数调用。例如下列代码：

```
static int add(int x,int y)
{…}
```

定义了内部函数 add。

(2) 外部函数

外部函数和外部变量的用法一样，在一个源文件中定义，而在另一个使用它的源文件中进行"外部"声明。

声明外部函数的方法是在该函数原型的前面加上 extern 关键字。一般格式如下：

extern ［返回类型］ 函数名(参数列表)；

声明的目的是告诉编译程序要调用该函数所需什么样的信息，但是该函数的定义是在其他文件中定义的，本文件中没有它的实现代码。

例如，在源程序文件 file1. c 中定义了 fun 函数：

源程序文件：file1. c

```
int fun(int x,int y){…}
```

现要在另一个源程序文件 file2. c 中调用 fun()函数，则需在 file2. c 文件中对 fun()函数的原型进行外部声明：

源程序文件：file2. c

```
extern int fun(int x,int y);
```

这样声明后，在 file2. c 文件中的函数就可以调用 fun 函数了。

6. 3. 2 函数参数

在函数的调用过程中，如果被调函数是有参函数，则在主调函数和被调函数之间存在着参数的传递。主调函数提供实际参数，所提供的实际参数的个数要和被调函数的形式参数的个数相等、类型要和对应形式参数的类型一致或兼容，被调函数用形式参数接受主调函数传递过来的实际参数，将实际参数传递给形式参数的过程称为参数传递。C 语言有两种数据传递方式："值传递"和"地址传递"。

1. 值传递

所谓"值传递"就是主调函数用某个变量、数据或表达式作为实际参数来调用被调函数，此时，实际参数的值被复制到被调函数的形式参数中，即值传递方式传递的是数据，而不是数据的地址。由于实际参数和形式参数所占用的内存单元不同，所以被调函数对形式参数的任何修改都不会影响主调用函数原来所使用的实际参数的值；被调函数运行结束后，也不会把形式参数的值传回到主调函数。图 6-1 描述了"值传递"的过程。

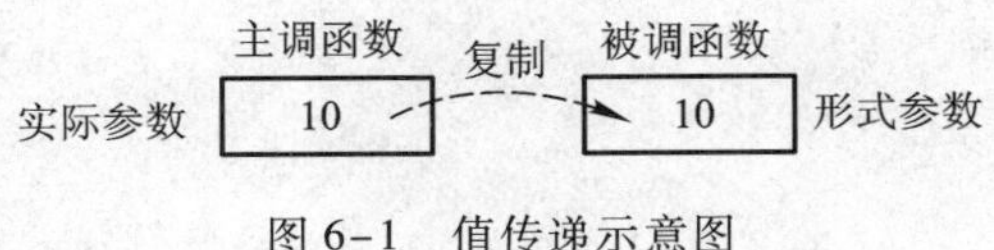

图 6-1 值传递示意图

【例 6-10】 "值传递"程序示例。

```
#include <stdio.h>
int fun(int x)
{
    x = x * 2;
    return x;
}
void main(void)
```

```
{
    int u = 10;
    printf("%d,%d\n",u,fun(u));
}
```

程序说明:

在程序中,main()函数用变量 u 调用了 fun()函数,此时,将 u 的值,即数值 10,复制给了 fun()函数的形式参数 x。当 fun()函数中执行"x = x * 2"语句时,被修改的仅仅是形式参数 x(局部变量),而对 main()函数中的变量 u 没有任何影响,即 u 的值仍然是 10。所以,程序将输出:10,20。

2. 地址传递

所谓"地址传递"就是主调函数用某个变量的地址作为实际参数来调用被调函数,此时,作为实际参数的变量的地址被复制到被调函数的形式参数中,也就是说,被调函数的形式参数中存储的是主调函数中某个变量的地址。因此,被调函数通过这个地址就可以访问到主调函数的这个变量。显然,被调函数可以通过该地址修改这个变量的值,其结果也会反应到主调函数中。图 6-2 描述了"地址传递"的过程。

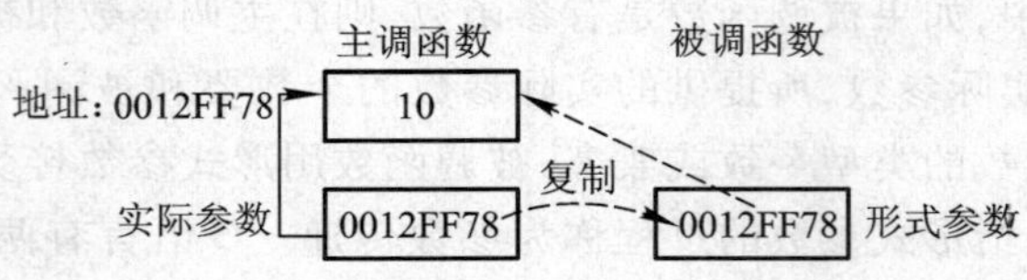

图 6-2　地址传递示意图

从地址传递的过程来看,这种参数传递方式实际上是一种特殊的值传递,它传递的不是数据本身,而是存储该数据的地址。很明显在这种情况下,被调函数的形式参数要定义成指针变量,并且基类型要和主调函数对应变量的数据类型一致,才能接受这个变量的地址。

【例 6-11】　"地址传递"程序示例。

```
#include <stdio.h>
void swap(int *x,int *y)
{
    int temp;
    temp = *x;
    *x = *y;
    *y = temp;
}
void main(void)
{
    int u = 10,v = 20;
    swap(&u,&v);
    printf("u = %d,v = %d\n",u,v);
}
```

程序说明：

在 main()函数中，首先将变量 u 赋值为 10，v 赋值为 20，然后用变量 u 和 v 的地址调用 swap()函数，此时，swap()函数的形式参数 x 存储了变量 u 的地址，y 存储了 v 的地址，即 x 指向了 u，y 指向了 v。函数 swap()的功能是将 x 指向的变量的值和 y 指向的变量的值交换，因此，程序的输出结果是：u = 20，y = 10。

【例 6-12】 分析下面程序的运行结果。

```
#include  < stdio. h >
void fun( int x, int  *p)
{
    x = x * 2;
    *p = *p * 2;
}

void main( void)
{
    int z, y;
    z = 2;
    y = 3;
    fun(z, &y);
    printf( "z = % d, y = % d\n", z, y);
}
```

程序分析：

① fun()函数有两个形式参数，一个是 int 类型的值变量 x，另一个是 int 类型的指针变量 p，因此，在调用这个函数时，形式参数 x 采用“值传递”方式，而形式参数 p 采用“地址传递”方式。在函数内部“x = x * 2;”语句将 x 的值扩大一倍；“ *p = *p * 2;”语句将 p 指向的变量的值扩大一倍。

② 在 main()函数中，用变量 z 的值和变量 y 的地址调用了 fun 函数，由于 fun()函数的形式参数 x 是值传递，所以，在 fun 函数内对形式参数 x 的修改不会对 main()函数中的变量 z 有任何影响；而 p 是地址传递，且指向了 main()函数中的变量 y，所以 fun()函数中的语句“*p = *p * 2;”将使 main()函数中的 y 变大一倍。因此程序的运行结果是：z = 2，y = 6。

【例 6-13】 输入两个数，求 sqrt(x * x + y * y)和 $tg^{-1}(b/a)$的值。

```
#include  < stdio. h >
#include  < math. h >
float fun( float x, float y, float  * p)
{
    float s;
    s = sqrt( x * x + y * y);
    *p = atan( y/x);        /* 通过指针变量的操作传送计算结果 tg -1 (b/a) */
    return s;               /* 函数返回值 sqrt( x * x + y * y) */
```

```
}
void main(void)
{
    float a,b,c,q;
    printf("\n 请输入两个浮点数:");
    scanf("%f%f",&a,&b);
    c = fun(a,b,&q);
    printf("\nsqrt(a*a+b*b) = %f\ntg-1(b/a) = %f\n",c,q);
}
```

运行情况:

请输入两个浮点数:1.2　3.1

sqrt(a * a + b * b) = 3.324154

tg^{-1}(b/a) = 1.201463

3. 参数传递程序举例

【例 6-14】 无类型指针作为函数参数的程序示例。

```
#include <stdio.h>
void fun( void *p )
{
     *(int*)p+=10;
}
void main(void)
{
    int x=10;
    fun(&x);
    printf("\n%d",x);
}
```

程序说明:

① 如果一个函数的形式参数被定义为无类型指针,则在用实际参数调用该函数时,不需要对实际参数进行强制转换;但在函数体内,要进行正确的转换,才能访问想要的数据。

② 上述程序中,fun()函数有一个无类型指针参数,在 main()函数中被调用时,直接使用了变量的地址;但在 fun()函数体内进行了强制转换。

【例 6-15】 一维数组名作为实参的程序示例。

```
#include <stdio.h>
int sum(int *a,int count)
{
    int i,s=0;
    for(i=0;i<count;i++){
        s=s+*(a+i);
```

```
    }
    return s;
}
void main(void)
{
    int x[] = {1,2,3,4,5};
    int s;
    s = sum(x,5);
    printf("\n%d",s);
}
```

程序说明：

由于数组名是一个指针，代表了整个数组第一个元素在内存中的地址，因此，当数组作为函数的实际参数时，向函数形式参数传递的是地址，而不是整个数组元素，相应地，函数对应的形式参数应定义为和数组元素类型相同的指针变量。在函数体内通过该形参指针即可访问实参数组元素，但在大多数情况下，只靠形参指针无法确定传递进来的数组大小，因此，这类函数的定义中通常还有一个用来说明传递给该函数的数组大小的辅助形参。一个例外的情况是，当以字符数组的方式传递字符串时，由于字符串有特殊的结束标志，因此，一般不需要额外的辅助形参来说明它的大小。

【例 6-16】 多维数组名作为函数的形式参数。

```
#include <stdio.h>
int GetMinValue(int a[][6],int n)
{
    int i,j;
    int minValue;
    minValue = a[0][0];
    for(i = 0;i < n;i++){
        for(j = 0;j < 6;j++){
            if( minValue > a[i][j] )minValue = a[i][j];
        }
    }
    return minValue;
}
void main(void)
{
    int a[3][6] = {{1,3,5,7,8,0},{20,4,6,50,8,9},
                   {1,52,24,-17,-19,30}};
    printf("最小值 = %d\n",GetMinValue(a,3));
}
```

程序说明：

① 当多维数组作为函数的形式参数时，可以指定每一维的大小，也可以省略第一维的大小说明，但不能省略第二维和其他更高维的说明，因此，需要一个辅助形参来说明第一维的大小。多维数组形参接受的是指针，但不是普通类型的指针。

下列 3 个定义：

```
int GetMinValue(int a[][6],int n);
int GetMinValue(int a[3][6],int n);
int GetMinValue(int (*a)[6],int n);
```

是等价的。

② GetMinValue()函数的形式参数 a 接受一个指向二维数组一整行的指针，并且每一行要有 6 个 int 型元素。因此，可以用一个包含 6 列、元素类型是 int 的二维数组名来调用该函数。

【例 6-17】 结构体变量作为函数的参数和返回结构体数据的程序示例。

```
#include <stdio.h>
#include <string.h>
struct StudentInfo
{
    char Name[21];          /* 姓名 */
    int age;                /* 年龄 */
};
struct StudentInfo getStuInfo(void)
{
    struct StudentInfo stu;
    char szBuf[256];
    fflush(stdin);
    printf("\n 姓名:");
    gets(szBuf);
    szBuf[20]=0;
    strcpy(stu.Name,szBuf);
    printf("年龄:");
    scanf("%d",&stu.age);
    return stu;
}
void DisplayStu(struct StudentInfo stu)
{
    printf("姓名=%s 年龄=%d\n",stu.Name,stu.age);
}
void main(void)
```

```
{
    struct StudentInfo stu[5];
    int i;
    for(i=0;i<5;i++){
        printf("\n 请输入第 %d 位学生的信息:",i+1);
        stu[i]=getStuInfo();
    }
    printf("\n\n\n");
    for(i=0;i<5;i++){
        DisplayStu(stu[i]);
    }
}
```

程序说明:

① getStuInfo()函数从键盘接受姓名和年龄数据,并把数据保存到一个结构变量 stu 中,输入结束后,把结构变量 stu 整体返回到主调程序。

② DisplayStu()函数接受一个结构体变量,并在屏幕上显示结构体变量的成员数据。

③ main()函数通过第一个 for 循环,连续输入 5 位学生的信息,并把 getStuInfo()函数的返回数据保存到 stu 结构数组中;用另一个 for 循环将 stu 结构数组中的每一个元素作为实际参数传递给 DisplayStu()函数进行显示。

【例 6-18】 结构体数组和返回结构体指针的程序示例。

```
#include <stdio.h>
#include <string.h>
struct StudentInfo
{
    char Name[21];          /* 姓名 */
    int age;                /* 年龄 */
};
struct StudentInfo *getMaxAge(struct StudentInfo p[],int aCount)
{
    struct StudentInfo *pMax;
    int i;
    pMax=p;
    for(i=1;i<aCount;i++){
        if(pMax->age<(p+i)->age)pMax=p+i;
    }
    return pMax;
}
void main(void)
```

```
{
    struct StudentInfo stu[5] = {{"张三",28},{"李四",36},
                    {"王五",19},{"赵六",99},{"钱七",31}};
    struct StudentInfo *pMax;
    pMax = getMaxAge(stu,5);
    printf("\nMax ==> Name = %s age = %d",pMax -> Name,pMax -> age);
}
```

程序说明：

getMaxAge()函数接受结构体数组作为它的实际参数，通过 for 循环，把年龄最大的结构体元素保存到 pMax 变量中，结束循环后，将 pMax 变量返回到 main()函数。在 main()函数中用一个变量接受 getMaxAge()函数的返回值。

6.4 函数和指针

6.4.1 返回指针的函数

指针不但可以作为函数的形式参数，还可以作为函数的返回值。返回指针的函数的一般定义格式如下：

返回类型　*函数名(参数列表)

上述定义的含义是，函数运行结束后，将向主调函数返回一个指向"返回类型"的指针。

例如，下列代码定义了一个返回指针的函数：

```
char *match(char c,char *s)
{
    while(c! = *s && *s )s++;
    return s;
}
```

当一个函数的返回值是指针时，一般称该函数是返回指针的函数或指针型函数。使用指针型函数的主要目的是，在函数运行结束后把大量的数据从被调函数返回到主调函数，而通常的非指针型函数在调用结束后，只能返回一个值。

【例 6-19】 不使用标准的字符串处理函数，实现把一个字符串复制到另一个字符串的函数。

```
#include <stdio.h>
#include <stdlib.h>
#include <malloc.h>
int GetStrLen(char *pString)
{
    int nCount;
    for(nCount = 0; *(pString + nCount) ! = 0;nCount ++ );
```

```
    return nCount;
}

char *CopyString( char *pSource )
{
    char *p;
    int sLen,i;
    sLen = GetStrLen( pSource) +1;
    p = ( char* )malloc( sLen);
    i =0;
    while( *( pSource +i) ) {
        *( p +i) = *( pSource +i);
        i++;
    }
    *( p +i) =0;
    return p;
}
void main( void)
{
    char szBuf[ 512 ], *p;
    printf( "\n 请输入一个字符串:");
    gets( szBuf) ;
    p = CopyString( szBuf) ;
    printf( "\n 原字符串 = %s" ,szBuf) ;
    printf( "\n 新字符串 = %s\n" ,p);
    /* 使用完新字符串 p 后,要释放为该字符串分配的空间 */
    free( p) ;
}
```

程序说明:

CopyString()函数完成字符串的复制,返回的类型是字符指针。在该函数内通过 GetStrLen()函数获得了原字符串的长度,加 1 后,保存到了 sLen 变量中;通过 malloc()函数动态分配了一块大小是 sLen 字节的内存,并把首地址保存到局部指针变量 p 中,同时用一个 while 循环语句将原字符串复制到这个内存块中,最后通过 return 语句将这个内存块的首地址返回到 main()函数中。main()函数中,用一个指针变量接受 CopyString 的返回值;在使用完这个新字符串后,用 free()函数释放了为它分配的内存空间。

在定义指针型函数时需要注意以下两点:

① 不要以普通局部变量的地址或指向局部变量的指针变量作为函数的返回值,因为,这些存储单元是临时的,当函数退出时,它们的存储空间就会消失;如果在主调函数中引用了这些指

针，则可能会得不到预想的结果。

② 用内存动态分配函数分配的存储空间，不会随着函数的退出而消失，因此，它的地址可以返回到主调函数，并正确引用；但应注意，在使用完后，要用 free 函数将分配的内存空间释放，以免造成存储空间的浪费。

【例 6-20】 用普通局部变量的地址作为指针型函数返回值的程序示例。

```
#include <stdio.h>
int *fun1( )
{
    int x = 10;
    return &x;              /* 返回了局部变量的地址 */
}
void fun2( int x,int y)
{
    int xx = 100;
}
void main( void)
{
    int x,y, *p;
    p = fun1( );            /* p 指向 fun1 函数中的 x,但 x 已经消失 */
    fun2(123,456);          /* 调用另一个函数 */
    x = *p;                 /* 想得到 fun1 函数中的 x 的值,但不是原来的值 */
    y = x + 20;
    printf( "x = %d y = %d\n",x,y);
}
```

运行结果：x = 123　y = 143

从运行结果看，x 和 y 的值不是预想的 10 和 30；产生了逻辑错误。

6.4.2 指向函数的指针

C 语言程序由一个 main 函数和若干个自定义函数组成，当程序被编译时，编译程序将为每个函数的代码在内存中分配一段存储空间，某个函数在内存中的首地址，称为该函数的指针，又称为入口地址。程序运行中调用某函数时，就把这个函数的入口地址传给计算机的“调用”命令。因此，可以定义一个指针变量把某个函数的入口地址保存起来，然后利用这个指针变量来调用该函数。

保存函数入口地址的指针变量，称为指向函数的指针变量，简称函数指针变量。如果一个指针变量存储了某个函数的入口地址，则意味着该指针变量指向了这个函数。

1. 函数指针变量定义格式

定义函数指针变量的一般格式如下：

返回类型　(*函数指针变量名)(参数列表)

其含义是:定义了一个可以指向某个函数的指针变量,这个函数具有指定的“返回类型”和指定形式的“参数列表”。

例如下列定义:

int (* pFun)(int,int)

pFun()函数指针变量可以指向具有两个 int 类型参数,且返回类型是 int 类型的函数;若有一个函数是:int add(int x,int y),则 pFun 可以指向 add()函数。

事实上,如果函数具有:int xxx(int,int)的形式,都可以用 pFun 指针调用,即 pFun 指针可调用一类函数。

函数指针变量定义的说明:

① 返回类型和参数列表指的是,定义的函数指针变量可以指向的函数具有的返回类型和参数形式。实际上,一个函数的原型就是通过其返回类型和参数列表进行标志的,因此有了这两项,函数的形式就被限定了。

② 函数指针变量名前的“ * ”号和一对圆括号不能省略。

③ 包含参数列表的一对圆括号不能省略,即使没有参数列表,也要写上,因为这对圆括号是函数指针的标志。

当指针变量指向数组时,可以对它进行一些诸如和整数进行加减、自加或自减等运算,但对函数指针变量进行这些运算没有任何实际意义,例如,加 1 后,它不会指向下一个函数的入口地址,也不会指向本函数的下一条指令。函数指针的主要作用是用来调用函数,利用它可以编写出一些通用性更强的函数,因为通过函数名来调用函数时,只能调用一个函数,而用函数指针则可以调用一类函数。

2. 通过函数指针变量调用函数的格式

通过函数指针变量调用函数的一般格式如下:

(*函数指针变量名)(实际参数);

在使用函数指针变量前,和普通的指针变量一样,要进行初始化,也就是要让一个函数指针变量指向一个具体的函数。函数名和数组名一样,也是一个指针常量,代表了自己代码的入口地址,可以把这个指针常量,通过函数名的方式直接赋给函数指针变量。

【例 6-21】 通过函数指针变量调用函数的程序示例。

```
#include <stdio.h>
void fun(int x,int y)
{
    printf("%d\n",x+y);
}
void main(void)
{
    void ( *pFun)(int,int);     /* 定义函数指针变量 */
    fun(1,2);                   /* 用函数名调用 fun 函数 */
    ( *fun)(2,3);               /* 用函数名常量指针调用 fun 函数 */
    pFun = fun;                 /* 让 pFun 指向 fun 函数 */
```

```
    ( * pFun)(3,4);            /* 用 pFun 函数指针变量调用 fun 函数 */
}
```

程序运行结果:3　5　7。

从上面的代码可以看出,调用一个函数至少有 3 种方法,一种是通过函数名调用,这也是调用函数的常规方法;另一种是用函数名常量指针来调用,这也验证了函数名是一个指针;第三种是用函数指针变量来调用,但在调用前首先要让它指向被调用的函数。

3. 函数指针变量作为函数的参数

函数指针变量也可以作为函数的形式参数,这样就可以把另一个函数的入口地址传递给这个函数,在这个函数内通过形式参数的方式调用它,使编写出的函数更加灵活、更具有通用性。

【例 6-22】 函数指针变量作为函数参数的程序示例。

```
int myStrCmp(char *s1,char *s2)
{
    char *p1, *p2;
    for(p1 = s1,p2 = s2;;p1 ++ ,p2 ++ ){
        if( *p1 ! = *p2 )return 0;
        if( *p1 ==0 && *p2 ==0)break;
    }
    return 1;
}
void Check(char *s1,char *s2,int( *cmpFun)(char * ,char * ))
{
    printf("% 比较两个字符串是否相等\n");
    if(( *cmpFun)(s1,s2))printf("相等! \n");
    else printf("不相等! \n");
}
void main(void)
{
    char s1[256];
    char s2[256];
    int ( *p)(char * ,char * );
    p = myStrCmp;
    gets(s1);
    gets(s2);
    Check(s1,s2,p);
}
```

程序说明:

① myStrCmp()函数判断两个字符串是否相等,相等时返回 1,不相等时返回 0。

② 在 main()函数中,函数指针变量 p 指向了 myStrCmp,并把从键盘上接受的两个字符串和

p 作为参数传递给了 Check()函数。Check()函数通过形式参数接受这些实际参数,即形式参数 cmpFun 也指向了 myStrCmp()函数;在 Check()函数内部,通过“(*cmpFun)(s1,s2);”语句调用了 myStrCmp()函数,判断输入的两个字符串是否相等。

【例 6-23】 用梯形法编写求函数:x^2、$(x+1)^{1/2}$、$(e^x+1)^{1/2}$ 定积分的函数。

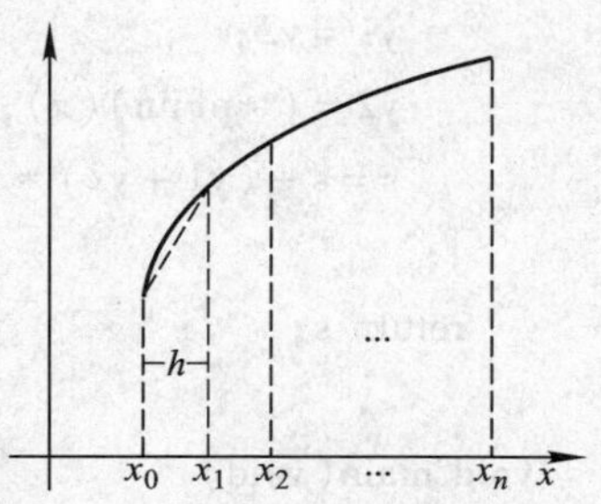

图 6-3 梯形法求定积分示意图

函数 $f(x)$ 的定积分就是曲线 $f(x)$ 与 x 轴和直线 $x=x_0$、$x=x_n$ 围成的区域的面积。梯形法的计算过程是,首先把区间 $[x_0,x_n]$ 划分成 n 个相等的小区间,设每个区间的长度为 h,则第 i 个区间和 $f(x)$ 围成的面积 s_i 可以用第 i 个梯形的面积 $s_i=(f(x_i)+f(x_{i+1}))\cdot h/2$ 近似代替,将所有 n 个小梯形的面积相加即是函数 $f(x)$ 在其间 $[x_0,x_n]$ 上的定积分的近似值。图 6-3 描述了用梯形法计算定积分的过程。

```
#include <stdio.h>
#include <math.h>
float funSqu(float x)
{
    float y;
    y = x * x;
    return y;
}
float funSqrt(float x)
{
    float y;
    y = sqrt(x + 1);
    return y;
}
float funSqrtExp(float x)
{
    float y;
    y = sqrt(exp(x) + 3.0);
    return y;
}
float GetIntegral(float a, float b, float (*pFun)(float))
{
    float x, s, y1, y2, h = 0.01;
    int n = 0;
    s = 0;
    y2 = (*pFun)(a);
```

```
    for(x = a + h; x - b <= h/2.0; x = x + h)
    {
        n++;
        y1 = y2;
        y2 = ( *pFun)(x);
        s = s + (y1 + y2) * h/2.0;
    }
    return s;
}
void main(void)
{
    float ( *p)(float);
    float y1,y2,y3;
    p = funSqu;
    y1 = GetIntegral(1,2,p);
    p = funSqrt;
    y2 = GetIntegral(1,2,p);
    p = funSqrtExp;
    y3 = GetIntegral(1,2,p);
    printf("y1 = %f\ny2 = %f\ny3 = %f\n",y1,y2,y3);
}
```

运行结果：

```
y1 = 2.333348
y2 = 1.578483
y3 = 2.759232
```

程序说明：

在 main( )函数中，函数指针变量依次指向了 3 个数学函数的实现程序 funSqu( )、funSqrt( )和 funSqrtExp( )，并将它们作为参数传递给了定积分的计算函数 GetIntegral( )。在 GetIntegral( )函数内用梯形法计算出了对应函数的定积分，并将结果返回到 main 函数。

6.4.3 main( )函数的参数

在以前编写的 C 语言程序中，main( )函数都没有参数，所使用的 main( )函数的原型是：

void main(void)　或　int main(void)

实际上，main( )函数也可以带有参数。C 语言规定 main( )函数的参数有两个，通常写为 argc 和 argv。argc 是一个整数参数，用来接受传递给该函数的变元个数，至少为 1，因为程序文件名是第一个参数；argv 是字符型指针数组参数，其中的元素依次指向了传递给该函数的不同的变元。带参数的 main( )函数的一般格式如下：

int main(int argc,char *argv[ ])

或　**void main(int argc,char ＊argv[])**

main()函数是C语言程序的入口函数,所有C语言程序都是从main()函数开始执行的,且不能被其他函数所调用,因此不可能从程序内部的其他函数获得实际参数,事实上,main()函数的参数值是由操作系统提供的。

在操作系统中执行一个可执行文件时,一般的书写格式如下:

可执行文件名　参数$_1$　参数$_2$　…　参数$_n$

其中可执行文件名和每个参数之间至少用一个空格隔开,参数的个数没有限制。

例如,假设有一个C语言程序,它的main()函数形式是:void main(int argc,char ＊argv[]),经编译、连接后产生了一个名为prog.exe的可执行文件,在DOS状态下输入了下列命令:

C:\>prog beijing shanghai tianjin

则此时,main()函数中的argc参数等于4,argv数组中共有4个元素,依次指向了字符串:"prog"、"beijing"、"shanghai"和"tianjin"。

如果要传递带空格的参数,应用一对双引号将该参数括起来。

【例6-24】　显示main()函数参数的程序示例。

```
#include <stdio.h>
void main(int argc,char *argv[])
{
    int i;
    printf("参数个数:%d\n",argc);
    for(i=0;i<argc;i++){
        printf("第%d个参数(argv[%d]):%s\n",i+1,i,argv[i]);
    }
}
```

程序说明:

如果上述程序产生的可执行文件名为prog.exe,输入的命令是:

C:\>prog　beijing　shanghai　tianjin

则程序的输出结果如下:

参数个数:4
第1个参数(argv[0]):prog
第2个参数(argv[1]):beijing
第3个参数(argv[2]):shanghai
第4个参数(argv[3]):tianjin

6.5　函数嵌套与递归调用

6.5.1　函数嵌套调用

C语言程序是由函数组成的,每一个函数相互独立,没有从属关系,一个函数即可以调用其他函数,也可以被其他函数调用。函数之间通过这种调用和被调用相关联,形成了函数的嵌套调用。C 语言对函数嵌套调用的深度原则上没有限制,只与具体的系统有关。例 6-25 显示了函数的嵌套调用过程。

【例 6-25】 函数嵌套调用程序示例。

```
#include < stdio. h >
void fun2( void)
{
    printf( " \n--- fun2 start --- " ) ;
    printf( " \n--- fun2 end --- " ) ;
}
void fun1( void)
{
    printf( " \n--- fun1 start --- " ) ;
    fun2( ) ;
    printf( " \n--- fun1 end --- " ) ;
}
void main( void)
{
    printf( " \n--- main start --- " ) ;
    fun1( ) ;
    printf( " \n--- main end --- " ) ;
}
```

运行结果:

```
--- main start ---
--- fun1 start ---
--- fun2 start ---
--- fun2 end ---
--- fun1 end ---
--- main end ---
```

程序形成的嵌套调用关系如图 6-4 所示。

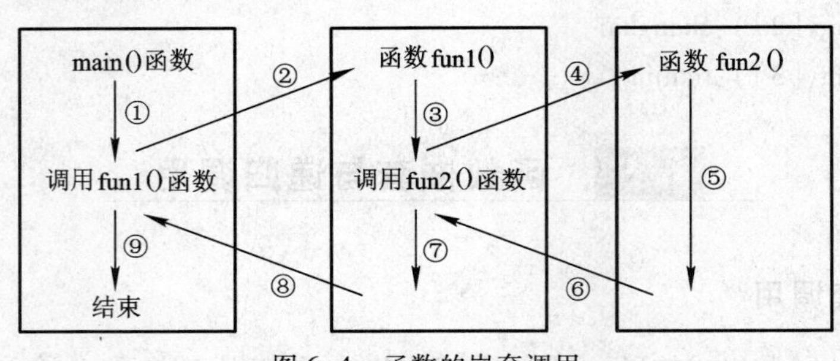

图 6-4 函数的嵌套调用

其执行过程是：

① 系统调用 main( )函数开始执行程序。

② 在 main( )中，遇到调用 fun1( )函数的语句时，暂停 main( )函数的执行，开始执行 fun1( )函数。

③ 在 fun1( )函数中，遇到调用 fun2( )函数的语句时，暂停函数 fun1( )的执行，开始执行 fun2( )函数。

④ 执行函数 fun2( )，直到结束。

⑤ 函数 fun2( )执行结束后，返回到 fun1( )函数处调用函数 fun2( )的下一条语句处继续执行。

⑥ 执行函数 fun1( )，直到结束。

⑦ 函数 fun1( )执行结束后，返回到 main( )函数处调用 fun1( )函数处的下一条语句处继续执行，直到结束。

6.5.2 递归

在函数调用中，一般是一个函数调用另一个函数，如果一个函数在其执行过程中又调用了自己，则称为函数的递归调用。函数的递归调用分为直接递归和间接递归两种形式，直接递归就是在函数内部直接调用自己；间接递归是函数通过其他函数间接地调用自己。图 6-5 描述了递归的这两种形式。

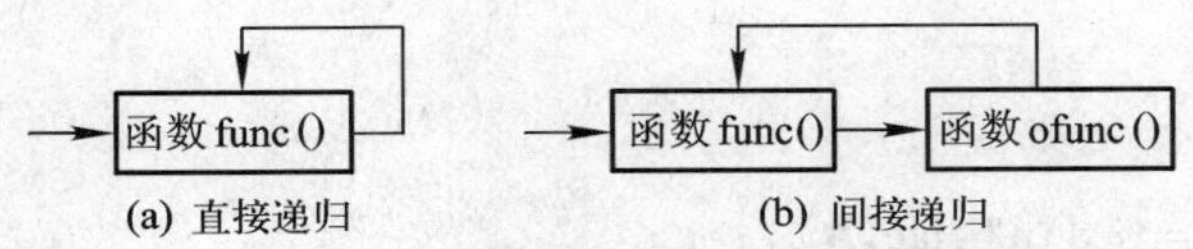

图 6-5　两种形式递归形式示意图

从递归调用的形式可以看到，递归调用是一种无终止的循环自身调用，显然，程序中不应该出现这种无终止的递归调用。因此，函数的递归调用一定要有递归结束条件。一般的做法是在函数递归调用语句的前面，使用 if 语句判断是否满足了某种条件，如果满足，就结束递归调用。

递归实质上是一种分析问题的方法，它的基本思想是把一个规模较大的问题分解成一些规模较小的新问题，而这些规模较小的新问题的解法和原始问题的解法相同。按照这一原则分解下去，最终分解出来的问题，是一个已知问题的解。由这个已知问题的解逐层倒退回去，即可求出原始问题的解。

【例 6-26】　用递归法求 $n!$。

阶乘函数可递归地定义为：

$$n! = \begin{cases} 1 & \text{当 } n = 1 \text{ 时} \\ n \times (n-1)! & \text{当 } n > 1 \text{ 时} \end{cases}$$

上面定义的第一式给出了阶乘函数的一个初始值，而该值是非递归定义的；第二式是阶乘函数的递归定义式。

比如,要计算 4!,就必须计算 3!,而要计算 3!,就必须计算 2!,而要计算 2!,就必须计算 1!,而 1! = 1 是已知的。

反过来,若已知 1! = 1,则可计算 2! = 2 × 1!,知道了 2!,又可计算出 3! = 3 × 2!,最终计算出 4!。

从上面的过程可以看到,一个递归问题可以分为两个阶段:第一个阶段是“递进”,第二个阶段是“回归”。显然,要结束递归过程就必须有一个结束递归的条件,而这个条件必须以非递归方式定义,否则递归将无法结束,本例的结束条件是 1! = 1。第一个阶段要“递进”到结束条件(初始条件),第二个阶段要“回归”到原始问题。

实现的程序代码如下:

```
#include <stdio.h>
int fac(int n )
{
    int x;
    printf("enter: n = %d\n",n);
    if( n==1)return 1;
    x = n * fac(n - 1);
    printf("return: n = %d\n",n);
    return x;
}
void main(void)
{
    printf("\n\n4! = %d\n",fac(4));
}
```

运行结果:

```
enter: n = 4
enter: n = 3
enter: n = 2
enter: n = 1
return: n = 2
return: n = 3
return: n = 4
4! = 24
```

程序说明:

fac()函数递归计算 $n!$,在函数中用两个 printf()函数显示了进入函数和将要退出函数时的参数值,显示结果反映了函数的调用次序。语句“if(n==1)return 1”是递归结束条件;语句“x = n * fac(n - 1)”是递归调用语句,相当于 $n! = n(n-1)!$。程序形成的调用关系如图 6-6 所示。

【例 6-27】 求 Fibanacci 数列的前 10 项。

$$\text{fib}(n)=\begin{cases}1 & n=1,2\\ \text{fib}(n-1)+\text{fib}(n-2) & n>2\end{cases}$$

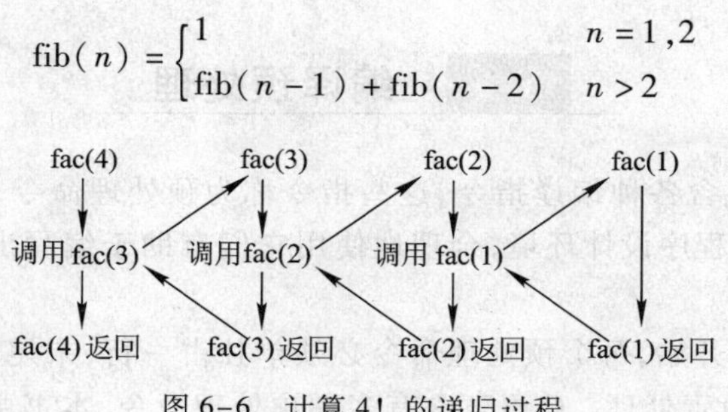

图 6-6 计算 4! 的递归过程

```
#include <stdio.h>
int fib(int n)
{
    int f;
    if(n==1 || n==2 )f=1;
    else f=fib(n-1)+fib(n-2);
    return f;
}
void main(void)
{
    int i,f;
    for(i=1;i<11;i++){
        f=fib(i);
        printf("%d\n",f);
    }
}
```

运行结果:1,1,2,3,5,8,13,21,34,55。

使用递归编写程序的主要优点是,写出的算法相对于不使用递归时更加简洁明了,另外一些算法在不使用递归的情况下很难实现,例如,快速排序算法。但在程序中也不要滥用递归,因为,递归调用属于函数调用的范畴,因此具有函数调用的共性;在函数不断地重复调用自己时将会增加时间开销,所以几乎所有的递归函数都会比非递归形式的函数运行速度要慢;另外,对函数的多次递归调用可能会造成堆栈的溢出。

编写递归函数时要注意以下两点:

(1) 参数传递

一个函数通常含有若干个形式参数,在函数内部要实现递归调用,就必须正确地构造出和函数形式参数个数相等且类型兼容的实际参数。

(2) 递归结束条件

由于递归是自己调用自己,因此递归调用必须有一个结束条件,否则递归调用将无休止地继续下去。一般的做法是在函数递归调用语句的前面,使用 if 语句强迫函数在未执行递归时返回。

6.6 编译预处理

C语言程序中可以包含各种编译指令,这些指令称为预处理命令,它们不是C语言的一部分,但却扩展了C语言的程序设计环境,合理地使用它们有助于编写出可读性好、易于移植、易于修改的程序。

预处理命令均以"#"开始,每个预处理命令必须单独占一行,末尾不加分号,预处理命令由编译系统的预处理程序负责处理。C语言含有多种预处理命令,本书主要介绍三个常用的预处理命令:宏定义、文件包含和条件编译。

6.6.1 宏定义

宏定义命令#define有两种形式:一种是不带参数的宏定义;另一种是带参数的宏定义。不带参数的宏定义一般用于定义符号常量,带参数的宏定义一般用于宏调用。

1. 不带参数的宏定义

不带参数的宏定义的一般格式如下:

#define　宏名　宏体

其中,宏名和宏体都字符串。

功能:在源程序中每次遇到宏名时,就用宏体替换它,即用宏体替换宏名,其替换过程称为宏替换或宏展开。

例如下列代码:

```
#define TRUE 1
#define FALSE 0
```

定义了两个宏名:TRUE和FALSE。当预处理程序遇到TRUE符号时,就用1代替;遇到FALSE时,用0代替。

例如下列代码:

```
printf("%d,%d,%d",FALSE,TRUE,TRUE+1);
```

将在屏幕上显示:0,1,2。

对编译程序来说,上面的代码相当于:

```
printf("%d,%d,%d",0,1,1+1);
```

宏名一旦定义好后,也可以用在其他宏名的定义中,即可以成为其他宏的一部分。例如下列代码:

```
#define   ONE        1
#define   TWO        (ONE + ONE)
#define   THREE      (ONE + TWO)
```

2. 带参数的宏定义

带参数的宏定义的一般格式如下:

#define　宏名(形式参数表)宏体

其中,宏名和形式参数表左边的括号之间不能有空格,宏体是由表达式或语句组成的字符串,且可以使用形式参数。预处理时,宏体替换宏名,同时实际参数代替形式参数。

例如下列代码:

```
#define MAX(x,y) ((x)>(y)?(x):(y))
void main()
{
    int a=10,b=20;
    printf("%d",MAX(a,b));
}
```

预处理 printf 语句中的 MAX 宏时,将用实际参数 a 和 b 分别替换 MAX 宏的形式参数 x 和 y。即编译程序看到的是:

```
printf("%d",((a)>(b)?(a):(b)));
```

带参数的宏也可以在定义好以后用在其他宏的定义中,即可以成为其他宏的一部分。例如下列代码:

```
#define PI 3.14
#define AREA(r) (r)*(r)*PI
#define VOLUME(h,r) AREA(r)*(h)/3
```

使用宏定义时,应注意以下几点:

① 在进行宏替换时,只是做简单的替换,而且是原样代换,不进行任何语法检查。因此,当定义带参数的宏时,每个参数最好用括号把它括起来,如果不括起来,在进行宏展开时,可能得不到想要的结果。例如,定义了一个求平方的宏:

```
#define SQUARE(x) x*x
```

如果在程序中有语句:

```
s=SQUARE(n+1);
```

在预处理时,上述语句被替换成:

```
s=n+1*n+1;
```

其结果并不是求的 n+1 的平方。

② 取消宏定义。在定义了一个宏以后,如果想从程序的某个地方开始,以后不再想要这个宏,则可以取消该宏的定义。

取消宏定义的一般语法格式是:

#undef 宏名

例如,下列代码:

```
#define PI 3.14
#define AREA(r) (r)*(r)*PI
#define VOLUME(h,r) AREA(r)*(h)/3
void main()
{
/*可以使用 PI、AREA、VOLUME 宏名 */
#undef VOLUME
```

```
/* 从这里开始,在以后的代码中将不能使用 VOLUME 宏名 */
}
```

③ 宏定义的最一般用途是定义常量的名字,且名字一般用大写字符。

6.6.2 文件包含

所谓文件包含就是指一个文件将另一个文件的内容嵌入到自己的文件中,组成一个合并后的文件,C 语言的#include 指令就是指示文件包含的预编译命令。

include 指令的一般格式如下:

#include <文件名>

或

#include "文件名"

其中:

① 功能:将指定的文件嵌入到本文件中。

② 文件名必须用一对尖括号或一对双引号括起来。

③ 当文件名用尖括号括起来时,如果文件名中没有包含路径名,则在系统的标准目录中查找;如果包含路径名,则先按指定的路径查找,若找不到,则在系统的标准目录中查找。

④ 当文件名用双引号括起来时,如果文件名中没有包含路径名,则在当前目录中查找,如果未找到,则在标准目录中查找;如果包含路径名,则先按指定的路径查找,若找不到,则在系统的标准目录中查找。

C 语言提供了许多标准函数,这些标准函数分类存放在不同的标准函数库中,在用户的程序中可以直接调用这些标准函数。但是按照 C 语言的规定,在程序中所使用的任何函数、标识符都要先定义后使用,因此为了编程方便,C 语言将这些标准函数的定义形式、符号常量等分类存放在不同的头文件中,在程序中如果要用到这些函数或符号常量,则只要用文件包含指令将其包含进该文件即可。例如:stdio. h 文件中存放了一些和标准输入输出有关的函数声明和符号常量的定义,前面程序中经常使用的 printf( )、scanf( )等函数的原型声明就放在该文件中;绝大多数标准的字符串处理函数的原型声明存放在 string. h 文件中;math. h 文件中则存放的是一些数学函数的声明和定义。

文件包含可以嵌套,也就是说被包含的文件中可以用 include 指令再包含其他的文件。include 指令通常用来包含头文件,但也可以包含其他类型的文件,例如,文本文件、源程序文件等。

一个 include 指令只能指定一个文件,如果要包含多个文件,就要用多个 include 指令,并且每个单独占一行。

使用文件包含指令的一般原则是:

① 对系统提供的标准头文件(如 stdio. h 等),常用"尖括号"的形式将其包含到当前文件中,而对用户自己编写的头文件,则常用"双引号"的方式,因为大多数自己编写的头文件都放在当前目录中。

② 在程序设计时,把一些常用的符号常量定义、带参数的宏定义、数据结构定义、通用函数的原型声明等放在一个单独的头文件中,当其他源文件使用这些定义时,只需用 include 指令将其包含进该文件。

6.6.3 条件编译

所谓条件编译就是有选择地对源程序的各个部分进行编译，具体地说，就是根据不同的编译条件来编译源程序中的某些程序段，不编译另一些程序段，从而使同一个源程序可以产生不同的目标程序代码。因此，使用条件编译可以使编写的源程序具有更好的可移植性和通用性。条件编译还经常用于程序调式，例如，为了查找程序中的错误，有时需要在程序的某些地方设置一些调试用的代码来查看程序的运行状态或变量的值；当调试完毕，正式发布应用程序时，通过条件编译可以不让这些调试用代码编译到程序的发行版本中。因此，条件编译在大型软件的开发中，得到了广泛的应用。

C 语言提供的条件编译指令主要有：#if、#else、#elif、#endif、#ifdef、#ifndef。

1. #if、#else、#elif、#endif 指令

#if 指令的一般形式如下：

```
#if 常数表达式 1
    程度段 1
[ #elif 常数表达式 2
    程度段 2
#elif 常数表达式 3
    程度段 3
… ]
[ #else
    程度段 n ]
#endif
```

其执行过程是：如果#if 后面的“常数表达式 1”的值为“真”，则编译程序段 1，然后跳过后面所有的#elif、#else 及对应的程序段，执行#endif 指令；否则执行其后的#elif 指令，若“表达式 2”的值为“真”，则编译程序段 2，然后转去执行#endif 指令；否则继续验证下一个#elif 条件，如果所有的#elif 条件为“假”，则编译#else 后面的程序段 n。

#elif 和#else 段均可省略，但#if 和#endif 必须成对出现。下面是省略了#elif 和#else 后的格式。

格式 1：

```
#if 常数表达式
    程序段
#endif
```

格式 2：

```
#if 常数表达式 1
    程序段 1
#else
    程序段 2
#endif
```

【例 6-28】 #if 条件编译程序示例。

```
#include <stdio.h>
#define MAX 100
void main(void)
{
  #if MAX >99
    printf("Compiled for array greater than 99");
  #else
  printf("Compiled for small array");
    #endif
}
```

程序说明:

在程序中 MAX 被定义为 100,大于 99,因此,编译#if 至#else 之间的代码,而#else 至#endif 之间的代码不会被编译。因此,在屏幕上将显示:"Compiled for array greater than 99"这一消息。

2. #ifdef 指令

#ifdef 指令的一般格式如下:

#ifdef 宏名
程序段 1
[#else
程序段 2]
#endif

其含义是:如果前面用#define 定义了"宏名",则编译程序段 1;否则编译程序段 2。#else 段可以省略,省略后的形式如下:

#ifdef 宏名
程序段
#endif

【例 6-29】 #ifdef 条件编译程序示例。

```
#include <stdio.h>
#define DEBUGFLAG
void main(void)
{
  #ifdef DEBUGFLAG
    printf("DEBUGFLAG defined");
  #else
    printf("DEBUGFLAG undefined");
  #endif
}
```

程序说明：

程序中定义了宏名：DEBUGFLAG，则在屏幕上将显示出“DEBUGFLAG defined”信息。

3. #ifndef 指令

#ifndef 指令的一般形式如下：

```
#ifndef 宏名
    程序段 1
[ #else
    程序段 2 ]
#endif
```

#ifndef 指令和#ifdef 指令的作用正好相反，其含义是：如果前面没有定义“宏名”，则编译程序段 1；否则编译程序段 2。#ifndef 指令和#ifdef 指令一样，#else 段也可以省略。

6.7 程序举例

6.7.1 约瑟夫问题

【例 6-30】 约瑟夫问题：有 n 个人围成一圈，并从 1 开始顺序编号到 n。现从 1 号开始顺时针从 1 数数，数到 m 者自动出列，然后从下一个人开始重新数数，仍然每次数到 m 者出列。求这 n 个人的出列顺序。

思路：用循环链表模拟 n 个人围成的圈，第 i 个节点对应第 i 个人，序号保存在节点的数据域。当某个人满足出列的条件时，将该人对应的节点从链表中删除，并重新开始，直到所有的人均出列为止。

```
#include <stdio.h>
#include <malloc.h>
#include <stdlib.h>
struct JosephusNode
{
    int no;
    struct JosephusNode *next;
};
struct JosephusNode *pHead = NULL;
struct JosephusNode *pFront = NULL;
void CreateJSHLink(int nodeCount)                /* 创建循环链表 */
{
    struct JosephusNode *pNode;
    int i;
    pNode = (struct JosephusNode *)malloc(sizeof(struct JosephusNode));
    pNode->no = 1;
```

```
    pHead  = pNode;
    pFront = pNode;
    for(i = 2;i <= nodeCount;i++){
        pNode = (struct JosephusNode *)malloc(sizeof(struct JosephusNode));
        pNode -> no = i;
        pFront -> next = pNode;
        pFront = pNode;
    }
    pFront -> next = pHead;
}
void GetJosephusPrj(int m) /*用循环链表解决约瑟夫问题的函数*/
{
    int number = 1;
    while(pHead != pHead -> next){ /*只有一个节点时退出循环*/
        if(number == m){
            printf("%d\n",pHead -> no);
            pFront -> next = pHead -> next;
            free(pHead);
            number = 1;
            pHead = pFront -> next;
        }
        else{
            pFront = pHead;
            pHead = pHead -> next;
            number ++;
        }
    }
    printf("%d\n",pHead -> no);
    free(pHead);
}
void main(void)
{
    int n,m;
    printf("请输入人数和出列的序号:");
    scanf("%d%d",&m,&n);
    if( m >0 && n >0 ){
        CreateJSHLink(m);
        GetJosephusPrj(n);
```

```
    }
}
```

程序说明：

程序中定义了两个全局指针变量：pHead 和 pFront。在初始创建链表后，pHead 指向了序号为 1 的节点，pFront 指向了序号为 n 的节点，即 pFront 指向了 pHead 指向的节点的前驱。在解决约瑟夫问题的函数中，用 pHead 指针循环扫描链表，并使 pFront 指向的节点总是 pHead 指向的节点的前驱；当 pHead 指向的节点满足出列条件时，通过语句“pFront -> next = pHead -> next”将该节点从链表中删除；一直循环直到只有一个节点为止。

6.7.2 验证哥德巴赫猜想

【例 6-31】 哥德巴赫猜想：“任何大于等于 4 的偶数，可以用两个素数之和表示。”

思路：将输入的偶数分解为：$n = i + j$，其中 i 和 j 都是奇数。检测 i 和 j 是否同时为素数，如果是，则显示输出；否则，继续检测下一个分解。

```
#include <stdio.h>
#include <math.h>
#include <stdlib.h>
int isPrime(int n)/* 判断 n 是否是素数 */
{
    int i;
    if(n ==2)return 1;
    else if(n%2 ==0)return 0;
    else{
        for(i =3;i <= sqrt(n);i+=2){
            if(n%i ==0)return 0;
        }
    }
    return 1;
}
void CheckGDBH( int n )/* 验证哥德巴赫猜想函数 */
{
    int i;
    if(n%2 ==1||n <4){
        printf("\n 您输入的数不是偶数或小于 4! \n\n");
    }
    else{
        for(i =3;i <n;i+=2){/* 找 n 的素数分解式 */
            if(isPrime(i) && isPrime(n -i) ){
                printf("\n%d =%d +%d\n\n",n,i,n -i);
```

```
                break;
            }
        }
    }
}
void main(void)
{
    int n;
    char ch;
    while(1){
        printf("\n请输入一个大于等于4的偶数:");
        scanf("%d",&n);
        CheckGDBH(n);
        printf("是否继续验证? (y/n)");
        fflush(stdin);
        ch = getchar();
        if(ch !='y'&& ch !='Y') break;
        printf("\n\n");
    }
}
```

6.7.3 汉诺塔问题

【例 6-32】 汉诺塔(Hanoi)问题:古代有一个梵塔,塔内有 A、B、C 三个座,开始时 A 座上有 n 个盘子,盘子大小不等,大盘在下,小盘在上(如图 6-7 所示)。要想把 A 座上的盘子移动到 C 座,每次只允许移动一个盘子,移动过程中可以利用 B 座过渡,且在移动时 3 个座上的盘子都始终保持大盘在下,小盘在上。要求编程输出移动步骤。

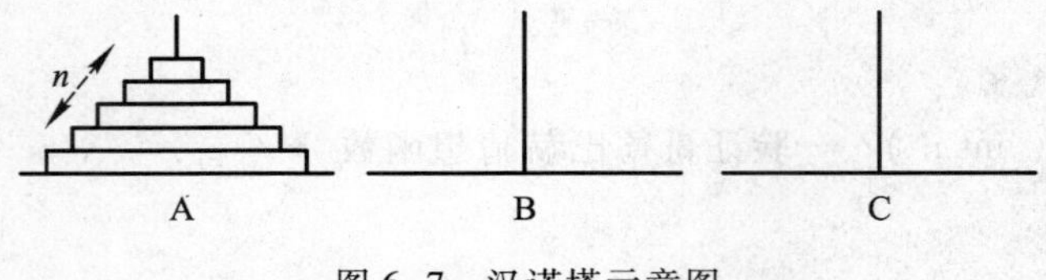

图 6-7 汉诺塔示意图

思路:这是一个只能用递归算法求解的问题。将 n 个盘子从 A 座移动到 C 座可以分解为下列 3 个步骤:

① 将 A 座上的 $n-1$ 个盘子,借助 C 座,移动到 B 座。

② 将 A 座上剩下的一个盘子移动到 C 座。

③ 将 $n-1$ 个盘子从 B 座,借助 A 座,移动到 C 座。

在上面的 3 个步骤中,第 1 步和第 3 步完成的功能都是把多个盘子从一个座移动到另一个座，这是一个递归过程，可以用一个递归函数实现；第 2 步是将一个盘子从一个座移动到另一个，可以用一个普通函数实现。

```
#include <stdio.h>
void move(char s,char t)
{
   printf("%c--->%c\n",s,t);
}
void hanoi(int n,char a,char b,char c)
{
   if(n==1)move(a,c);
   else{
      hanoi(n-1,a,c,b);
      move(a,c);
      hanoi(n-1,b,a,c);
   }
}
void main(void)
{
   int n;
   printf("请输入盘子的个数(<=64):");
   scanf("%d",&n);
   printf("\n移动步骤:\n");
   hanoi(n,'A','B','C');
}
```

6.7.4 求最大公约数

【例 6-33】 从键盘上输入 10 个正整数，找出最大公约数是 1 的所有数对。

思路：两个数 x 和 y 的最大公约数可以写成下列递归式，因此可以定义一个用于求出数对 (x,y) 最大公约数的递归函数；然后循环求出所有两个数的最大公约数，并显示最大公约数是 1 的数对。

$$gcd(x,y)=\begin{cases} x & \text{当 } y=0 \text{ 时} \\ gcd(y,x\%y) & \text{当 } y\neq 0 \text{ 时} \end{cases}$$

```
#include <stdio.h>
int gcd(int a,int b)
{
   return b?gcd(b,a%b):a;
}
void main(void)
```

```
{
    int i,j;
    int x[10];
    printf("输入 10 个正整数\n");
    for(i=0;i<10;i++){
        scanf("%d",&x[i]);
    }
    for(i=0;i<10;i++){
        for(j=i+1;j<10;j++){
            if(gcd(x[i],x[j])==1){
                printf("gcd(%d,%d)=1\n",x[i],x[j]);
            }
        }
    }
}
```

6.7.5 求回文数

【例 6-34】 求既是回文数又是素数的所有 5 位十进制数。

思路:定义两个函数 isPrime(int n)和 isInvWord(int n),前一个函数用于检测参数 n 是否是素数。isInvWord(int n)函数用于检测参数 n 是否为回文数;实现方法是,把参数 n 的每一位都保存到数组中,然后从数组的第一个元素和最后一个元素开始比较,当这两个元素不相等时,设置 flag 标志为 0,并停止比较;否则,继续比较第 2 个元素和倒数第 2 个元素,直到出现不相等的情况或比较完毕。

```
#include <stdio.h>
#include <math.h>
int isPrime(int n)
{
    int i;
    if(n==2)return 1;
    else if(n%2==0)return 0;
    else{
        for(i=3;i<=sqrt(n);i+=2){
            if(n%i==0)return 0;
        }
    }
    return 1;
}
int isInvWord(int n)
```

```
{
    unsigned char buf[10];
    int i,j,k;
    int flag = 1;
    k = 0;
    while(1){
        buf[k++] = n%10;
        n = n/10;
        if(n == 0)break;
    }
    for(i = 0,j = k - 1;i < j;i++,j--){
        if(buf[i] != buf[j]){
            flag = 0;
            break;
        }
    }
    return flag;
}
void main(void)
{
    int i;
    for(i = 10000;i <= 99999;i++){
        if(isInvWord(i)&&isPrime(i)){
            printf("%d\n",i);
        }
    }
}
```

本章小结

本章首先介绍了结构化编程的基本思想,然后详细讲解了函数的主要操作和应用,包括:函数的定义、参数传递、函数调用、递归,函数和指针的关系、局部变量和全局变量的概念、变量的存储类型、编译预处理等内容。

在进行结构化程序设计时应采用"自顶向下、逐步求精"的模块化设计方法,尽量使用"三种基本结构",严格限制 goto 语句的使用;划分的模块要遵循完整性、单一性和独立性的原则。

函数是 C 语言程序的基本构件,是程序的执行主体,每一个函数都是一个独立的代码块,一个函数的代码专属于该函数。定义在函数内部的变量称为局部变量,局部变量一般具有暂时性、局部性和独立性 3 个特性,而全局变量定义在函数的外部,具有全局性和值的永久性与共享性两个特点。为了减少命名冲突和潜在的错误，在程序中应尽量使用局部变量，少使用全局变量；通过变量的存储分类符可以改变变量的存储性质。在程序中可以通过函数指针来调用函数，使用这种方式的一个突出优点是可以调用一类函数，因此利用函数指针能够编写出一些较通用的函数。递归函数是一种特殊的函数，它在函数体内又调用了自己。在编写递归函数时要注意在函数体内正确地构造出与函数的形式参数个数相等且类型兼容的参数，同时要有结束条件。

通过预处理指令可以扩展 C 语言的程序设计环境，合理地使用它们有助于编写出可读性好、易于移植、易于修改的程序。

习题六

一、简答题

1. 函数的返回类型和 return 语句有什么关系？
2. 局部变量、静态局部变量和全局变量各是什么特点？
3. 参数传递的“地址传递”方式和“值传递”方式有什么区别？
4. 编写返回指针的函数时应注意哪些问题？
5. 编写递归函数时，应注意哪些问题？

二、程序阅读题

执行下列程序，写出运行结果

1.
```
#include <stdio.h>
int x=5;
void f1()
{
    x++;
    printf("f1. x=%d\n",x);
}
void f2()
{
    int x=1;
    x++;
    printf("f2. x=%d\n",x);
}
void main(void)
{
    auto int x=3;
    printf("main1. x=%d\n",x);
    f1();
    f2();
    printf("main2. x=%d\n",x);
```

```
}
```

2.
```
#include <stdio.h>
int sub(int *s)
{
    static int t=0;
    t= *s+t;
    return t;
}
void main(void)
{
    int i,k;
    for(i=0;i<4;i++){
        k=sub(&i);
        printf("%d\n",k);
    }
}
```

3.
```
#include <stdio.h>
void fun(int a[],int count)
{
    int t;
    t=a[0];
    a[0]=a[count-1];
    a[count-1]=t;
    *(a+1)=a[0]+a[count-1];
}
void main(void)
{
    int x[3]={3,5,7},i;
    fun(x,3);
    for(i=0;i<3;i++){
        printf("%d\n",x[i]);
    }
}
```

4.
```
#include <stdio.h>
#define FLAG
#define MAX(x,y,z) ((x)>(y)? (x):(y))>(z)? ((x)>(y)? (x):(y)):(z)
#define MIN(x,y,z) ((x)<(y)? (x):(y))<(z)? ((x)<(y)? (x):(y)):(z)
void main(void)
```

```
{
#ifdef FLAG
    printf("%d\n",MAX(2+3,9+10,7));
#else
    printf("%d\n",MIN(2+3,9+10,7));
#endif
#undef FLAG
#ifdef FLAG
    printf("%d\n",MAX(2+3,9+10,7));
#else
    printf("%d\n",MIN(2+3,9+10,7));
#endif
}
```

5.
```
#include <stdio.h>
void f1(int x,int y,int *sum)
{
    *sum = x + y;
    x++;
    y++;
}
void f2(int x,int y,int *p)
{
    *p = x * y;
    x+= y;
    y -= x;
}
void main(void)
{
    void (*pFun)(int,int,int *);
    int a = 10,b = 20,c = 100;
    pFun = f1;
    (*pFun)(a,b,&c);
    printf("%d,%d,%d\n",a,b,c);
    pFun = f2;
    (*pFun)(a,b,&c);
    printf("%d,%d,%d\n",a,b,c);
}
```

三、编程题

1. 编写一个函数，利用 $e^x = 1 + x + x^2/2! + x^3/3! + \cdots$，计算 e^x 的近似值。当两次求得的值的误差小于 10^{-4} 时满足精度要求。

2. 编写一个函数，将一个整数插入到一个有序的数列中，插入后的数列仍然有序。

3. 编写一个函数，找出一个二维数组中的鞍点，即该位置上的元素在该行上最大，在该列上最小。

4. 编写一个函数，实现两个 20 位整数的乘法运算。

5. 编写获取子串的函数：substring(char *source, int start, int count, char *result)。其中，source 是要从中截取子串的源字符串；start 是子串在源串中的开始位置；count 是要截取的字符数；result 是接受子串的字符数组。

6. 编写一个删除字符串中重复字符的函数。

7. 输入一行字符，统计其中有多少个单词（单词之间用空格分隔），统计功能用函数实现。

8. 读入一串字符，以“#”结束，将其中的字母组成先进后出的链表并输出。

9. 编写一个函数，实现两个复数的乘积。

10. 定义一个宏，把小写字母变为大写。

11. 定义一个宏，判断年份是否为闰年。

12. 编写把一个数字串转换为字符串的函数。例如，将数字串 789 转换为“789”。

13. 从键盘输入一个正整数，求该数的乘积根。正整数中非零数字的乘积称为该数的数字乘积，反复取该数的数字乘积，直到最后的数字乘积为一位数字，这个一位数字称为该正整数的数字乘积根。例如，1620 的数字乘积是 $1 \times 6 \times 2 = 12$，12 的数字乘积是 $1 \times 2 = 2$，因此，2 为 1620 的数字乘积根。

14. 有 n 个整数，使前面各数顺序向后移动 m 个位置，最后 m 个数变成最前面 m 个数。写一个函数实现上述功能，在主函数中输入 n 个整数和 m，输出调整后的 n 个数。

15. 编写一个函数，实现一个整数、长整数、单精度数、双精度数除 2 的计算，要求所有类型的数的计算都在这个函数内实现。函数形式：void halt(void *x, unsigned char type)。

16. 编写一个程序，求 3 个字符串的最长公共子串。

17. 如果一个整数的各因子之和等于该整数，称该整数是完全数。例如，因为 $6 = 1 + 2 + 3$，所以 6 是一个完全数。编写一个已知整数判断其是否是完全数的函数，并用该函数输出 1000 之内的所有完全数。

18. 编写一个计算函数和另外 4 个函数，这 4 个函数分别计算两个整数的和、差、积、商。主函数提供一个能指定运算的选项，主函数根据用户的指定选取不同函数的指针，并以函数的指针为实际参数调用计算函数完成计算。

第7章

文件处理

【本章导读】

文件是一组相关数据的集合,使用文件永久保存数据。前面程序中所处理的数据一般来源于键盘输入,处理结果一般显示于显示器。能否将程序运行完毕后得到的处理结果长期保存起来?或程序运行时需要处理的数据不再来自用户的键盘输入而是来自文件中保存的数据?答案是肯定的。

本章首先介绍了C语言中文件的概念,文件指针的概念,然后介绍如何通过程序创建一个文件,如何从文件中读出数据,如何将数据写入文件,以及C语言对文件处理的技巧。

【本章要点】

第1节:文件概念、数据流、文本文件,二进制文件。

第2节:文件类型、文件类型指针、文件类型指针定义。

第3节:fopen函数、fclose函数、文件打开方式,缓冲区。

第4节:文件位置指针、文件结束标志、错误标志、feof()函数、ferror()函数、clearerr()函数。

第5节:顺序读写、fprintf()/scanf()函数、fputc()/fgetc()函数、fread()/fwrite()函数、putw()/getw()函数、fputs()/fgets()函数。

第6节:随机读写、位置指针定位与复位、位置指针复位函数rewind、获取文件位置指针当前位置函数ftell、定位位置指针函数fseek()。

7.1 文件概述

存储在变量和数组中的数据是临时的,程序运行结束后都会丢失。如果希望获取程序运行的结果(而不仅仅是显示在屏幕上),就需要将数据输出到磁盘文件中保存起来,同样,程序运行时所需要的数据也可以由磁盘文件提供。这些,都涉及访问磁盘文件。

7.1.1 文件的概念

广义地说,C语言的文件,是指存储在外部介质上的数据的集合,或具有数据输入、输出功能的外部设备(如键盘、显示器、打印机等)以及暂存数据的内存缓冲区。

狭义的文件是指磁盘文件(file),是记录在存储介质上的数据的集合,以文件名作为访问文件的标识。

C 语言将文件看作一个有序的字节流,每一个文件以特定的文件结束标志结束。对文件的读写(存取)就看作是在"数据流"中取出或放入数据,"数据流"中数据的存取是以字节为单位的。

7.1.2 文本文件和二进制文件

按文件中数据的组织形式,C 语言将数据文件分为 ASCII 码文件和二进制文件。ASCII 码文件也称文本文件,由一个个字符组成,信息以字符方式存储,每个字节存放的是字符的 ASCII 码。文本文件的结束标志在头文件 stdio. h 中定义为 EOF(EOF 的值就是整数 -1)。

二进制文件中的信息在文件中的存储方式与内存中存储形式完全相同。例如,一个 int 型整数 1024,在内存中占 2 个字节 16 位,如果按 ASCII 码文件保存则需要 4 个字节,分别保存的是字符 '1'、'0'、'2'、'4'的 ASCII 码;如果在二进制文件中,则只占 2 个字节,两个字节的二进制编码为:00000010 00000000,也即该数在内存中的编码。

文本文件中的数据与字符一一对应,一个字节存储一个字符,因而便于对字符进行逐个处理。文本文件可在各种文本编辑器中直接阅读,数据占用存储空间较多,计算机进行数据处理时需要转换为二进制数据形式,程序执行效率低。二进制文件占用空间少,数据可直接在程序中使用而无须转换,程序执行效率高,但可读性差。

7.2 文件类型指针

系统为每一个被使用的文件在内存中开辟一个文件缓冲区,存放该文件的信息(文件识别描述符、文件状态、文件当前读写位置、数据传送缓冲区等)。这些信息是记录在一个结构体变量中的,该结构体类型由系统在 stdio. h 中定义,类型名为 FILE。

```
typedef struct
{
    short           level;      /* 缓冲区满或空的程度 */
    unsigned        flags;      /* 文件状态标志 */
    char            fd;         /* 文件识别描述符 */
    unsigned char   hold;       /* 如无缓冲区则不读取字符 */
    short           bsize;      /* 缓冲区大小 */
    unsigned char   *buffer;    /* 文件缓冲缓冲区地址 */
    unsigned char   *curp;      /* 当前读写指针的指向 */
    unsigned        istemp;     /* 临时文件批示器 */
    short           token;      /* 用于有效性检查 */
}FILE;
```

其中,每个成员变量就是用来存放有关文件的各种信息的数据项。绝大多数情况下,程序员不会直接用到这些成员变量,而是简单使用 FILE 类型指针完成对文件的 I/O 操作。

每一个打开的文件都必须有一个单独声明的 FILE 类型的指针，该指针用来引用该文件。定义文件指针变量的一般形式为：

FILE *文件结构指针变量名

例如：FILE *pr, *pw;　　/* 创建两个指向 FILE 结构体类型的指针变量

文件类型指针由文件打开函数 fopen( )提供赋值，通过打开文件，将文件指针与特定文件联系在一起，实现对文件的读写。

7.3 文件的打开与关闭

C 语言中对文件的读写是通过调用 I/O 函数实现的。文件操作的过程：对磁盘文件的操作必须“先打开、后读写、最后关闭”。

7.3.1 文件打开函数 fopen( )

“打开”文件的含义：以某种方式从磁盘上查找指定的文件或创建一个新文件。使用磁盘文件时，首先需要打开文件，并使用一个文件类型指针指向它。以后使用该指针就表示操作它所指向的文件。

C 语言中打开文件使用 fopen( )函数，其一般格式为：

FILE *fopen(const char *filename, const char *mode);

功能：fopen 打开由参数 filename 指定的文件，如果打开成功，返回与该文件相连接的 FILE 类型指针，打开失败，返回 NULL。文件的操作模式由参数 mode 给定，mode 可以使用的值列于表 7-1 中。

表 7-1　文件打开模式

文件打开方式	含　义
"r"(只读)	打开已存在的文件，用于从文件中读取数据，不能向文件写入数据
"w"(只写)	创建新文件，准备向文件写入数据。若文件已存在，则重建文件
"a"(追加)	打开已存在的文件，准备在文件尾部追加数据。若文件不存在，则创建文件
"r+"(读写)	打开已存在的文件，用于读写(既可读出数据，也可以写入数据)
"w+"(读写)	创建新文件，用于读写。若文件已存在，则重建文件
"a+"(读写)	等效于 a，也可用于从文件中读取数据
"rb"(只读)	为输入打开一个二进制文件，功能等效于 r
"wb"(只写)	为输出打开一个二进制文件，功能等效于 w
"ab"(追加)	为追加打开一个二进制文件，功能等效于 a
"rb+"(读写)	为读/写打开一个二进制文件，功能等效于 r+
"wb+"(读写)	为读/写创建一个二进制文件，功能等效于 w+
"ab+"(读写)	为读/写打开一个二进制文件，功能等效于 a+

其通常用法是：

```
FILE *fp;
fp = fopen(文件名,文件打开模式);
```

例如：

```
fp = fopen("a1.txt","r");
```

表示打开当前目录下的 a1.txt 文件，文件的打开方式是只读。如果成功打开，返回指向文件 a1.txt 的指针赋给变量 fp，这样 fp 就与文件 a1.txt 相联系了，通常称作 fp 指向文件 a1.txt；如果打开失败，返回一个 NULL 指针。可根据 fopen 的返回值确定打开(或创建)操作是否成功。

说明：

① 打开文件的方式必须与文件的属性兼容。例如，不要以"w"和"a"方式打开具有“只读”属性的文件。但可以以任何方式打开“隐藏”属性文件。

② 在 DOS、Windows 中，无“只写”文件属性，一个文件可写，同时意味着可读。

③ 打开的文件中存在一个读写位置指针，对文件的读写操作总是从该位置指针指向的字节开始。读写操作都将移动此读写位置指针。

④ 用带"r"的方式("r"、"rb"、"r+"、"rb+")打开文件时，若文件不存在，则返回 NULL 指针。一般用以下方式检查是否成功打开：

```
FILE *fp;
if ((fp = fopen("file1","r")) == NULL)
{
    printf("cannot open this file\n");
    exit(0);
}
```

exit(0)是程序返回操作系统。

若文件存在，则打开它，读写位置指针指向文件头。

以"r"的方式打开的文件只能用于读取数据，而不能向该文件输出数据。用"r+"方式打开文件时，既可以读取数据也可以往文件中写数据。

⑤ 用带"a"或带"w"的方式打开文件时，若文件不存在，则创建该文件。但 fopen()函数仍可能因为磁盘写保护或目录满而失败。

⑥ 用带"a"或带"w"的方式打开文件时，若文件已存在，"a"方式在打开时，读写位置指针指向文件尾，表明在原文件后追加数据；"w"方式则是把原文件删除，然后重新创建一个相同名字的文件。

总而言之，如果是为从文件中读取数据而打开文件，则选择使用"r"系列方式，文件打开后读写位置指针位于文件头；如果是希望向文件输出数据而打开文件，则可以使用"a"或"w"系列方式，不同的是使用"w"系列方式时读写位置指针位于文件头，而使用"a"系列方式时读写位置指针位于文件尾。

7.3.2 文件关闭函数 fclose()

磁盘文件的读写是读写函数通过数据缓冲区进行的。系统自动地在内存中为每个打开的文件开辟一个缓冲区，由文件向程序输入的数据或由程序向文件输出的数据都必须先送到缓冲区，装满缓冲区后再进行一次输入/输出处理。正常关闭文件时，系统会将相关缓冲区中的剩余数据写入磁盘文件中，保证文件数据的完整。另外，操作系统可同时打开的文件总数是有一定的限制的，关闭对于程序不再使用的文件，可减少程序继续运行所占用的资源。

fclose()函数关闭文件，其一般格式是：

int fclose(FILE *fp)

功能：关闭指针 fp 所指向的文件，使文件指针 fp 与相关文件脱离，同时刷新文件输入/输出缓冲区。

fclose()关闭文件成功，返回 0 值，否则返回非 0 值。

【例 7-1】 显示 C 盘\tc 文件夹中文件 t.c 的内容。

```
#include <stdio.h>
void main()
{
    FILE *fp;
    char ch;
    int i;
    fp = fopen("c:\\tc\\t.c","r");          /* 打开指定文件 */
    if(fp == NULL)
    {
        puts("No exist t.c");
        exit(0);
    }
    while((ch = fgetc(fp))! = EOF)          /* 读出文件中一个字符，直至文件尾 */
        putchar(ch);                        /* 输出到显示器 */
    putchar('\n');
    fclose(fp);                             /* 关闭文件 */
}
```

本程序适用于显示文本文件内容，对文本文件，文件结束标志是 EOF(EOF 是在 stdio.h 文件中定义的符号常量，值为 -1)。函数 fgetc(fp)读出 fp 所指文件中的一个字符，当读出的字符值等于 EOF 时，表示读入的已是文件结束符，循环结束。fgetc()函数在后面将介绍。

7.4 检错与处理

文件指针 FILE *fp 中，包含一个读写位置指针，它指向当前文件读写的位置。每当进行一次读写后，该指针自动指向下一次读写的位置，如例 7-1 中每调用一次 fgetc()函数，读写位置指针后移一个字节。

当文件刚打开或创建时(以 r 或 w 方式打开)，该指针指向文件的开始位置；当文件以 a 方式打开时，读写位置指针指向文件尾。

使用 EOF 作为文件结束标志和文件读写出错标志只适用于文本文件而不适用于二进制文件,本节介绍的检测文件尾函数 feof( )和检测错误函数 ferror( )则既适用于文本文件,也适用于二进制文件。

7.4.1 检测错误函数 ferror( )

对打开的文件调用读写函数进行读写操作时,可能因某些原因导致失败(如磁盘错误),为此 C 语言提供 ferror 函数用于检测读写操作是否出现错误。其一般形式是:

int ferror(FILE *fp)

功能:检测文件错误。返回值为 0(假)表示当前操作没有出现错误,返回非 0 值(真)表示出错。

对同一文件每调用一次读写函数,均产生一个新的 ferror( )函数值。一旦与 fp 相关联的出错标记给出后,该错误信息将一直保留在系统中直至再次使用读写函数,ferror( )函数可以取走该错误信息(同时清除),也可以调用 clearerr( )函数清除。在执行 fopen( )函数时 ferror( )函数初始值自动置为 0。

7.4.2 检测文件是否结束函数 feof( )

文件读写位置影响对文件的读写操作,feof( )函数用于检测文件的读写位置是否已到达文件尾。feof( )函数的一般形式是:

int feof(FILE *fp)

功能:检测 fp 所指向的文件读写位置指针是否指向文件尾。返回 0 值(假),表示未到文件尾;返回非 0 值(真),表示位置指针已指向文件尾。当对文件进行读操作时,常用此函数测试对文件是否已读取结束。

7.4.3 清除错误标志和文件结束标志函数 clearerr( )

当错误处理完毕后,应清除相关错误标志,以免重复错误处理,清除错误标志和文件结束标志的一般形式是:

void clearerr(FILE *fp)

功能:清除 fp 所指向的文件读写过程中出现的错误标志和文件结束标志,即将这两个标志置 0。

一旦文件读写操作出现错误,系统内部的一个错误标志将被设置为非 0,调用 ferror( )函数可得到该错误标志的值。错误标志会一直保留直到清除(clearerr( )),或下一次调用 I/O 函数,才能改变该标志的值。

7.5 文件的顺序读写

本节介绍的文件读写函数对文件操作时是按照数据在文件中的逻辑顺序依次进行的。各小节介绍的函数应该成对匹配使用。

7.5.1 fprintf( )/fsacnf( )函数

除增加“文件指针”外,这两个函数与 printf( )/scanf( )用法相似,都是格式化读写函数,只是 fscanf( )和 fprintf( )函数操作的对象是磁盘文件而非键盘和显示器。

1. fprintf( )函数

int fprintf(FILE *fp,格式控制,输出列表)

功能:将输出列表中的值按指定格式写到 fp 文件中,返回值为实际写入文件的字符数;输出失败,返回 EOF。

【例 7-2】 向文件 a.txt 中写入数据。

```
#include <stdio.h>
void main()
{
    FILE *fp;
    fp=fopen("a.txt","w");
    if(fp==NULL)
    {
        puts("Can't create a.txt!");
        exit(0);
    }
    fprintf(fp,"d=%d,h=%x,o=%o\n",10,10,10);
    fclose(fp);
}
```

程序将在当前工作目录下创建文件 a.txt,而文件 a.txt 的内容是:d=10,h=a,o=12。

2. fscanf( )函数

int fscanf (FILE *fp,格式控制,变量地址列表)

功能:按指定格式从 fp 文件中读取数据,送到对应变量中。返回值为被赋值参数个数;如果读取操作失败(如读写位置指针已到达文件尾),返回 EOF。

【例 7-3】 键盘输入一批数据,写入文件 a.txt 中,输入以 0 作为结束。

```
#include <stdio.h>
void main()
{
    FILE *fp;
    int x;
    fp=fopen("a.txt","w");
    scanf("%d",&x);
    while(x!=0)
    {
        fprintf(fp,"%d ",x);
```

```
        scanf("%d",&x);
    }
    fclose(fp);
}
```

程序运行输入:23 45 -11 78 6 13 98 -3 35 0 ↙

运行后创建文本文件 a.txt(在当前文件夹),其内容为:23 45 -11 78 6 13 98 -3 35,可以使用记事本程序打开查看内容。

【例 7-4】 求前例生成的数据文件 a.txt 中的最大值。

```
#include <stdio.h>
void main()
{
    FILE *fp;
    int n,m;
    fp=fopen("a.txt","r");
    if(fp==NULL)
    {
        puts("Error!");
        exit(0);
    }
    fscanf(fp,"%d",&m);                    /* 起始数据放入变量 m 中 */
    do {
        fscanf(fp,"%d",&n);                /* 从 a.txt 中依次读出文件 */
        if(m<n) m=n;
    } while(!feof(fp));                    /* 直到读到文件尾结束循环 */
    printf("m=%d\n",m);
    fclose(fp);
}
```

程序输出:m=98。

fscanf()与 fprintf()是格式化读写文件函数,针对文本文件进行操作,且文件中数据的格式要受格式控制的限制。

还要注意的是,以"w"方式打开一个已存在的文件,系统会删除原有文件内容而不给予警告。

7.5.2 fputc()/fgetc()函数

这是一对以字符(字节)为单位进行文件读写的函数,每次可从文件中读出一个字符或向文件中写入一个字符。

1. fputc()函数

int fputc(int c,FILE *fp)

功能:把字符 c 写入文件 fp 的当前位置处,然后将文件的读写位置指针下移一个字符。执行成功时返回字符 c 的 ASCII 码,失败时返回 EOF(-1)。

由于历史原因,参数 c 被说明为 int 型。具体使用时,可以用字符作为参数;若使用一个整型量,则只使用其低位,高位舍去不用。

2. fgetc( )函数

int fgetc(FILE *fp)

功能:从文件 fp 的当前位置读出一个字符并返回该字符(其 ASCII 码),该字符作为无符号字符返回。同时文件位置指针下移一个字符。

对于文本文件,由于字符的 ASCII 码不可能为 -1,当读写指针到达文件尾则返回结束标志 EOF。

对于二进制文件,由于文件中可能有 -1,即 -1 是文件的合法内容,因而不能依据读出 EOF 来判断是否已读到文件尾。可调用 ferror( )和 feof( )来判断是否已到文件尾。feof(fp)值为 1,说明遇文件尾。

fputc( )与 fgetc( )是单个字节读写函数,一次只能读写一个字节,并且将该数据看作一个字符写入或读出。

【例 7-5】 键盘输入一组文字,写入磁盘文件 test. txt 中。输入以 '#'作结束。

```
#include < stdio. h >
void main( )
{
    FILE *fp;
    char ch;
    if( (fp = fopen( "test. txt", "w" ) ) = = NULL)
    {       puts( "Can't open test. txt" ) ;
      exit(0) ;
    }
    ch = getchar( ) ;
    while( ch! ='#')               /* 从键盘读入字符,直到#为止 */
    {
        fputc( ch,fp) ;     /* 顺序写入文件 */
        ch = getchar( ) ;
    }
    fclose( fp) ;
}
```

运行时输入:This is a test!# ↙,则创建文件 test. txt,文件内容为:

This is a test!

【例 7-6】 从指定文本文件中顺序读出文件内容,并在屏幕上显示出来。

```
#include < stdio. h >
void main( )
```

```
{
    FILE *fp;
    char ch,name[13];
    puts("Please input a filename:");
    gets(name);
    fp = fopen(name,"r");
    if(fp == NULL)
    {
        printf("Can not open %s\n",name);
        exit(0);
    }
    while(!feof(fp))                    /* 若未到文件尾 */
    { ch = fgetc(fp);                   /* 读出文件中的一个字符 */
    putchar(ch);
    }
    fclose(fp);
}
```

程序运行情况：

Please input a filename:　　　　（程序提示）

test. txt ↙　　　　（用户输入要显示内容的文件名，按回车键）

This is a test!　　　　（程序输出）

注意本程序的程序结束条件，并与例 7-1 相比较。

【例 7-7】 将一个磁盘文件的内容复制到另一个磁盘文件。

```
#include <stdio.h>
void main()
{
    FILE *in, *out;
    char ch,infile[13],outfile[13];
    puts("Enter the infile name:");
    gets(infile);
    puts("Enter the outfile name:");
    gets(outfile);
    if((in = fopen(infile,"r")) == NULL)
    {
        printf("can not open infile %s\n",infile);
        exit(0);
    }
    if((out = fopen(outfile,"w")) == NULL)
```

```
    {
        printf("can not create outfile %s\n",outfile);
        exit(0);
    }
    while(!feof(in))                /* 判断源文件是否读到文件尾 */
        fputc(fgetc(in),out);       /* 从文件 in 中读出一个字符,写入 out */
    fclose(in);fclose(out);
}
```

程序运行:

```
Enter the infile name:
test.txt ↙            (用户输入源文件名,并回车)
Enter the outfile name:
b.txt ↙               (用户输入目标文件名,并回车)
```

程序将文件 test.txt 的内容完整地复制到 b.txt 中。如果将 fopen()函数中的打开方式"r"和"w"分别改为"rb"和"wb",本程序可用于复制任何类型的文件。

在 stdio.h 中,将 fputc 和 fgetc 定义为宏名 putc 和 getc:

```
#define putc(ch,fp) fputc(ch,fp)
#define getc(fp) fgetc(fp)
```

因此,可以将 getc 和 putc 看作函数,其使用方法与本节介绍的 fgetc()和 fputc()一致。

7.5.3 fread()/fwrite()函数

这是两个读写数据块的函数,一次从内存中读出一组数据或向内存中写入一组数据。一般用于对数组或结构体类型变量进行操作。

1. fread()函数

size_t fread(void *buffer,size_t size,size_t count,FILE *fp)

功能:从文件 fp 当前位置指针处读出 count 个长度为 size 字节的数据块,存到 buffer 指向的内存中,同时读写位置指针后移 count * size 个字节。

返回值:如果操作成功,函数返回值等于实际读出的次数;若少于 count 次,表示出现了错误,或已到达文件尾,可用 feof()或 ferror()函数来检测。

在 stdio.h 中有定义:

```
typedef unsigned size_t;
```

即 size_t 代表无符号整型。

2. fwrite()函数

size_t fwrite(void *buffer,size_t size,size_t count,FILE *fp)

功能:将内存中从 buffer 地址开始存储的数据,写入 count 次,每次写 size 字节至文件 fp 中,同时读写位置指针后移 count * size 个字节。

返回值:如果操作成功,函数返回值等于实际写入的次数(可能少于 count,则表示发生了错误)。

每读写一次,文件位置指针随所读写的数据块长度而后移。

【例 7-8】 将键盘输入数据写入文件。

```
#include < stdio. h >
void main( )
{
    FILE  * fp;
    int x;
    fp = fopen( " a. dat" , " wb" ) ;
    scanf( " % d" ,&x) ;
    while( x! =0)
    {
        fwrite( &x,sizeof( int) ,1,fp) ;/ * 将内存变量 x 中的信息写入 fp * /
        scanf( " % d" ,&x) ;
    }
    fclose( fp) ;
}
```

程序运行时输入:65 97 -1 13 255 1890 0 ↙,则将前 6 个 int 数据写入文件 a. dat。写入时按内存中整型数据的编码形式原样输出到磁盘文件中,不进行字符转换,因而 a. dat 并非文本文件,无法在文本编辑程序(如记事本程序)中直接看到这 6 个整数。

【例 7-9】 读出 a. dat 中保存的整数。

```
#include < stdio. h >
void main( )
{
    FILE  * fp;
  int x[10],i,n;
  fp = fopen( " a. dat" , " rb" ) ;
  n = fread( x,sizeof( int) ,6,fp) ; / *  从 fp 中读出 6 个 int 数据到数组 x 中  * /
  for( i = 0;i < n;i++ )
    {
        printf( " % d" ,x[i]) ;
    }
  fclose( fp) ;
}
```

程序运行后屏幕显示:65 97 -1 13 255 1890。

fread( )和 fwrite( )是对二进制文件进行的读写函数,数据在内存中的存储形式与文件中的存储形式是一致的。对文件读写时两个函数一般是匹配使用,多用于数据块(如结构体数据类型)整体文件的输入/输出。

例如,若银行用下面的结构体类型记录客户的账号信息。

```
struct clientdata
{
    int acctnum;
    char acctname[21];
    char paswrd[20];
    int credit;
};
struct clientdata x[50];
```

数组 x 中记录有 50 位客户信息(包括客户编号、客户姓名、密码和账户总额),可以用下面的 for 语句将 50 位客户信息写入文件 fp:

```
for(i=0;i<50;i++)
    fwrite(&x[i],sizeof(struct clientdata),1,fp);
```

也可以用一条 fwrite 语句一次写入多个数组元素,效果一样:

```
fwrite(x,sizeof(struct clientdata),50,fp);
```

同样,下面语句也可以将磁盘文件中的信息读回到数组 x 中:

```
for(i=0;i<50;i++)
    fread(&x[i],sizeof(struct clientdata),1,fp);
```

或

```
fread(x,sizeof(struct clientdata),50,fp);
```

【例 7-10】 键盘输入 3 位客户的有关数据,存储到文件 credit. dat 中。

```
#include <stdio.h>
struct clientdata
{
    int acctnum;
    char acctname[21];
    char paswrd[20];
    int credit;
};
void main()
{
    struct clientdata x[3];FILE *fp;
    int i;
    if((fp=fopen("credit.dat","wb"))==NULL)
    {
        puts("Can't open file");
        exit(0);
    }
    puts("Enter account_number accout_name accout_password,credit:");
```

```
    for(i=0;i<3;i++)
    {
        printf("?");
        scanf("%d",&x[i].acctnum);
        scanf("%s%s%d",x[i].acctname,x[i].paswrd,&x[i].credit);
    }
    for(i=0;i<3;i++)
        fwrite(&x[i],sizeof(struct clientdata),1,fp);
    fclose(fp);
}
```

程序运行时：

```
Enter account_number accout_name accout_password,credit:
?1 Liyan 111 888 ↙
?2 Wanghua 222 999 ↙
?3 Huyan 333 777 ↙
```

运行后，这3组数据输出到文件 credit. dat 中。

【例 7-11】 将文件 credit. dat 文件中的数据读出并显示在屏幕上。

```
#include <stdio.h>
struct clientdata
{
    int acctnum;
    char acctname[21];
    char paswrd[20];
    int credit;
};
void main()
{
    struct clientdata x[3];FILE *fp;
    int i;
    if((fp=fopen("credit.dat","rb"))==NULL)
    {
        puts("Can't open file");
        exit(0);
    }
    for(i=0;i<3;i++)                    /* 循环条件也可以为 !feof(fp) */
    {
        fread(&x[i],sizeof(struct clientdata),1,fp);
```

```
printf("% -5d% -21s% -20s% 8d\n",x[i].acctnum,x[i].acctname,x[i].paswrd,x[i]
.credit);
    }
    fclose(fp);
}
```

运行后屏幕显示如下：

```
1       Liyan           111         888
2       Wanghua         222         999
3       Huyan           333         777
```

7.5.4 其他读写函数

1. putw()/getw()函数

int putw(int w,FILE *fp)

功能:向 fp 文件写入一个整型数据 w。成功写入,返回值为所写的整型值;若失败,返回 EOF。若向文件中写入 -1,也返回 EOF(-1),此时可根据 ferror()函数作进一步判断。

int getw(FILE *fp)

功能:从文件 fp 中读出一个整数。成功读出,返回该值;若失败,返回 EOF。由于读取的整数值也可能为 -1,因此需要使用 feof()和 ferror()函数来确定是否读到文件结束标志或出现错误。

例如：

```
putw(12,fp);            将整数 12 写入到 fp 所指的文件中
x=getw(fp);             从文件中读出一个整数,赋给变量 x
```

这两个函数用于在磁盘文件上读取或写入一个整型数据,用法和 fgetc()/fputc()相似,只是读写以整型数据为单位。

这两个函数都不是 ANSI C 标准定义的,如果所用的 C 编译系统中不包含 putw()/getw()函数,用户也可以自定义这两个函数。

putw()函数可定义如下：

```
#include <stdio.h>
int putw(int w,FILE *fp)
{
    char *c=(char*)&w;
    putc(c[0],fp);putc(c[1],fp);
    return w;
}
```

getw()函数可定义如下：

```
int getw(FILE *fp)
{
    char *c;
    int w;
```

```
    c = (char * )&w;
    c[0] = getc(fp);c[1] = getc(fp);
    return w;
}
```

2. fputs()/fgets()函数

char *fgets(char *str,int n,FILE *fp);

功能:从文件 fp 读出长度为 n-1 的字符串,存入 str 指定的字符数组中,并在字符串后面附加 '\0'。如果在读取不到 n-1 个字符时遇到换行符或 EOF,读出操作即结束。

操作成功返回值为字符串指针 str,发生错误时或文件结束,返回 NULL。

int fputs(char *str,FILE *fp)

功能:把字符串 str 写入文件 fp 中,字符串结束标志 '\0'不写入文件。写入成功,返回 0,出错,返回 EOF。

例如:

```
fputs("china",fp);
```

fgets()/fputs()是以行或字符串为单位对文本文件进行读写操作的函数,用法类似前面介绍的 puts()/gets()函数,只不过它们是以指定文件为读写对象。

7.6 文件的随机读写

前面的文件读、写都是顺序进行的,文件中每个数据只能读、写一次。如果能移动读写位置指针到需要位置,就可以实现随机读写。下面介绍强制移动位置指针函数。

7.6.1 位置指针复位 rewind()函数

void rewind(FILE *fp)

功能:使文件 fp 的读写位置指针重新返回文件开始,同时清除错误标志和文件结束标志。

【例 7-12】 在例 7-3 中通过键盘已输入一组 int 型数据到文件 a.txt 中,现要求读出文件 a.txt 中的所有整数,排序后再写入同一文件。

文件 a.txt 中的数据是使用 fprintf()函数写入,因此需要用 fscanf()函数读出。由于事先文件中数据的个数未知,因此首先需要统计数据个数,再一一读出数据到一个动态数组中,排序后再输出。

```
#include <stdio.h>
void main()
{
    FILE *fp;
    int *p,n,i,j,t;
    if((fp = fopen("a.txt","r+")) == NULL)      /* 打开文件 */
    {
        puts("Can't open a.txt");
```

```
        exit(0);
    }
    for(n=0;!feof(fp);n++)                      /* 统计个数 */
        fscanf(fp,"%d",&t);
    n--;
    p=(int*)malloc(sizeof(int)*n);              /* 创建动态数组 */
    rewind(fp);                                 /* 读写位置指针回到开始 */
    for(i=0;i<n;i++)                            /* 读出数据到动态数据 */
        fscanf(fp,"%d",p+i);
    for(i=0;i<n-1;i++)                          /* 排序 */
        for(j=i;j<n;j++)
            if(p[i]>p[j])
            {
                t=p[i];p[i]=p[j];p[j]=t;
            }
            rewind(fp);                         /* 再次移动位置指针到开始 */
            for(i=0;i<n;i++)
                fprintf(fp,"%d",p[i]);
            fclose(fp);
}
```

运行后文件 a.txt 的内容为：-11 -3 6 13 23 35 45 78 98。

用格式化输出函数 fprintf()建立的数据项不一定具有相同的长度，如本程序中同为 int 型数据，写入文件后 -11 占 3 个字节，6 占 1 个字节，而 78 占 2 个字节。如果将最后循环中的输出函数改为以下调用并运行：

fprintf(fp,"%d",p[i]);

则文件 a.txt 的内容为：-11 -3613233545789845 78 98。这是由于输出的数据项之间不再包含空格，文件中原有的某些数据项不会被覆盖。

7.6.2 求文件位置指针当前位置函数 ftell()

long ftell (FILE *fp)

功能：函数返回读写位置指针距离文件开始处的字节数。若返回 -1L 则操作失败。

对文件随机读写时，必须始终明确文件位置指针的当前位置。通常使用本函数获取文件 fp 的当前位置，用相对于文件开头的位移量表示。

【例 7-13】 测指定文件长度。

```
#include <stdio.h>
void main()
{
    FILE *fp;
```

```
    char name[50];
    puts("Please input a filename:");
    gets(name);
    fp = fopen(name,"rb");
    fseek(fp,0,2);                          /* 移动读写位置指针到文件尾 */
    printf("len = %ld\n",ftell(fp));        /* 输出文件长度(字节数) */
}
```

7.6.3 位置指针的随机移动函数 fseek( )

int fseek (FILE *fp,long offset,int origin)

功能:移动文件 fp 的位置指针,从起始点 origin 开始,移动 offset 字节。成功返回 0,失败返回非 0。

参数 origin 表示移动的起始位置,其可能的取值如表 7-2 所示。

表 7-2 origin 可取值及含义

起始点 origin	宏 名 字	值
文件开始位置	SEEK_SET	0
当前位置	SEEK_CUR	1
文件尾	SEEK_END	2

参数 offset 表示从起始点开始到新位置之间的字节数,所对应的实参应使用 long int 型数据,若用常量后面加 L。fseek( )使用后将清除文件结束标志。

下面是 fseek( )使用的几个例子:

```
fseek(fp,120L,0);               /* 将读写指针移动到距离文件开始的 120 个字节处 */
fseek(fp,10L,1);                /* 将读写指针向后移动 10 个字节 */
fseek(fp,-10L,SEEK_CUR);        /* 将读写指针向前移动 10 个字节 */
fseek(fp,-50L,2);               /* 将读写指针移到文件尾前 50 个字节处 */
```

【例 7-14】 在例 7-10 中已将 3 个客户信息保存在文件 credit.dat 中,编写查询程序,键盘输入客户编号,屏幕显示该客户各项信息。

```
#include <stdio.h>
struct clientdata
{
    int acctnum;
    char acctname[21];
    char paswrd[20];
    int credit;
};
```

```
void main()
{
    struct clientdata x;FILE *fp;
    int i,n,len;
    if((fp=fopen("credit.dat","rb"))==NULL)
    {
        puts("Can't open file");
        exit(0);
    }
    len=sizeof(struct clientdata);
    fseek(fp,0L,2);
    n=ftell(fp)/len;                    /* 测记录个数 */
    puts("Enter account_number:");
    scanf("%d",&i);
    if(i<1||i>n)
        printf("No exist No %d\n",i);
    else
    {
        fseek(fp,len*(i-1),0);      /* 读写指针定位 */
        fread(&x,len,1,fp);
        printf("\t%d\t%s\t%s\t%d\n",x.acctnum,x.acctname,x.paswrd,x.credit);
    }
    fclose(fp);
}
```

现实世界中的一个实体通常需要多个数据项来描述,如一个银行客户,需要客户号、客户姓名、密码、信贷额等来表示。在 C 程序中,使用结构体类型来描述一类特定对象,结构体的成员称为“字段”,一个结构体数据称为一条记录,即记录是由一组相关的字段组成。一条记录标识一个特定的实体(如一个客户),一个字段标识该实体的某一个属性。

随机存取文件适合用于快速访问指定数据的事务处理系统,如银行系统、销售系统、人员管理系统等,随机存取文件时要求各字段数据以及相关字段组成的记录具有固定的长度,这样才能直接而快速地访问,因此在向文件写入时多使用 fwrite()函数,以记录数据块为单位写入文件,读出时也以记录(结构体类型)长度为单位移动读写指针。

7.7 综合实例

【例 7-15】 文件加密。

文件加密的方式有多种,本程序采用的方法是:将每个字节数据与 -1 进行**异或**,使每个位数据翻转。这样本程序既是加密程序也是解密程序。

```
#include < stdio. h >
#include < stdlib. h >
#include < conio. h >
void encrypt( )
{
    FILE *fp;
    char name[30],ch,t;int y =0,i;
    clrscr( );gotoxy(1,8);
    printf( "Enter filename:");
    gets(name);
    if((fp =fopen(name,"rb +")) == NULL)
    {
        printf("\t\tcan't open %s",name);exit(0);
    }
    fseek(fp,0L,SEEK_END);              /* 定位位置指针到文件尾 */
    y =ftell(fp);                       /* 测文件长度 */
    rewind(fp);                         /* 定位位置指针到文件头 */
    for(i =0;i < y;i++ )
    {
        ch =fgetc(fp);                  /* 读出一个字符 */
        ch^= -1;                        /* 与 -1 进行异或 */
        fseek(fp, -1L,1);
        if((fputc(ch,fp)) == EOF)       /* 写回字符并测试写入操作是否正确 */
        {
            puts("write error");
        }
        fseek(fp,0l,1);
    }
    fclose(fp);
}
void psw( )
{
    char *p = "a1b2c3";                 /* 设置本程序使用密码为 a1b2c3 */
    char pass[10];
    int i =1;
    clrscr( );gotoxy(1,8);
    while(i <=3)
    {
```

```
        printf("\n\t\tPlease enter password:");
        gets(pass);
        if(strcmp(pass,p)==0)
            return;
        puts("\t\tpassword error! enter again!");
        i++;
    }
    puts("\n\tSorry,you can't use this system!");
    getch();
    exit(0);
}
void main()
{
    psw();
    encrypt();
}
```

单次调用会对指定的文件进行加密,一般的 ASCII 文件以及非 ASCII 文件如 Word 文档都可以调用此程序加密。偶数次调用此程序将对文件解密。

本章小结

文件读写是程序设计应用中非常实用的部分。使用磁盘文件的主要操作是读写文件,涉及文件的打开与关闭,对文件的测试与定位,以及相关文件读写函数的使用。C 语言中通过一个文件类型的指针使用文件。打开文件是使用文件的第一步,使用 fopen()函数打开指定文件并将文件与一个文件指针相联系。文件被打开时必须指明文件的打开模式,它决定了文件的读写使用方式。使用文件的最后一步是关闭文件,通过 fclose()函数实现。

文件读写是通过各类读写函数实现的。文件读写函数选用原则:(1)读写 1 个字符(或字节)时,选用 fgetc()/fputc();(2)读写 1 个字符串时,选用 fgets()/fputs(),注意读入到指定个数时读入结束,或者读入时遇到换行符、文件结束标志时也会结束;(3)读写连续存储的 1 个或多个数据时,选用 fread()/fwrite();(4)以特定的格式读写文本文件中的数据时,选用 fscanf()/fprintf()。fread()/fwrite()主要用于对二进制文件进行读写,fgets()/fputs()、fscanf()/fprintf()主要用于对文本文件进行读写,而 fgetc()/fputc()既可对文本文件进行操作,也可以对二进制文件进行读写。

使用文件时要培养良好的程序设计习惯:(1)打开文件时,一定要检查 fopen()函数返回的文件指针是否为 NULL;(2)在不需要写入数据时,就以"r"方式打开文件,保证文件内容不会被误写;(3)明确关闭不再使用的文件。

使用文件时要注意以下常见错误:

(1) 以"w"方式打开一个用户想保留数据的现有文件,此方式打开文件会完全删除文件的原有内容;(2)文件读写操作与打开方式不相符;(3)试图对一个无权访问的文件进行写操作,如对一个在操作系统中设置为只读属性的文件进行写入操作。

习题七

一、选择题

1. 若 fp 是指向某文件的指针,且已读到文件末尾,则库函数 feof(fp)的返回值是(　　)。

A. EOF　　B. -1　　C. 1　　D. 0

2. 已知函数的调用形式:fread(buffer,size,count,fp); 其中 buffer 代表的是(　　)。

A. 一个整型变量,代表要读入的数据项总数

B. 一个文件指针,指向要读的文件

C. 一个指针,指向要读入数据的存放地址

D. 一个存储区,存放要输出的数据项

3. 函数调用语句:fseek(fp,-20L,2); 的含义是(　　)。

A. 将文件位置指针移到距离文件头 20 个字节处

B. 将文件位置指针从当前位置向后移动 20 个字节

C. 将文件位置指针移动到距离文件尾 20 个字节处

D. 将文件位置指针从当前位置向前移动 20 个字节

4. 若要打开 E 盘上 user 子目录下名为 test. txt 的文本文件进行读写操作,下面符合此要求的函数调用是(　　)。

A. fopen("E:\user\test. txt","r");　　B. fopen("E:\\user\\test. txt","r+");

C. fopen("E:\user\test. txt","rb");　　D. fopen("E:\\user\\test. txt","w");

5. 当顺利执行了文件关闭操作后,fclose()函数的返回值是(　　)。

A. 地址值　　B. TRUE　　C. 0　　D. 1

6. C 语言中,可以把整型数据以二进制编码形式写入到文件中的函数是(　　)。

A. fprintf()函数　　B. fputc()函数　　C. fwrite()函数　　D. fputs()函数

7. C 语言中 fgets(str,n,fp)函数的功能是(　　)。

A. 从文件 fp 中读取长度为 n 的字符中存入 str 指向的内存中

B. 从文件 fp 中读取长度不超过 $n-1$ 的字符串存入 str 指向的内存中

C. 从文件 fp 中读取 n 个字符串存入 str 指向的内存中

D. 从 str 读取至多 n 个字符到文件 fp 中

8. 以"w+"方式打开一个已存在的文件,以下说法正确的是(　　)。

A. 文件内容不会被删除,位置指针移动文件尾,可进行读写操作

B. 文件内容不会被删除,位置指针位于文件头,可进行读写操作

C. 原文件内容会被删除,只可进行写操作

D. 原文件内容会被删除,可进行读写操作

9. 以下程序的输出结果是(　　)。

```
#include < stdio. h >
```

```
void main( )
{
  FILE   *fp;
  char str[10];
  fp = fopen("aa.txt","w");
  fputs("abc",fp);
  fclose(fp);
  fp = fopen("aa.txt","a+");
  fprintf(fp,"%d",28);
  rewind(fp);
  fscanf(fp,"%s",str);
  puts(str);
  fclose(fp);
}
```

A. abc28　　B. abc　　C. 28c　　D. 类型不一致而出错

10. 有定义:struct student st[30];且数组中各元素都已有值,若要将数组 st 中所有元素保存的数据写到文件 fp 中,以下不正确的形式是(　　)。

A. fwrite(st,sizeof(struct student),30,fp);

B. fwrite(st,30 * sizeof(struct student),1,fp);

C. fwrite(st,15 * sizeof(struct student),15,fp);

D. for(i=0;i<30;i++)

fwrite(st+i,sizeof(struct student),1,fp);

二、填空题

1. 以下程序是统计文件 test.txt 中字符的个数。请完善程序。

```
#include <stdio.h>
void main( )
{
    ______(1)______;
    long num=0;
    if((fp=fopen("test.txt","r"))==NULL)
    {
        puts("Can't open file");
        exit(0);
    }
    while(______(2)______)
    {
        fgetc(fp);
        num++;
```

```c
    }
    printf("num = %d\n",num);
    fclose(fp);
}
```

2. 以下程序的功能是：从键盘上输入一个字符串，把该字符串中的小写字母转换为大写字母，输出到新建文件 test. txt 中，然后从该文件读出字符串并显示出来。请完善程序。

```c
#include <ctype.h>
#include <stdio.h>
void main()
{
    FILE *fp;
    char str[100];int i=0;
    if((fp=fopen("text.txt","    (1)    "))==NULL)
    {
        printf("can't create this file\n");
        exit(0);
    }
    printf("input a string:\n");
    gets(str);
    while(str[i])
    {
        if(str[i]>='a'&&str[i]<='z')
            str[i]=str[i]-32;
        putc(    (2)    );
        i++;
    }
    str[0]=0;
        (3)    ;
    fgets(str,100,fp);
    puts(str);
    fclose(fp);
}
```

3. 以下程序功能：用户通过键盘输入一个要打开的文件名，然后输入一串字符（用#结束输入）存放到此文件中，形成文本文件，最后将字符的个数写到文件的尾部，请填空。

```c
#include <stdio.h>
void main( )
{
    FILE *fp;
```

```
    char ch,fname[32];
    int count =0;
    printf("Input the filename:");
    gets(fname);
    if((fp=fopen(______(1)______,"w+"))==NULL)
    {
        printf ("Can't open file:%s\n",fname);exit (0);
    }
    printf("Enter data: \n");
    while ((ch=getchar())!='#')
    {
        fputc (______(2)______);count++;
    }
    fprintf(______(3)______,"\n%d\n",count);
    fclose(fp);
}
```

4. 以下程序将一个名为 f1. txt 的文件复制到一个名为 f2. txt 的文件中。请完善程序。

```
#include <stdio.h>
void main( )
{
    FILE *fp1,*fp2;
    fp1=fopen("f1.txt","r");
    fp2=fopen("f2.txt","w");
    while(!feof(fp1))
    {
        fputc (__________);
    }
    fclose (fp1);
    fclose (fp2);
    return;
}
```

三、编程题

1. 编写程序实现:显示指定的文本文件内容,并在每一行前面显示行号。

2. 编写程序将两个文件的内容合并到一个文件中,并显示合并后的文件内容。三个文件名由键盘输入。

3. 编写程序能够统计一个英文的文本文件中单词的个数。

4. 在例 7-10 中建立的文件 credit. dat 中保存了客户的信息。使用例 7-10 中的结构体类型:

```
struct clientdata
{
    int acctnum;
    char acctname[21];
    char paswrd[20];
    int credit;
};
```

编程实现:通过键盘向文件 credit. dat 中再追加输入 3 名客户的信息,然后将所有的客户信息显示在屏幕上,最后输入一名客户的姓名,能够查询并输出他的其他信息,或输出“查无此人”。

第 8 章

面向对象程序设计

【本章导读】

20 世纪 90 年代以来,面向对象技术和面向对象的程序设计已经取代了传统的过程式程序设计思想。面向对象的思维方式、面向对象技术给软件开发所带来的系统可扩展性、低耦合、更高层次的软件重用,正在使软件设计和开发人员从中受益,并推动软件体系结构的变革和向前发展。本章结合 C++,介绍面向对象技术的基本思想,并以 Visual C++ 开发平台为例,介绍面向对象程序设计。

本章首先对结构化程序设计的思想进行回顾,然后介绍面对象的思维方式。接下来对面向对象程序设计语言 C++和传统 C 语言的不同进行说明。接下来详细讲解面向对象技术中的主要概念,包括:类与对象、封装与抽象、继承与派生、多态性、虚函数、抽象类、构造函数与析构函数,并以 Visual C++ 为例,讲解这些技术的 C++ 具体实现,说明了面向对象技术在解决复杂系统设计与开发方面的优势。

【本章要点】

第 1 节:自顶向下逐步求精的结构化程序设计、面向对象的思维方式。

第 2 节:类、类的定义、成员变量、成员函数、封装、抽象、成员访问权限、const 修饰符、静态成员、友元、构造函数、默认构造函数、副本构造函数、析构函数、输入对象 cin、输出对象 cout。

第 3 节:继承、派生、公有派生、私有派生、基类、派生类、单继承、多重继承、虚拟继承、抽象基类。

第 4 节:多态、编译时多态、运行时多态、虚函数、抽象类。

8.1 面向对象程序设计语言

面向对象程序设计语言最早产生于 20 世纪 70 年代,世界上公认的第一个面向对象的程序设计语言是 Smalltalk。Smalltalk 的应用并不普及。今天,谈起面向对象程序设计语言,往往是指 C++ 和 Java,它们有着更大的用户群,也是软件开发者首选的开发工具。

8.1.1 面向对象的思维方式

在 20 世纪 90 年代以前，“自顶向下逐步求精”的结构化程序设计是软件开发的主要方法，直到现在，这种结构化的程序设计思想仍然被广泛采用。Pascal、C、Basic，Fortran 等高级语言很好地实现了结构化编程的思想，通过过程和函数（又称子程序），把一个复杂的问题划分成几个相对简单的子问题，如果子问题还比较复杂，再继续划分，最后将划分后的每个小问题用过程和函数来实现。

20 世纪 90 年代兴起的面向对象技术对人们近半个世纪来的软件开发思想产生了深刻的变革。这一技术强调利用软件对象进行软件开发，它将自然界中的物理对象和软件对象相对应，建立了类和对象的概念。在面向对象技术中，不仅用对象实现了数据和操作的封装，还通过消息映射在事件和函数之间进行关联，键盘、鼠标等事件的发生产生消息，消息来激活函数，函数之间的联系不再是显式的调用，这样就降低了函数的耦合度。对于复杂系统，面向对象技术可以提高系统的可扩充性和代码重用的层次。

思维方式决定人们解决问题的方式。面向对象技术将自然界的物理对象和软件相对应起来，在传统的数据结构基础上加入了成员函数（方法）的概念，从而赋予对象以动作。传统的思维方式曾经阻碍了面向对象技术的使用，随着面向对象技术编程语言 C++ 规范的不断完善，面向对象技术使软件开发进入了一个全新的模式。

8.1.2 从 C 到 C++

1980 年，Bajarne Stroustrup 在贝尔实验室对 C 语言进行了扩充，使之具有类，他是对已经非常丰富的 C 进行了扩展，而不是完全抛弃，1983 年改名为 C++。C++ 是一种承前启后的程序设计语言，它既支持传统的结构化程序设计，又支持面向对象程序设计。使用 C++，C 程序员能够很快地学会面向对象的程序设计技巧，开发面向对象的应用。

1. 新的 C 习惯

虽然面向对象程序设计是一种全新的思维方式，但是编程人员仍然要面对诸如数据说明、建立过程以及程序注释等工作，所有这些对程序员来说都是不变的。

但是，在使用 C++ 的时候，人们应该改变一些原有的使用 C 语言的习惯，其中主要包括以下几个方面。

① 将所有的 extern 说明放到头文件中。在设计较大的程序时，extern 说明告诉编译器某个变量或函数在别的地方已经定义。例如，extern int prime(int n) 告诉编译器有一个 prime() 函数，函数有一个 int 型参数，返回值为 int 型。

② 减少自由全程变量，自由全程变量是指不属于任何类的成员。众所周知，全程变量会带来一些问题，但在 C 语言中无法解决。

C++ 中提供了几种机制来帮助人们减少甚至杜绝使用全程变量。首先将全程变量的所有权划归一些指定类的对象，使这些全程变量成为静态类成员。这就明确了全程变量的使用，将对这些全程变量的管理集中在了一起。绝大部分全程变量的使用都在一定的范围。

将全程变量放入类中的另外一个好处是将全程变量名和类名联系在一起，使得全程变量名由两部分构成，一部分为类名，一部分为静态成员名，从而减少了名称冲突。

另外,使用静态成员变量时,可以利用 C++ 对象的一些特点来创建一些具有特殊性能的全程可访问变量。例如,可以使它只能被一些特殊授权的过程修改,对于另外一些过程来说,它只能读,这就增加了变量的安全性。

③ 减少使用自由全程过程,自由全程过程是指不属于任何类的过程。main( )函数、标准 C 库的所有过程以及用户编写的所有 C 过程都是自由过程。在 C++ 中,总是要创建属于类的过程,而不是创建自由过程,即类成员函数。

类成员函数有很多好处,首先是有组织性。其次,可以减少名称冲突。此外,通过指定成员函数的访问级别 public、private 或 protected 来设定成员函数的访问权限。

④ 减少类型模糊。在 C++ 中,函数的入口参数类型,返回类型必须在头文件中精确说明。不返回任何类型的函数应该说明成 void 型,而不是默认的 int 型。

⑤ 数据说明的位置更加灵活。在 C 中,数据说明只能出现在用括号括起来的模块的开始。在模块内部,编译器遇到了可执行语句之后又遇到数据说明语句将报告语法错误。而在 C++ 中,数据说明更加灵活,可以出现在模块内可执行语句出现的任何地方。

例如,下面的语句对 C++ 是合法的,但对于 C 却是非法的。

```
{
    double x = sin(1.0);
    x*= x;
    double y = cos(1.0);
    y * = y;
}
```

在 C 中可以通过引入一个嵌入模块达到同样的效果:

```
{
    double x = sin(1.0);
    x*= x;
    {
        double y = cos(1.0);
        y* = y;
    }
}
```

在 C++ 中,数据说明不应该放在 goto 语句跳过的地方。例如:

```
{
    extern int x ;
    if (x >0)
        double y = x * 2;
    y = - x * 2;
}
```

下面的语句也是错误的:

```
if (x >0)
```

```
    double y = x * 2;
else
    double y = - x * 2;
```

这似乎看起来是合法的,但 C 和 C++ 都认为是错误的,不安全的。

但下面的数据说明是正确的:

```
double y = x > 0 ? x * 2: - x * 2;
```

在 C++ 中,数据说明不能放在只能是表达式出现的地方,在 if 和 while 语句的条件测试表达式出现的地方不能出现数据说明。但是,在 for 语句的第一部分,可出现数据说明,例如:

```
for (int i = 0;i < 10;i++ )
{
    y*= 2;
}
```

实际上,for 语句的第一部分为语句,而不是表达式,因为 for 语句写成等效的 while 语句,应该为:

```
int i = 0;
while (i < 10)
{
    y*= 2;
    i++;
}
```

从上面等效的 while 语句也可以看出,变量 i 的作用范围不是循环体,而是 for 语句所在的模块。

虽然可以将数据说明放在离它使用最近的地方,从而增加程序的可读性,减小变量的作用范围,但是这样也带来一些问题。因此,还是建议将数据说明集中起来放在一个模块的开始,或放在函数的开始,以免遇到麻烦。

2. const 类型说明

在 C++ 中,通常将常量说明成 const 类型,使编译器知道它是常量,在对程序进行检查时保证其不被修改。Const 是一个真正的数据,有名字、类型和值,并存放在符号表中。

const 常量可以代替#define 宏定义。例如,对于#define MAX 1000 可以用下面的 const 说明来代替:

```
const int MAX = 1000;
```

const 默认的连接关系是内部的,因此,上述说明等价于:

```
static const int MAX = 1000;
```

也就是说,在其他文件中要使用该常量,必须用 extern 对它来进行说明。否则,它只能在当前文件中使用。为了建立全程 const 数据,可以将 const 数据说明写到一个头文件中,然后在相应的模块中包含该头文件。

const 数据说明对于#define 常量来说,有许多优点:首先使用#define 值容易导致错误发生,例如,如果#define 值发生改变,但是没有重新编译所有程序模块。如果采用 const 数据,它将创建一个真正的数据，各个分别编译的模块可以共享同一个 const 数据副本。

在 C++ 中减少#define 常量命名的另一个办法是使用枚举，尽管枚举类型一直是 C 的一部分，但是在 C++ 中使用更加普遍。一方面是 C++ 中的每个 enum 类型都代表它本身的一种数据类型，另一方面 C++ 严格的类型检查使得有必要将 enum 和 int 类型区别开来。例如，在 C 中的一组#define 常量：

```
#define RED 0x255
#define GREEN 0x255
#define BLUE 0x255
```

在 C++ 中应该说明成 enum 常量：

```
enum colors{RED =0x255,GREEN =0x255,BLUE =0x255}
```

C++ 不强迫使用 const 类型说明，但是在可以使用 const 的地方使用 const，可以在编译阶段发现可能的错误，增加程序的正确性。

3. volatile 类型说明

volatile 类型说明告诉编译器被指定的数据有可能在编译器后台被修改。因为随着编译器优化程度的提高，将更多的变量放在了寄存器中，且在寄存器中保存的时间越来越长。因此，当变量被并发过程、中断调用以及回调过程所修改时，这种修改对于编译器来说是不可知的，从而无法保证数据的一致。

对于存储(load-store)类型的编译器，这种在后台对变量的修改不会产生任何问题，因为，当使用变量时，编译器会从内存中读取，当再次使用变量时，编译器将重新从内存读取。但是，对于强调寄存器的编译器来讲，编译器可能在寄存器中保存变量的备份，每次使用该变量不一定都从内存中读取，从而无法保证数据的一致性。

如果某个变量有可能被并发过程、中断调用等修改，应该将其说明成 volatile 型变量。例如：

```
int interrupted =0; // set to 1 by a interrupt
void waiting(void)
{
while (!interrupted) // wait a interrupt
;
}
```

上述代码容易出现问题，因为根据编译器的优化程度，可能将变量 interrupted 的值放进寄存器，并不断的对其进行检测，因此即使中断发生，修改了 interrupted 的值，编译器也无法知道，从而导致 while 语句出现死循环。

为了阻止上述错误的发生，应该将 interrupted 变量说明成 volatile 类型，即

```
volatile int interrupted =0;        // set to 1 by a interrupt
```

4. void 类型

void 类型是 C++ 的一项创新，反过来又被 ANSIC 所采用。在 C 和 C++ 中，void 类型有一些相似而性质又不相同的用法。

void 类型的意思是没有数值的数据类型。没有任何返回值的函数应该说明成 void 类型，例如：

```
void swap(int a,b);
```

这个语句表明函数没有任何返回值,在函数体内可以使用 return 语句,但 return 后面不能有任何表达式。void 类型还常常用于说明函数没有任何参数,例如:

```
int f(void);
```

说明函数 f()的返回类型为 int,函数没有参数。

不能将普通的数据说明成 void 类型,但是可以用 void 来说明指针。例如:

```
void *ptr;
```

将创建一个 void 指针 ptr,可以将指向任何类型的指针赋给 ptr。例如,fptr 是一个执行 float 类型的指针,下列语句是可行的:

```
ptr = fptr;
```

也可以将 void 指针转换回原先的类型,但不能转换成其他类型指针。例如:

```
fptr = (float*)ptr;
```

5. 引用类型

虽然 C 广泛地使用了指针,但它仍然是一种传值语言。当一个函数被调用时,将值参的值传给了对应的形式参数。如果形式参数是指针,传递的是实际参数(变量)的地址,但是它仍然是一种传值性质的操作,C 程序员习惯采用指针参数达到返回值的目的。

使用指针参数的问题是它太直接了。如果函数需要一个指向 float 的指针,在调用该函数时必须通过使用地址操作符(&)来取得实际参数变量的地址。这就额外增加了程序的复杂性。

C++ 中用引用(reference)数据类型来解决这一问题。引用的说明看起来像指针说明,但是一旦建立了引用说明,就形成了一个真正的别名。对引用的操作总是对目标数据(实际参数)来进行的。在说明语句中,用变量名前增加字符"&"来说明引用类型,例如:

```
double x;
double & rx  =x;              // 定义 rx 是 x 的引用
double *px;                   // px 是一个指向 double 数据的指针
rx + = 1.0;                   // 将 rx 的值加 1,即将 x 的值加 1
px = &rx;                     // 将指针 px 的值指向 rx,即 x
```

实际上,对引用所作的操作都是对它所引用的对象本身进行的。在上述的例子中,对 rx 的所有操作都是对 x 进行的。一般情况下,一个引用类型变量需要用一个同类型的变量初始化,如上面的"double& rx =x;"语句。

引用经常被用于函数参数说明,从而达到指针参数的效果。引用类型还可以作为函数的返回类型,例如:

```
int& min(int& a,int &b)
{
    if (a < b)
        return a;
    return b;
}
void main(void)
```

```
{
    int x = 10, y = 20;
    max(x,y)--;
    printf("%d%d",x,y);
}
```

程序的执行结果为:10 9

6. 初始化

初始化就是为一个变量赋值,初始化和赋值语句不完全相同。对于引用类型变量、const 类型变量、类的构造函数等需要初始化。

在传统的 C 中,变量的初始化像一个赋值语句,例如:

```
int i = 1;
float x = 1.0;
char name[] = "Marry";
```

C++ 对初始化的一种扩充是采用括号初始化句法,这看上去像一个函数调用,对于上述的初始化可以写成:

```
int i(1);
float x(1.0);
char name[]("Marry");
```

C++ 中新的初始化形式对于传统的数据类型和传统的初始化形式没有特别的优点,它主要应用于类对象的初始化,因为类中往往有多个需要初始化的成员变量。例如,对于含有实部和虚部的复数类 Ccomplex 对象 c,可以用 Ccomplex c(1.0,2.0)来初始化对象 c 的实部和虚部这两个 double 型成员数据。

7. 内连(inline)函数

在 C 中,往往用宏定义来处理短代码序列,通过预处理宏定义来定义一些简单的函数,最著名的例子就是标准 C 的 I/O 库,其中的 getc(),putc()等函数都是通过宏定义的。使用宏定义,在于处理过程中宏定义函数被真正的 C 代码替换,减少了函数调用过程的开销。在一定意义上提高了程序的运行效率。

在 C++ 中,是通过内连(inline)函数来实现类似 C 中的宏定义函数功能的。和宏定义相比,内联函数是一个真正意义上的函数,有它自己的影响范围、形式参数和局部变量。内连函数说明实际上是一个对编译器的提示,它告诉编译器当遇到对内连函数的调用时,将把内连函数对应的代码直接插入到调用处,而不是生成一个调用函数的代码。内连函数增加了程序的代码空间,但减少了函数调用的开销,提高了程序运行效率。

说明一个函数为内联函数,需要在函数首部的开始增加关键字 inline,例如:

```
inline double distance(double x1,double y1,double x2,double y2)
{
    double deltax = x2 - x1;
    double deltay  = y2 - y1;
    return squrt(deltax * deltax + deltay * deltay);
```

```
}
void main(void)
{
    double (*fn)(double,double,double,double);
    double d1 = distance(1,1,5,5);
    fn = distance;
    double d2 = fn(2,2,6,6);
}
```

在上面的例子中,定义了一个内连函数 distance( ),同时在 main( )函数的内部还创建了一个它的外部形式(outline)版本,并把函数地址赋给了函数指针 fn。

8. 函数参数

在上述计算两个点(x1,y1)和(x2,y2)之间的距离函数 distance( )中,包含 4 个参数,如果要计算任意一点(x,y)到原点的距离,可以写成 distance(x,y,0,0),也可以编写一个新的函数,该函数只包含两个参数。

在 C++ 中,可以为函数的参数指定默认值。例如,可将函数 distance( )的首部写为:

```
inline double distance(double x1,double y1,double x2 = 0,double y2 = 0)
```

其中参数 x2 和 y2 为默认参数,默认值均为 0。在函数调用时,默认参数对应的实际参数可以省略不写。

需要说明的是,默认参数只能出现在参数列表中的末尾,不能出现在参数序列的开始或中间。另外,在实际函数说明时必须为默认参数提供初始值。由于编译器对默认参数值处理一次,因此如果在头文件中说明函数原型,则函数原型中应该指定默认参数及默认值,在实际进行函数定义时,可以省略默认参数的默认值。例如:

头文件中函数原型说明如下:

```
double distance(double x1,double y1,double x2 = 0,double y2 = 0);
```

在函数的定义文件中带有默认参数的函数 distance( )的定义如下:

```
double distance(double x1,double y1,double x2,double y2)
{
… // 函数体
}
```

9. new( )和 delete( )函数

在标准 C 中,在程序运行过程中,用户可通过库例程 malloc( )和 free( )从堆(heap)中动态申请和释放内存空间。动态内存的申请和释放增加了程序设计的灵活性,用户可以根据需要来申请一定大小的内存空间并决定它的用途。

在 C++ 中,实现动态内存申请和释放的方法是使用 new( )和 delete( )函数。与 C 的 malloc( )函数相比,C++ 的 malloc( )返回的是一个 void 指针,必须经过强制类型转换转换成正确的类型。在 C++ 中,使用 new( )函数,这种情况将不会发生。例如:

```
char *p = new char[100];
float *f = new float[10];
```

```
double * d = new double;
```

new()还允许对申请到的内存赋初值,如:

```
int * iptr = new int(0);
```

上述语句为一个 int 变量申请了一块内存,并将内存初始化为 0,然后将该内存地址赋给整型指针变量 iptr。

通过 new()函数申请到的内存不再使用时,必须通过 delete()函数释放,否则会发生内存泄漏。例如:

```
double * d = new double;
...
delete d;
```

10. 标准模板库 STL

为了更好地支持 C++ 编程,美国国家标准化组织 ANSI 和国际标准化组织于 1998 年 3 月颁布了标准模板库(Standard Template Library, STL)。STL 主要由 Containers(容器)、Algorithm(算法)、Iterators(迭代子)、Function Objects(函数对象)、Adaptors(适配器)和 Allocator(内存配置器)六大组件构成。

目前,在广泛使用的 Windows 编程环境中,各个公司提供了自己的 C++ 类库,如 Microsoft 公司的 MFC①, Borland 公司的 OWL② 等。MFC 基本类库(Microsoft Foundation Classes)的提出要比 STL 早得多, MFC 1.0 同 MS C/C++ 7.0 一起于 1992 年初发布。今天, MFC 已经发展到 6.0,发展成为一个稳定和涵盖极广的 C++ 类库。

8.2 类与对象

类(class)是包含数据和处理这些数据过程的数据结构。在 C++ 中,类是在 C 语言结构(struct)的基础上扩充而来的。可以将类看成是和 C 语言中 int、float 一样的数据类型,用它来创建数据对象,它指定了相应内存区域的处理和解释规则。对象(object)是用类来声明的数据结构,如果将类比作数据类型,对象就是相应数据类型的变量。

8.2.1 类的定义

在 C++ 中,类的定义和结构(struct)类似,只不过它使用关键词 class 而不是 struct,一般形式如下:

```
class <类名>
{
    private:
```

① MFC(Microsoft Foundation Classes)是 Microsoft 公司提供的 C++ 类库,它以 C++ 类的形式封装了 Windows 的 API,包含了大量句柄封装类和很多 Windows 的内建控件和组件,并且包含一个应用程序框架,从而可以减少应用程序开发人员的工作量。同时,它也会使简单的程序变得很庞大,提高了编程门槛。

② OWL 为 Boland 的 C++ 类库,由于 Borland C++ 在和 VC++ 竞争上的失利, OWL 现在已经很少使用。

```
        成员变量和成员函数;
    public:
        成员变量和成员函数;
    protected:
        成员变量和成员函数;
};
```

其中,class 为关键字,类名是一个用户自定义的标识符。花括号内说明类的成员变量和成员函数,又称类的属性(attribute)和方法(method)。关键字 public、protected 和 private 分别为类成员的访问级别声明符号,public、protected 和 private 可以按任何顺序出现,也可以多次出现。在两个访问级别声明符号之间的成员具有相同的访问控制级别。

1. 成员访问级别

在 C++ 中,类的每一个成员都被说明成 public、private 和 protected 型,用这些关键词来实现数据的抽象和封装,同时也限定了成员的访问级别。

① 关键词 public。类中所有 public 成员构成类的接口,它们是类的抽象性的表现。出于简单、经济和安全的愿望,类的公开元素越少越好。但是,类又必须和外部打交道,public 成员是不可缺少的。

② 关键词 private。类中的 private 成员只能被类的成员函数、友元类或外部友元函数访问。从而实现类的封装性。在默认状态下,所有的成员都是私有的。

③ 关键词 protected。在面向对象技术中,派生是类的重要性质。类的 private 成员将不能被派生类中的成员访问,这就大大限制了类的灵活性。类的 protected 成员可以被类的派生类成员访问。

对于不同类型的成员,有着不同的访问限制,类成员访问规则如图 8-1 所示。

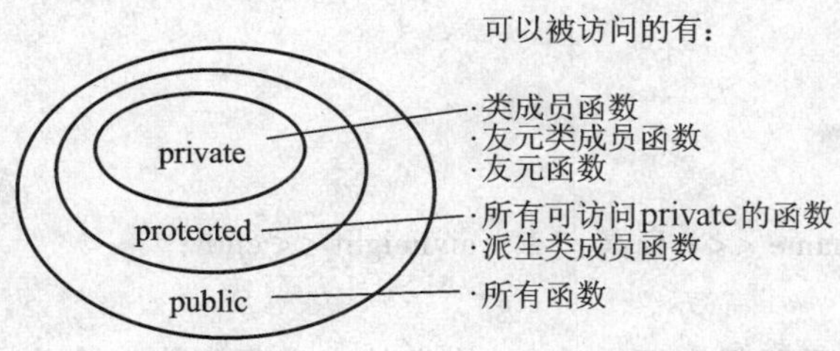

图 8-1 类成员访问规则

在面向对象技术中,一个主要的目标就是对象的封装和抽象。封装(encapsulation)是指对象可以拥有私有元素,将内部细节隐藏起来的能力。封装将对象封闭起来,管理着对象的内部状态。而抽象则和对象的外部状态紧密相关,它通常用来描述对象所表示的具体概念、对象所完成的任务以及处理对象的外部接口。抽象处理的是对象的可见外部特征。

在 C 中,通过关键词 static 可以实现有限的封装。当一个变量在一个函数内部被说明成 static 形式时,该变量就始终存在,并且只在函数内部有效。另外,一个全程变量被说明成 static 形式时,该变量只在其所在的文件中有效,这样可以避免不同的文件中全局变量重名。

2. 成员变量与成员函数

成员变量用于说明一个类的属性，函数则定义了对类的操作，又称方法。从封装的角度出发，总是定义更多的私有成员变量，然后定义对这些私有成员进行操作的公有函数，以实现合理的封装和抽象。

【例 8-1】 定义一个学生类 CStudent。

```
class CStudent {
    private:
        char myname[15];
        float myheight;
    public:
        int myid;
    public:
        CStudent ();
        void SetInfo(char * name,float height);
        void GetInfo();
        ~CStudent ();
}
```

对于类 CStudent 的成员函数，定义如下：

```
void CStudent :: SetInfo(char * name,float height)
{
    strcpy(myname,name);
    myheight = height;
// ...
}
void CStudent :: GetInfo()
{
    cout << "姓名:" << myname << "身高:" << myheight << endl;
}
```

在 C++ 中，定义一个类，一般需要保存两个文件，将类的定义保存为一个头文件(.h)，又称说明文件。类成员函数的定义保存在另外的一个文件(.cpp)中。.cpp 文件又称为类的实现文件，在实现文件中包含(#include)头文件。在本例中，需包含下列头文件：

```
#include <Student.h>
#include <iostream.h>
#include <string.h>
```

其中第一个为类定义头文件，第二个为 i/o 类库头文件，包含了 cin 和 cout 的定义，第三个头文件定义了有关字符串操作，例如 strcpy()函数。

在类成员函数的定义中，在每个函数的头部需增加“类名::”标志，表明函数是属于哪个类的成员函数，双冒号(::)为 C++ 的新算符，称为“作用域分辨符”。在成员函数的定义中，可以使用该类的成员变量，而无须特别标明。实际上，C++ 编译器将一个指向该类特定对象的指针(this)作为一个内含参数传给每一个成员函数，用于访问该类的成员。

对于上述例子，在 Visual C++ 中，创建一个 Win32 Console Application 项目，在类视图中，单击根结点，在快捷菜单中，执行“New Class…”命令，新建一个类，如图 8-2 所示。

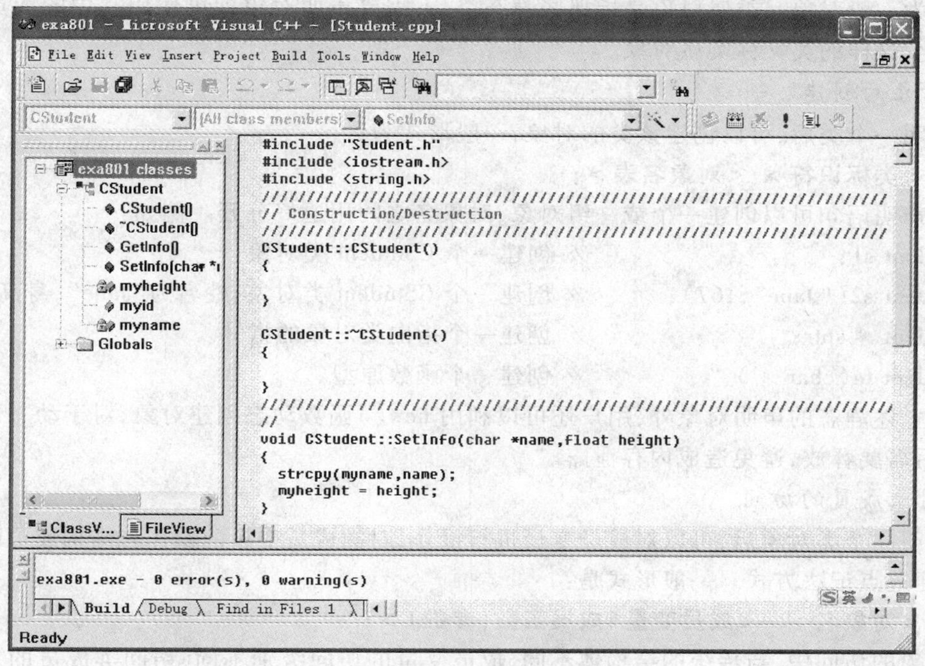

图 8-2 VisualC++ 中类的定义

在实现文件 student. cpp 中可以定义 main( ) 函数，然后编译运行，进一步理解对类即对象的操作。

将类的说明和类成员函数的定义分别存储在类的说明文件(. h)和定义文件(. cpp)中是 C++ 的习惯。但是在类开发的初期(调试阶段)，也可以将类的说明和成员函数的定义保存在一个独立的文件中，前面是类的说明，紧接着是类的成员函数定义。当类成熟后，再将说明部分和定义部分分开。C++ 中程序模块的结构关系如图 8-3 所示。

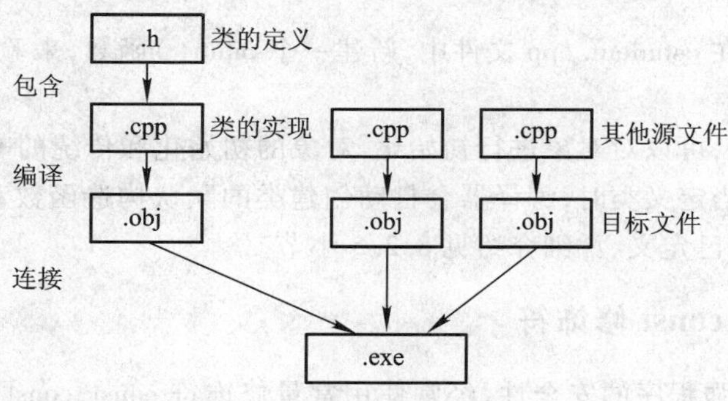

图 8-3 程序模块的结构关系

8.2.2 创建对象

定义了类之后，就可以声明类的对象，这和变量的说明类似。在 C++ 中，对象分为一般对象和类属对象两类。对象的创建是通过类对象的变量声明或通过 new( ) 函数来动态创建的，这样的对象即为一般对象。类属对象是指那些静态类，不需要声明对象即可使用其中的成员变量和函数，因此，这样的类又称类属对象。

1. 对象的创建

当声明一个类后，可以创建该类的对象，一般形式为：

<类标识符> <对象名表>;

上述声明语句可以创建一个或一组对象，对象名之间用逗好分开。例如：

```
CStudent s1;                    // 创建一个 CStudent 类对象
CStudent s2("Jane",167);        // 创建一个 CStudent 类对象，姓名为"Jane"，身高 167
CStudent *sptr;                 // 创建一个指向类对象的指针
CStudent fn(char *)             // 创建一个函数原型
```

除了上述静态的声明对象外，用户还可以利用 new( ) 函数动态创建对象，对于动态创建的对象，用完后需要释放，避免造成内存泄露。

2. 对象成员的访问

当说明一个类对象后，可以对成员变量进行操作，对类成员变量的操作和结构成员的操作类似，可以通过点记法方式。一般形式是：

<对象名>. <成员变量‖成员函数(参数)>;

在对象的访问中，与传统的结构体不同，成员变量的访问级别不同，访问类成员的方式也不相同。例如，对于上面声明的对象，以下是部分可能的操作：

```
s1.myid = 20090323;
s1.myheight = 165;              // height 为私有成员变量，不能通过外部直接访问
sptr = &s1;
sptr->SetInfo("YY",167);        // 通过共有函数为私有成员变量赋值
```

对成员函数的访问和成员变量的访问类似，可通过对象名和指向对象的指针来完成。例如：

```
s1.SetInfo("Cherry",165);
sptr->GetInfo();
```

在上述的项目中，在 cstudent.cpp 文件中，新建一个 main( ) 函数，来验证对象的访问及操作情况。

在定义一个对象时，可以对对象进行初始化，对象的初始化和传统的 C 变量不同，需要利用类的构造函数来完成，当定义类时，编译器会自动创建类的默认构造函数和副本构造函数，其他构造函数则需要用户自己定义，详细介绍见 8.2.5 小节。

8.2.3 代码质量和 const 修饰符

在 C++ 中，为了增强程序的安全性，经常使用常量修饰符 const，const 可以用于修饰类的对象、成员变量、成员函数、函数参数、函数返回值等。被 const 修饰的类对象、成员变量或参数，在

程序执行过程中其值均不能修改,而如果一个类的成员函数说明成 const 后,则该成员函数不能修改类中的成员变量,也不能调用其他成员函数。

要说明一个类对象、成员变量或函数参数为 const,一般形式为:

const <类名> <变量名>;

对于由 const 修饰符修饰的对象或变量,必须进行初始化。如果将一个成员函数定义为 const,则一般形式为:

<类型> <函数名>(<参数表)) const;

如果将成员函数说明为 const 型,const 成员函数确保了编程者承诺要实现的功能(如,保持对象的状态不变)由编译器强制实现。任何在 const 成员函数中试图对 const 成员变量以及非 const 成员变量修改都会导致编译错误。

例如,下面的 const 成员函数将产生编译错误:

```
int CPerson::getAge() const{
    return++age;    //编译时出错
}
```

在 C++ 中,const 修饰符是约束语法设计(the Design by Contract idiom)的一个重要的组成部分,它可以有效地提高程序代码的质量,保证程序的健壮性、安全性,减少程序隐患,对于培养良好的编程习惯有重要作用。

8.2.4 静态成员

在 C++ 中,支持封装和抽象的另外机制就是定义静态成员,即在成员说明的前面添加关键词 static。当一个成员被说明成 static 时,则该成员在程序中只有一个副本存在,而不是在每个对象中都有一个副本。所有的对象共享类中的静态成员。静态成员变量和静态成员函数为类存储和管理属于整个类而不是个别对象的信息提供了一种方法。在一些面向对象的程序设计语言中,C++ 中的静态成员被称为类变量。

例如,定义一个含有静态成员变量的类如下:

```
class CS
{
    static int a;      // 声明静态成员
    int b,c,d;
};
CS objs[3];
```

在类 CS 中,包含 4 个成员变量(均默认为私有成员),其中成员变量 a 为静态成员变量。数组 objs 包含 3 个 CS 类对象,由于 CS 类包含一个静态成员变量 a,因此 3 个 CS 对象共享一个静态成员变量 a,每个对象都包含自己的普通成员变量 b、c、d。如图 8-4 所示。

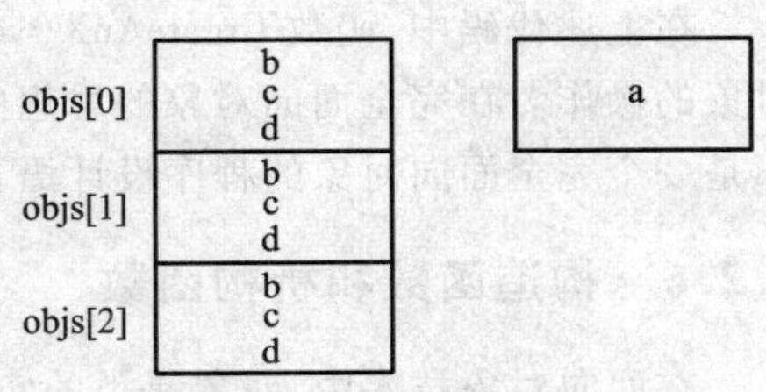

图 8-4 类 CS 的成员

对于静态成员变量,因为它属于类,而不是一个具体的对象,因此,应在对象外部进行操作,一般访问形式是:

类名::静态成员变量

例如,对于上述的静态成员,可以执行下列赋值语句,CS::a = 10;

C++ 还可以把一个成员函数说明成 static,这意味着在没有任何该类对象的情况下,它仍然可以被执行。因此,静态成员函数仅能够完成不需要任何对象成员变量的操作。要调用类的静态成员函数,一般形式是:

类名::静态成员函数(实际参数表);

8.2.5 友元

类的设计者为了选择一些可以访问其私有(private)和保护(protected)成员的类和函数,这就是类的友元关系。虽然关于友元关系有许多争论,但是友元确实可以阻止一些小的独立类并入一个大类。

要在类中声明友元关系,需要在友元的前面增加关键词 friend,友元可以是一个完整的类,一个类的成员函数或一个普通的函数。当将某个类设计为友元时,该类中所有的成员函数都作为友元对待。当对成员函数友元和友元函数进行说明时,必须给出完整的函数原型。

例如:

```
class X {
    friend void CreateAnX(void);        // 普通友元函数
    friend class Y;                      // 友元类
    private:
        double val;
        X():val(0) {}                    // 构造函数,为成员变量赋初值
}
```

在上述的类定义中,特别值得注意的是类的构造函数是私有的,和一般的成员函数一样,构造函数也遵循通常的访问规则。只有当它被访问时,才可以被调用,因此 X 对象无法在构造函数中建立。此时可以通过友元函数 CreateAnX 或友元类 Y 的成员函数来创建 X 对象。

可以建立下面的代码创建 X 对象:

```
X * TheXObj;
void CreateAnX(void)
{
    TheXObj = new X;
}
```

在上述代码中,函数 CreateAnX(void)是一个独立的函数,不属于任何一个类,其功能是对类对象的操作。在完全面向对象的思想中,没有类以外的变量和函数,为了实现和 C 的兼容,C++ 不是一个完全面向对象的程序设计语言。

8.2.6 构造函数和析构函数

在面向对象技术中,对象是类的实例,每个对象必须按照类的定义来创建。在 C++ 中,这种机制是通过类的构造函数来实现的。

1. 构造函数

构造函数(constructor)是一种特殊的成员函数,用来在内存中建立具体的对象。构造函数必须申请必要的内存空间,将内存转化为具体的对象,初始化成员变量等。构造函数的名称和类名称相同,分为默认构造函数和用户自定义构造函数两类,默认构造函数没有形式参数。除此之外,用户可以定义一个或多个具有不同参数的用户自定义构造函数。

和一般的函数不同,构造函数没有返回类型和返回值,构造函数也不是由用户显式调用(call)的。当创建一个类对象时,默认构造函数或相应的构造函数被自动执行。这种调用是通过编译器来调用的,称为激活(invoke)。通常情况下,用户使用构造函数进行对象的初始化操作。

例如,在 CStudent 学生类中,声明了两个私有成员变量 myname 和 myheight,定义一个构造函数实现对两个变量赋初值。

```
CStudent :: CStudent (char *name,float height)
{
    strcpy(myname,name);
    myheight =height;
}
```

这样就可以有下面的对象声明,创建一个对象,并进行初始化:

```
CStudent s1("Jiang",168);
```

需要特别说明的是,关于默认构造函数,在许多教科书或 C++ 资料中,都提到说如果程序员没有自己定义默认构造函数,那么编译器会自动产生一个默认的构造函数。这种说法是完全错误的,是对默认构造函数的误解。在进行 C++ 调试时,会遇到"no appropriate default constructor available"的编译错误,就是因为没有可用的默认构造函数造成的,那么编译器为何没有为用户创建默认构造函数呢?

其实,关于默认构造函数可以分为有用的(nontrivial default constructor)和无用的(trivial default constructor)两类,所谓有用的默认构造函数会为类做一些初始化操作,否则就是无用的。所谓编译器可以为用户自动创建默认构造函数是指创建有用的默认构造函数,只有在以下 4 种情况下,会自动创建。

(1) 如果一个类里面某个成员对象有 nontrivial default constructor,编译器就会为这个类产生 nontrivial default constructor。

(2) 如果一个派生类的基类有 nontrivial default constructor,编译器就会为派生类合成一个 nontrivial default constructor。

(3) 如果一个类里面隐式地含有任何 virtual function table(或 vtbl)、pointer member(或 vptr),编译器就会为派生类合成一个 nontrivial default constructor。

(4) 如果一个类虚继承于其他类,编译器就会为派生类合成一个 nontrivial default constructor。

除了以上 4 种情况,编译器并不会为类产生默认构造函数,需要的时候用户还要自己显示定义。

2. 构造函数规则和特殊情况

在使用构造函数时,需要注意以下若干问题。

① 构造函数不能描述为 const 和 volatile。

② 构造函数不能是 static,因为构造函数需要初始化类的成员变量,但静态构造函数不能访问成员变量。

③ 构造函数不能是虚函数。C++保证所有相关的构造函数为每个对象所调用。

④ 构造函数不能被继承。当一个没有构造函数的类从一个含有构造函数的类派生时,将写它自己的构造函数。

⑤ 构造函数不能有返回值,也不可以是 void 类型。

⑥ 定义一个类时,必须明确定义除默认构造函数和副本构造函数以外的所有构造函数。

3. 析构函数

与构造函数相反,析构函数(destructor)是一种当对象取消时才被调用的特殊成员函数。每个类只能拥有一个析构函数,函数名为在类名前加"~"字符。和构造函数一样,析构函数无返回类型和返回值。当操作系统释放对象时,类的析构函数激活,通常是执行释放对象所占的内存空间等操作。

4. 析构函数规则和特殊情况

析构函数的激活顺序与构造函数的相反,另外还应该注意下面的特殊情况。

① 每一个类只能有一个析构函数。

② 析构函数没有参数。

③ 和构造函数一样,析构函数没有返回值,也不可以是 void 类型。

④ 析构函数可以是虚函数。

⑤ 析构函数可以显式调用。

⑥ 析构函数不能描述成 const 和 volatile。

⑦ 析构函数不能是静态(static)的。

8.2.7 输入输出流对象

在 C++中,数据的输入和输出分为 3 种类型,分别是:对标准输入设备键盘和标准输出设备显示器的输入输出,对磁盘文件的输入输出,对内存中指定的字符串存储空间进行的输入输出。在 C++中,数据从一个位置到另一个位置,例如从键盘到内存,从内存到显示器,从一个对象到另一个对象,均被形象地称为数据流。

C++语言为实现数据的输入和输出定义了一个庞大的 I/O 类库,主要的类有 ios、istream、ostream、iostream、ifstream、ofstream、fstream、istrstream、ostrstream、strstream 等,其中 ios 为根基类,其余都是它的直接或间接派生类,这些类被包含在 iostream. h、fstream. h 和 strstrea. h 3 个系统头文件中,通过这些类,来支持数据的输入和输出。

除了上述的 I/O 类外,C++预定义了一组标准的流类对象来处理标准的数据输入输出操作,下面举例介绍最常用的 cin 对象和 cout 对象的应用。

1. 输出流对象 cout

输出流对象 cout 为 ostream 类对象,用来处理标准输出。一般形式是:

cout << 表达式$_1$ << 表达式$_2$… << 表达式$_n$

功能是在显示器上以此输出表达式$_1$、表达式$_2$、…、表达式$_n$ 的值。其中符号"<<"为插入操

作符，意思将后面的表达式插入到输出流中。例如：

cout << "姓名：" << myname << "身高：" << myheight << endl；

其中后面的 endl 输出一个回车换行。

在使用输出流对象 cout 输出数据时，往往不指定输出格式，由系统采用默认格式输出。如果要指定输出格式，通常有两种方法：一种是使用控制符的方法；另一种是使用流对象用于控制输出格式的流成员函数实现，这些函数包括 width( )、setf( )、undetf( )等。

2. 输入流对象 cin

输入流对象 cin 为 istream 类对象，用来处理标准输入，即从键盘输入数据到内存变量。一般格式是：

cin >> 变量$_1$ >> 变量$_2$… >> 变量$_n$

标准输入流 cin 是 istream 类的对象，程序中的变量通过流提取符“ >> ”从流中提取数据。在提取过程中通常跳过输入流中的空格、Tab 键、换行符等空白字符，只有按 Enter 键后，该行数据才被送入键盘缓冲区，形成输入，提取符“ >> ”才能从中提取数据。

【例 8-2】 C++ 中的输入输出举例。

```
#include <iostream>
int main(void)
{
    float grade;
    cout << "输入成绩:";
    while (cin >> grade)
    {
        cout.width(10);
        cout.fill('*');           // 指定空白处以“*”填充
        cout.setf(ios::fixed);    // 指定用定点形式输出
        cout.precision(2);        // 保留 6 位小数
        cout << grade;
        cout.unsetf(ios:: fixed); // 终止定点小数状态
        if (grade >= 60)
            cout << "通过!" << endl;
        if (grade < 60)
            cout << "失败!" << endl;
        cout << "输入成绩:";
    }
    cout << "结束" << endl;
    return 0;
}
```

程序说明：在输入过程中，流提取符“ >> ”不断地从流中提取数据，每次提取一个浮点数。如果成功，则赋给 grade，此时 cin 为真，然后按照指定的格式输出，并换行；若不成功则 cin 为假。

如果输入文件结束符(Ctrl + Z 组合键),表示数据已读完。

运行上述程序,输出结果如图 8-5 所示。

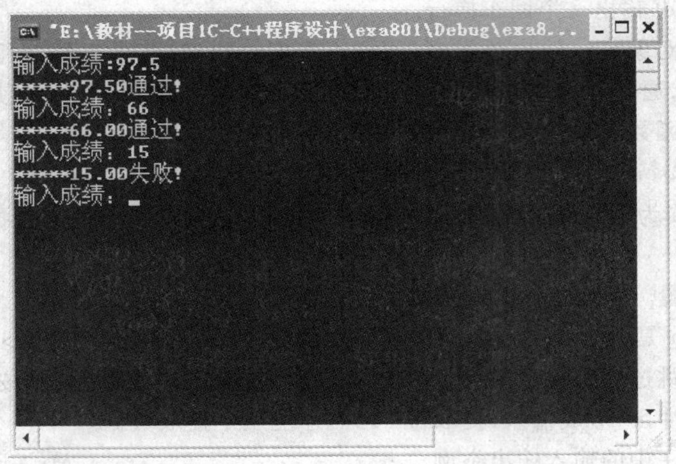

图 8-5　C++ 程序输入输出界面示例

在上面的输出中,成员函数 width(n)和控制符 setw(n)只对其后的第一个输出项有效,用 setf()函数设置格式状态时,可以包含两个或多个格式,输出完后需要用 unsetf()终止 setf()的格式指定。

8.3　类的继承性与派生类

在现实世界中,很多事物之间存在层次关系,例如:动物、哺乳动物之间,交通工具和飞机、火车、轿车之间,都存在层次关系。在 C++ 中,层次关系是通过继承和派生机制来定义的。所谓"继承",就是在已有类基础上,建立一种新的类型,使它继承原有类的特点和功能。同时,又加入了各自的特性,即产生一个派生类。

8.3.1　公有和私有派生类

通过继承机制,可以利用已有的类来定义新的类。我们称已存在的用来派生新类的类为**基类**(base class),又称为**父类**,由已存在的类派生出的新类称为**派生类**,又称为**子类**。

在 C++ 语言中,一个派生类可以从一个基类派生,也可以从多个基类派生。从一个基类派生的继承称为单继承;从多个基类派生的继承称为多继承。派生类的定义格式

单继承的定义格式如下:

```
class <派生类名>:<继承方式><基类名>
{
    <派生类新定义成员>
};
```

其中,<派生类名>是新定义的类的名字,它是从<基类名>中派生的,<继承方式>分为

3 种：public（公有派生）、private（私有派生）和 protected（保护派生）。

派生类可以对基类作如下变化：

- 增加新的成员变量；
- 增加新的成员函数；
- 重新定义已有的成员函数；
- 改变现有成员函数的属性。

派生类不能删除基类的成员变量和成员函数，实际上派生类往往是基类的扩充，是一种具体化和完善的过程。类的派生创建了一个类族，派生类的对象也是基类的一个对象，它可用在基类对象可被使用的任何地方。可用多态成员函数来调整这种关系，以使得派生类在某些地方和它的基类一致，而在另外一些方面表现出其自身的行为特征。

类的派生是一种演化过程，即通过扩展、更改和特殊化从一个已知类出发来建立一个新的类。类的派生建立了一个具有共同关键特性的类族，从而实现代码的重用。例如，从一个已知基类 A 建立一个派生类 B，一般形式为：

```
class B : public A {
    // 派生类 B 的成员说明
};
```

读作"类 B 由 A 公有派生"，这是 C++ 中类属关系的句法表达式。它告诉编译器类 B 是一种 A，对基类 A 所作的修改和添加在括号内给出。在派生类对象中，编译器在内存中总是先放入基类的成员，后面是派生类独有的成员，如图 8-6 所示。

基类成员
派生类 特有成员

图 8-6　派生类对象内存结构

一个类除了可以从另一个类公有派生外，还可以私有派生。要创建私有派生类，只需要将基类名的前面增加关键词 private，而不是 public。公有派生和私有派生类不同，公有派生类可以自动转换成它的基类，而私有派生类则不能。除此之外，对于派生类的成员的访问原则也不相同，如表 8-1 所示。

表 8-1　基类和派生类成员访问特性

基　类 class B {…}	公有派生类 class D1 : public B {…}	私有派生类 class D2 : private B {…}	保护派生类 class D2 : protected B {…}
不可访问成员	不可访问	不可访问	不可访问
private 成员	不可访问	不可访问	不可访问
protected 成员	protected	private	protected
public 成员	public	private	protected

所谓不可访问成员，是一个派生类中的概念。一个根类（不是从其他类派生出来的类）中不存在不可访问的成员。但是在派生类中，不可访问是存在的，如根类中的 private 成员，就构成派生类的不可访问成员。如果再从派生类派生新的类，则派生类的不可访问成员和私有成员就构

成了它的派生类的不可访问成员,以此类推。

从表 8-1 可知,在公有派生时,基类的 public 成员和 protected 成员对派生类是可见的,public 成员对派生类对象可见。私有派生时,基类的 public 成员和 protected 成员对派生类是可见的,所有成员对派生类对象都是不可见的。对于保护派生,继承方式与私有继承方式的情况相同,两者的区别仅在于对派生类的成员而言,对基类成员有不同的可见性。

【例 8-3】 单继承举例。

下面定义基类哺乳动物类 CMamml,然后定义一个派生类 CDog,即 CDog 从 CMammal 公有派生,定义如下:

```
class CMammal { //定义一个基类
protected:
    int itsAge;
    int itsWeight;
public:
    void SetAge(int age) { itsAge = age;}
    int GetAge() { return itsAge;}
    void SetWeight(int weight;) { itsWeight = weight;}
    int GetWeight(){return itsWeight;}
};
class CDog:public CMamma l{ //定义一个派生类
private:
    char itsColor[10];
public:
    void SetColor(char *color) { strcpy(itsColor,color);}
    char* GetColor() {return itsColor;}
    void WagTail() {cout<<"尾巴摇摇…\n";}
};
```

在上述类的定义基础上,可以声明一个 CDog 对象,来访问基类成员,例如:

```
void main(void)
{
    CDog mydog;
    mydog.SetColor("black");
    cout<<mydog.GetColor();

    mydog.SetAge(3);              // 访问基类 public 成员
    cout<<mydog.GetAge();
}
```

运行上述函数,需要增加下列 include 语句:

```
#include <iostream.h>
```

```
#include < string. h >
```

8.3.2 多重继承

到目前为止,我们看到的派生类都是从一个单一的基类派生来的。在单一继承情况下,每个派生类都继承一个单一的基类的特征。当一个类从多个基类派生时,派生类继承了多个基类的特征,如图 8-7 所示。举例如下:

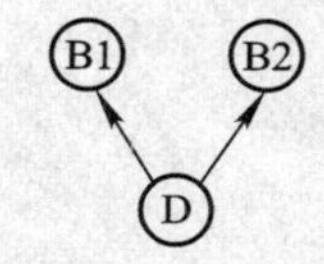

图 8-7　不同类的多重继承

```
class B1 {
    // 成员说明

};
class B2 {
    // 成员说明
};
class D:public B1,public B2 {
    // 成员说明
};
```

对于多重继承需要说明的是,一个派生类从一个基类直接派生的次数最多为 1 次。下面的情况是不允许的(如图 8-8 所示)。

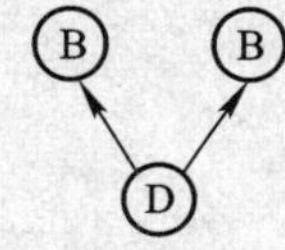

图 8-8　同一类的多重继承

```
Class B {
    // B 的成员
};
class D:public B,public B {
    // D 的成员
};
```

因为在上述情况下,派生类将无法区分两个基类的成员。但是,只要所有的派生都是间接的,一个类可以从单个类派生两次或多次。如图 8-9 所示。

借助于类 B1 和 B2,派生类 D 两次继承了类 B,类 D 的对象在内存中的布局如图 8-10 所示。

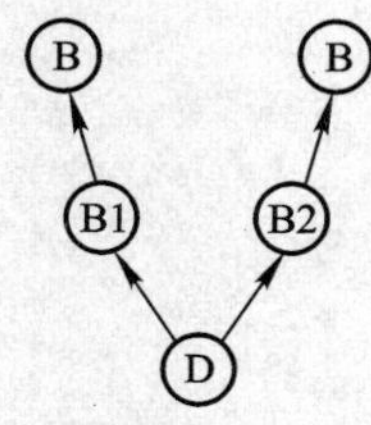

图 8-9　多重继承

图 8-10　多重派生类的内存结构

【例 8-4】　多重继承举例。

设有多从继承关系,如图 8-11 所示。

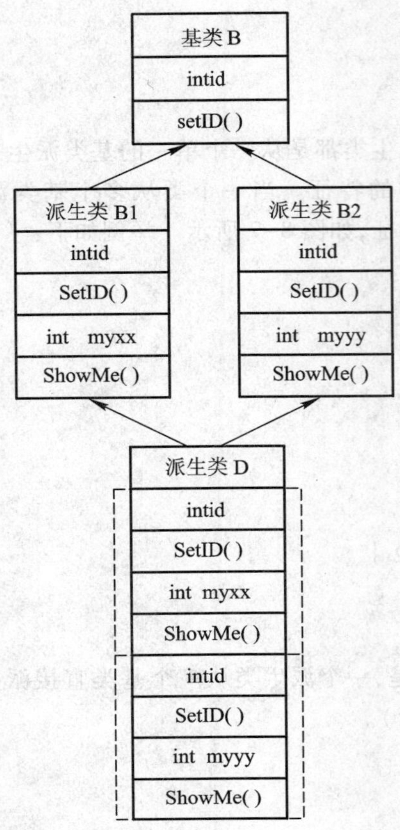

图 8-11　类内存结构

相应的 C++ 代码如下：

```
/////////////////////////////////////////////////////////////////////////////
// 定义基类 B
#include <iostream.h>
class B {
protected:
    int myid;

public:
    B(int id=0)
    {
        B::myid = id;
        cout << "执行 B 类构造函数" << endl;
    }
    void SetID(int id)
    {
```

```
        cout << "设置 ID 标识" << endl;
        B::myid = id;
    }
    virtual void ShowMe() = 0;

};
///////////////////////////////////////////////////////////////////////////
// 定义基类 B 的共有派生类 B1
class B1: virtual public B
{
protected:
    int myxx;

public:
    B1(int id = 0, int xx = 0):B(id)
    {
        B1::myxx = xx;
        cout << "执行 B1 类构造函数" << endl;
    }
    void ShowMe()
    {
        cout << "I am a B1 object" << endl;
    }

};
///////////////////////////////////////////////////////////////////////////
// 定义基类 B 的共有派生类 B2
class B2: virtual public B
{
protected:
    int myyy;
public:
    B2(int id = 0, int yy = 0):B(id)
    {
        B2::myyy = yy;
        cout << "执行 B2 类构造函数" << endl;
    }
    void ShowMe()
```

```
    {
        cout << "I am a B2 object" << endl;
    }

};
////////////////////////////////////////////////////////////////////////////
// 定义多重继承类 D,基类为 B1、B2
class D:public B1,public B2
{
public:
    D(int id,int x,int y):B1(id,x),B2(id,y)
    {
        //多重继承要注意调用基类构造函数
        cout << "执行 D 类构造函数" << endl;
    }
    void ShowMe()
    {
        cout << "I am a D object" << endl;
    }
};

void main(void)
{
    D myobj(11,22,33);
    myobj.SetID(3);
    myobj.ShowMe();
}
```

在上述代码中,在派生类 B1 和 B2 的定义中,增加了关键字 virtual,意思是虚拟继承,其目的是避免在 D 类的对象中包含两个 B 结构数据。如果没有虚拟继承,在 D 中包含两个 B 类成员 SetID(),在对 D 类对象 myobj 调用 SetID()函数时,编译系统无法确定该调用哪一个 SetID(),从而产生编译错误。为了避免上述错误发生,在 B1 类和 B2 类继承 B 类处,在前面加上 virtual 关键字实现虚拟继承。使用虚拟继承后,当系统碰到多重继承的时候就会自动先加入一个 B 的副本,当再次请求一个 B 的副本的时候会被忽略,保证继承类成员函数的唯一性。

需要注意的是,这里说的虚拟继承和后面的虚函数有一定相似的地方,但两者没有任何联系,他只是实现多重继承过程中,避免二义性的手段。

8.3.3 抽象基类

抽象基类被设计用来专门作为其他类的基础,用这样的类建立对象毫无意义。在 C++ 中没

有表示抽象基类的关键词,可以在类中建立一个纯虚函数来标明该类是一个抽象类。例如:

```
class A {
    virtual void fn( ) =0;
}
```

类中的成员函数 fn( )是一个纯虚函数。一般的类的成员函数需要在类定义中或别处加以定义,纯虚函数则不需要,因为它将在派生类中定义。

在派生类中,基类的纯虚函数必须被精确定义,否则派生类也是抽象类。

8.3.4 派生类构造函数和析构函数调用规则

在类的层次定义中,派生类对象的数据结构是由基类中说明的数据成员和派生类中说明的数据成员共同构成。在派生类对象中,由基类中说明的数据成员和操作所构成的封装体称为基类子对象,它由基类中的构造函数进行初始化。

构造函数不能够被继承,因此,派生类的构造函数必须通过调用基类的构造函数来初始化基类子对象。所以,在定义派生类的构造函数时除了对自己的数据成员进行初始化外,还必须负责调用基类构造函数使基类的数据成员得以初始化。如果派生类中还有子对象时,还应包含对子对象初始化的构造函数。

派生类构造函数一般格式如下:

```
<派生类名>(<派生类构造函数参数表>):
        <基类构造函数>(<参数表>),<子对象名>(<参数表>)
{
        <派生类中数据成员初始化>
};
```

在创建一个类对象时,派生类构造函数的调用顺序是:

① 基类的构造函数。

② 子对象类的构造函数。

③ 派生类的构造函数。

对于析构函数,当对象被删除时,派生类的析构函数被执行。由于析构函数也不能被继承,因此在执行派生类的析构函数时,基类的析构函数也将被调用。执行顺序是先执行派生类的析构函数,再执行基类的析构函数,其顺序与执行构造函数时的顺序正好相反。

下面举例说明类的继承中,构造函数和析构函数的调用顺序。

【例 8-5】 定义一个主人类 CPerson、一个哺乳动物 CMammal 类、一个 CMammal 类的派生类 CDog 类。然后,定义一个 CDog 类的对象,观察基类与派生类的构造函数与析构函数的调用顺序。

程序代码如下:

```
#include <iostream.h>
#include <string.h>
/////////////////////////////////////////////////////////////////////////
// 定义狗的主人类
```

```
class CPerson
{
protected:
    char myname[10];
public:
    CPerson(char * name) {
        strcpy(myname,name);
        cout << "主人姓名:" << myname << endl;
        }
    ~CPerson() {
        cout << "主人玩去了…\n";
        }
};
//////////////////////////////////////////////////////////////////////////
// 定义狗的哺乳动物类
class CMammal
{
protected:
    int itsAge;
    int itsWeight;
public:
    CMammal(int age,int weight) {
        itsAge = age;
        itsWeight = weight;
        cout << "小狗年龄:" << itsAge << "岁," << "体重:" << itsWeight << "kg\n";
    }
    ~CMammal() {
        cout << "小狗消失了…\n";
    }
};
//////////////////////////////////////////////////////////////////////////
// 定义狗的哺乳动物类 CMammal 的派生类
class CDog:public CMammal
{
protected:
    char itsColor[10];
    CPerson myowner;
public:
```

```
    CDog(int a,int b,char * c,char * owner):CMammal(a,b),myowner(owner) {
        strcpy(itsColor,c);
        cout << "小狗颜色:" << itsColor << "\n";
    }
    void WagTail() {cout << "我的小狗真可爱…\n";}
    ~CDog() {
        cout << "小狗颜色消失了…\n";
    }
};

void main(void)
{
    CDog mydog(3,55,"black","hao");
}
```

运行上述程序,结果如图 8-12 所示。

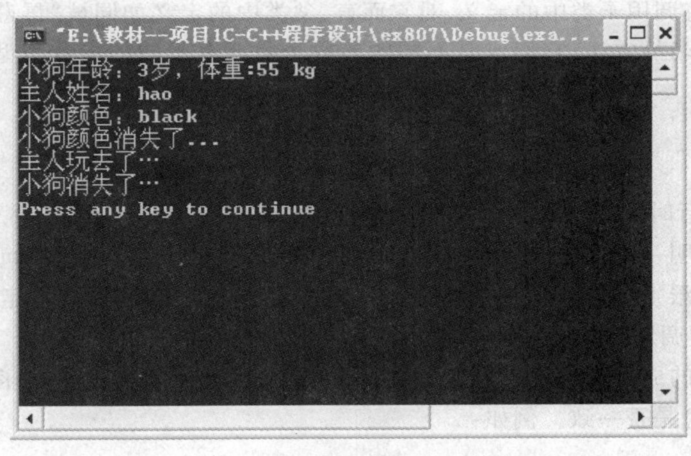

图 8-12　程序运行结果

通过上述程序的运行结果,可以看出在派生类中,构造函数和析构函数的调用顺序。派生类构造函数使用中应注意以下问题。

① 派生类构造函数的定义中可以省略对基类构造函数的调用,其条件是在基类中必须有默认的构造函数或者根本没有定义构造函数。如果基类中没有定义构造函数,派生类根本不必负责调用基类构造函数。

② 当基类的构造函数使用一个或多个参数时,则派生类必须定义构造函数,提供将参数传递给基类构造函数的途径。在某些情况下,派生类构造函数的函数体可能为空,仅起到参数传递作用。

8.4 多态性和虚函数

在面向对象技术中,多态性(polymorphism)是面向对象技术的重要特性之一。利用类的继承关系,在基类中定义一个可重写(overriding)的方法,在派生类中可以重写该方法,从而提高编程的灵活性。

8.4.1 多态性

多态性(polymorphism)是指相同的操作作用于不同类的对象时,可以得到不同的结果。在面向对象技术中,多态主要表现为编译时多态和运行时多态两种形式。所谓编译时多态主要包括操作符重载和函数(方法)重载。在程序编译时,系统根据传递的参数的个数和参数类型等信息决定要连接的函数。运行时多态是指直到系统运行时才根据操作对象的类来决定执行何种操作,即执行哪个类中的方法,运行时多态极大地增强了类的抽象能力。

方法的重写(overriding)和重载(overloading)是多态性的不同表现。重写(overriding)是父类与子类之间多态性的一种表现,重载(overloading)是一个类中多态性的一种表现。如果在子类中定义某方法与其父类具有相同的名称和参数,我们说该方法被重写(overriding)。子类的对象使用这个方法时,将调用子类中的定义,对它而言,父类中的定义如同被“屏蔽”了。如果在一个类中定义了多个同名的方法,它们或有不同的参数个数或有不同的参数类型,称为方法的重载(overloading)。

8.4.2 虚函数

在 C++ 中,运行时多态是通过虚函数(virtual)来实现的。在类的定义中,在成员函数名前用关键词 virtual 来说明一个多态成员函数。当一个函数被说明成虚函数(virtual)时,在所有派生类中它都是虚的。派生类可以对继承下来的多态成员函数进行任意的重定义,即重写(overriding)。当虚函数被调用时,适用于当前对象的函数将被执行。

要识别派生类的成员函数是否为虚函数,取决于基类和派生类的成员函数的特征参数(形式参数和返回类型)是否一致。例如:

```
class B {
public:
    virtual int f(double);
};
class D : public B {
public:
    int f(double);              // 虚函数,因为基类 B 的函数 f()为虚函数
    int f(int);                 // 普通重载函数,与基类 B 的虚函数 f()特征参数不同
}
```

对于普通成员函数的调用,编译器在编译和连接阶段即可确定被调用函数的代码地址。但是,对于多态成员函数,编译器需要将函数地址存入虚函数地址表中,在程序运行时,根据当前对

象决定要被调用的函数。每个包含虚成员函数的对象都包含指向多态虚函数地址表的隐含指针。

1. 运行时多态

下面通过一个简单的图形类定义，说明 C++ 中运行时多态的应用，以及使用多态为软件开发带来的好处。

【例 8-6】 假设一个图元类 CFigure，包含一个图形绘制函数 draw( )，CCircle、CRect 都是它的派生类，它们也都有自己的绘制函数 draw( )，但根据图形对象的不同，draw( )的实现不同，这就是多态性。

类的定义与实现如下：

```
////////////////////////////////////////////////////////////////////////////
// 定义图元类 CFigure
class CFigure:public CObject
{
protected:
    DWORD m_x1,m_y1,m_x2,m_y2;
    COLORREF m_color;
    CFigure(){}                                // 默认构造函数
public:
    virtual void Draw(CDC *pDC){}              // 纯虚函数,被派生类重载
    CRect GetDimRect();
    virtual void Serialize(Carchive &ar);
};
////////////////////////////////////////////////////////////////////////////
// 定义直线类 CLine
class CLine : public CFigure
{
protected:
    DWORD m_Thickness;
    CLine(){}
Public:
    CLine(int x1,int y1,int x2,int y2,COLORREF color,int Thickness);
    Virtual void Draw(CDC *pDC);
    Virtual void Serialize(Carchive &ar);
}
////////////////////////////////////////////////////////////////////////////
// 定义矩形类 CRectangle
class CRectangle : public CFigure
{
```

```
protected:
    DWORD m_Thickness;
    CRectangle( ) { }
Public:
    CRectangle( int x1 , int y1 , int x2 , int y2 , COLORREF color, int Thickness) ;
    virtual void Draw( CDC * pDC) ;
    virtual void Serialize( Carchive &ar) ;
}
/////////////////////////////////////////////////////////////////////////
// 定义圆类 CCircle
class CCircle : public CFigure
{
protected:
    DWORD m_Thickness;
    CCircle( ) { }
Public:
    CCircle( int x1 , int y1 , int x2 , int y2 , COLORREF color, int Thickness) ;
    virtual void Draw( CDC  * pDC) ;
    virtual void Serialize( Carchive &ar) ;
}
```

在上面的类层次定义中，从 CObject 类派生单个基本类 CFigure，然后再从 CFigure 派生不同的图形类。在 CFigure 中提供了所有图形类型要使用的数据成员和成员函数(虚函数)，在各个具体的图形类中对基类 CFigure 的虚函数进行具体的实现。

CFigure 提供的纯虚函数 Draw( ) 本身不做什么，但是定义这个函数可以使程序通过一个 CFigure 指针调用各类图形的 Draw( ) 函数，实现具体图形的绘制。每个具体的图形类提供 Draw( ) 函数的具体代码，覆盖父类的虚函数 Draw( )，这种多态的使用可以有效地简化程序代码的编写工作。

下面是类的部分实现代码。

```
/////////////////////////////////////////////////////////////////////////
// 类 CFigure 的实现
CRect CFigure : : GetDimRect( )
{ // 计算包含图形的矩形
    return CRect( min( m_x1 , m_x2) , min( m_y1 , m_y2) , max( m_x1 , m_x2) , max( m_y1 , m_y2) ) ;
}
void CFigure : : Serailize( Carchive &ar)
{
    if ( ar. IsStoring( ) )
        ar << m_x1 << m_y1 << m_x2 << m_y2 << m_color
```

```
        else
            ar >> m_x1 >> m_y1 >> m_x2 >> m_y2 >> m_color;
}
//////////////////////////////////////////////////////////////////////
// 类 Cline 的实现
CLine::CLine(int x1,int y1,int x2,int y2,COLORREF Color,int Thickness)
{
    m_x1 =  x1;
    m_y1 = y1;
    m_x2 = y2;
    m_y2 = y2;
    m_color = Color;
    m_Thickness = Thickness;
}
CLine::CLine(Carchive &ar)
{
    CFigure::Serialize(ar); //利用父类的序列函数序列化公共的数据成员
    if (ar.IsStoring())
        ar << m_Thickness;
    else
        ar >> m_Thickness;
}
void CLine::Draw(CDC  * pDC)
{
    Cpen Pen,pOldPen;
    // 创建/选择笔
    Pen.CreatePen(PS_SOLID,m_Thickness,m_color);
    pOldPen = pDC -> SelectObject(&Pen);
    // 画图
    pDC -> MoveTo(m_x1,m_y1);
    pDC -> LineTo(m_x2,m_y2);
    pDC -> SelectObject(pOldPen);
}
//////////////////////////////////////////////////////////////////////
// 类 CRectangle 的实现
CRectangle::CRectangle(int x1,int y1,int x2,int y2,COLORREF Color,int Thickness)
{
    m_x1 =  x1;
```

```
    m_y1 = y1;
    m_x2 = y2;
    m_y2 = y2;
    m_color = Color;
    m_Thickness = Thickness;
}
CRectangle::CRectangle(Carchive &ar)
{
    CFigure::Serialize(ar);        //利用父类的序列函数序列化公共的数据成员
    if (ar.IsStoring())
        ar << m_Thickness;
    else
        ar >> m_Thickness;
}
void CRectangle::Draw(CDC *pDC)
{
    Cpen Pen,pOldPen;
    // 创建/选择笔
    Pen.CreatePen(PS_INSIDEFRAME,m_Thickness,m_color);
    pOldPen = pDC->SelectObject(&Pen);
    pDC->SelectStockObject(NULL_BRUSH);
    // 画图
    pDC->Rectangle(m_x1,m_y1,m_x2,m_y2);
    pDC->SelectObject(pOldPen);
}
```

使用上述类层次的定义可以使得程序代码简化,例如可以在程序的文档类中利用类样板定义一个 CFigure 数组,例如,CTypePtrArray < CobArray, CFigure * > m_FigArray,来保存各种具体的图形。代码如下:

```
void CxxxDoc::AddFigure(CFigure *pFigure)
{
    m_FigArray.Add(pFigure);
}
```

在视图类中定义通用的绘图函数,例如:

```
void CxxxView::OnDraw(CDC *pDC)
{
    …
    CFigure *pFigure;
    …
```

```
for (int index =0;index < NumFigs;index++ ) // NumFigs 为数组中的元素个数,即图形个数
    {
        pFigure = pDoc -> GetFigure( index) ; // 从文档类中返回 m_FigArray 数组
        // 第 index 个图形对象的指针
        pFigure -> Draw( pDC) ;//根据 pFigure 所指的具体的图形对象,调用相应的
        // Draw( )函数,完成具体图形的绘制
    }
}
```

2. 虚函数的调用

在 C++ 中,当派生类中重新定义了基类中的虚函数时,这种情况就属于多态性。如果派生类和基类中各自有一个相同名字和参数表的函数,但此函数并未在基类中说明成虚函数(virtual),此时成员的作用域原则将起作用。

【例 8-7】 C++ 中函数多态性的定义。

下面代码演示了在 C++ 中,派生类和基类如果存在函数名和参数相同的函数时,多态性和非多态性的不同情形。

```
#include < iostream. h >
class B {
public:
    virtual void f( void) { cout << "B::f( ) \n" ;}
    void g( void) { cout << "B::g( ) \n" ;}
};
class D : public B {
public:
    void f( void) { cout << "D::f( ) \n" ;}          // 多态
    void g( void) { cout << "D::g( ) \n";}
};
void main( )
{
    B * pb = new B;
    B * pd = new D;
    pb -> f( ) ;
    pb -> g( ) ;
    pd -> f( ) ;                          // 激活 D::f( )
    pd -> B::f( ) ;                       // 激活 B::f( )
    pd -> g( ) ;                          // 激活 B::g( ),虽然 pd 指向一个 D 对象,但 pd 定义为
                                             B 指针,故激活 B::g( )
    ((D * )pd) -> g( ) ;                  // 激活 D::g( )
}
```

如果基类和派生类不是出于多态性的需求，请不要定义函数名和参数表一样的成员函数，这样会使得函数调用难以捉摸，如上面的成员函数 g( )。

在 Microsoft 公司的 Visual C++ 开发环境中中，新建一个“Win 32 Console Application”项目，并新建一个 C++ Source file，输入上述代码，编译并运行，输出结果如下：

```
B::f()
B::g()
D::f()
B::f()
B::g()
D::g()
```

8.5 程序设计综合举例

在软件开发中，编程是整个软件工程生命周期中非常重要的一环，它将系统的设计进行了固化，最终变成可执行的软件系统。学习编程可以分为两个阶段，一个阶段是对编程思想、程序语法、编程风格的培养和训练，这通常是通过研读程序例子完成的。第二个阶段是开发可实用的软件，这需要有一个具体的应用背景、用户需求，并且利用一个具体的开发环境来实现，其中开发环境为软件开发提供大量标准类、标准函数，例如 Visual C++ 中的 MFC 类库，这是语言本身所没有的，这一阶段并不是在大学阶段完成的，需要在实际工作中进行锻炼和培养。

8.5.1 类的设计与应用综合举例

下面通过一个相对综合的例题，讲解类的设计，指针、数组、const 修饰符、引用型等有关编程问题在程序中的应用。

【例 8-8】 设计一个整数数组类 CIntAry，完成如下功能：

① 整数数据的输入；

② 对输入数据进行从下到大排序；

③ 输出排序结果。

根据题目要求，完成后的参考代码如下：

```
#include <iostream.h>
class CIntAry
{
private:
    int data[50];
    int num;
public:
    CIntAry(const int *p,int n);
    void Sort();
```

```
    void MyOutput() const;
};
//////////////////////////////////////////////////////////////////////////////
//定义构造函数,保留参数 * p 所存储的数据不变
CIntAry::CIntAry(const int  * p,int n)
{
    num = n;
    for (int i = 0;i < n;i++)
        data[i] =  * p++;
}
//////////////////////////////////////////////////////////////////////////////
//定义成员函数 Sort
void CIntAry::Sort()
{
    int i,j,temp;
    for (i = 0;i < num - 1;i++)
        for (j = i + 1;j < num;j++)
            if (data[j] < data[i])
            {
                temp = data[i];
                data[i] = data[j];
                data[j] = temp;
            }
}
//////////////////////////////////////////////////////////////////////////////
//定义成员函数 MyOutput
void CIntAry::MyOutput() const
{
    for (int i = 0;i < num;i++)
        cout << data[i] << endl;
}
void main(void)
{
    int aa[7],n = 7;
    cout << "输入整数:" << endl;
    for (int i = 0;i < n;i++)
        cin >> aa[i];
    CIntAry myary(aa,n);
```

```
    myary.Sort();
    myary.MyOutput();
}
```

在上述代码中,整数数组类 CIntAry 中定义的数组长度为 50,在具体的开发环境中,例如,Visual C++ 中,可以定义变长数组类来存储长度不定的数据。

8.5.2 继承与派生综合举例

类的继承和派生机制大大增强了面向对象程序设计语言的编程能力,但是,类成员变量和成员函数的访问限制,基类、成员对象以及派生类自身的构造函数和析构函数的激活顺序等问题,都是初学者容易模糊的问题,增加了程序的理解难度。

下面以 CPerson 类(基类)、CTeacher(教师类)和 CStudent(学生类)为例来分析在派生类中成员的访问、构造函数与析构函数的激活问题。

【例 8-9】 类的继承与派生综合举例。

```
#include <iostream.h>
#include <string.h>
class CPerson
{
public:
    char myname[20];
    char mysex;
    int mybirthday;
    CPerson() {                    // 定义默认构造函数
        cout << "CPerson default construtor" << endl;
    }
    CPerson(char *name,char sex,int birthday,char *ms = "");
    CPerson(CPerson &p);           // 副本构造函数
    virtual void ShowMe() {}
private:
    char MaritalStatus[20];
};

class CTeacher:public CPerson
{
private:
    float mysalary;
public:
    char myid[18];
    CTeacher();                    // 定义默认构造函数
```

```
	CTeacher(char * name,char sex,int birthday,char * id):CPerson(name,sex,birthday)
	{
		strcpy(myid,id);
		mysalary =0;
	}
	void SetSalary(float salary) {mysalary = salary;}
	void ShowMe();
};

class CStudent:public CPerson
{
private:
	float myscores[5];
public:
	char myid[18];
	CTeacher mytutor;
	CStudent(char * name,char sex,int birthday,char * id):CPerson(name,sex,birthday)
	{
		strcpy(myid,id);
	}
	void SetScores(float * scores);
	void GetAveScores();
	void ShowMe();
};
/////////////////////////////////////////////////////////////////////////
// CPerson 成员函数
CPerson::CPerson(CPerson &p)
{
	strcpy(myname,p.myname);
	mysex = p.mysex;
	mybirthday = p.mybirthday;
}

CPerson::CPerson(char * name,char sex,int birthday,char * ms)
{
	strcpy(myname,name);
	mysex = sex;
	mybirthday = birthday;
```

```
    strcpy(MaritalStatus,ms);
}
//////////////////////////////////////////////////////////////////////////
// CTeacher 成员函数
CTeacher::CTeacher()
{
    cout << "CTeacher default construtor…" << endl;
}
void CTeacher::ShowMe()
{
    cout << "I am a teacher,myname:" << myname << ",Sex:" << mysex << ",birthday:"
        << mybirthday  << endl;
}
//////////////////////////////////////////////////////////////////////////
// CStudent 成员函数
void CStudent::ShowMe()
{
    cout << "I am a student,myname:" << myname << ",Sex:" << mysex << ",birthday:"
        << mybirthday << endl;
    cout << "My tutor is:" << mytutor. myname << endl;
}

void main(void)
{
    CTeacher t1("hao",'M',1966,"013580");
    CStudent s1("Lee",'F',1980,"111111");
    s1. mytutor = t1;
    t1. ShowMe();
    s1. ShowMe();
}
```

运行上述代码,输出结果如图 8-13 所示。

在上述代码中,显式地定义了 CPerson、CTeacher 两个类的默认构造函数,但没有定义 CStudent 类的默认构造函数,这是因为在 CStudent 中由一个 CTeacher 类成员对象 mytutor 的声明,因此,编译器在进行编译时需要得到 CTeacher 的默认构造函数,这个默认构造函数不会由编译器自动创建,因此,如果不进行显式定义,将产生编译错误。

此外,请大家分析一下,对于输出结果的前两行,是 main()函数中的哪一条语句执行的结果呢? 为什么?

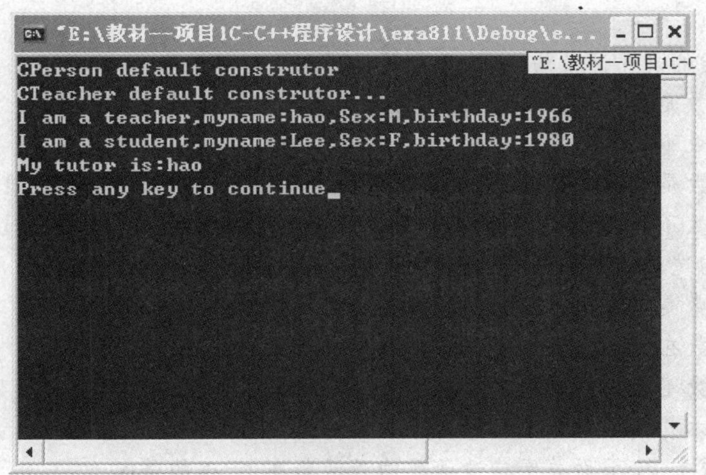

图 8-13　例 8-9 运行结果

本章小结

本章首先对结构化程序设计的思想进行了回顾，指出了随着软件规模的不断扩大和系统复杂性的不断提高，传统的过程式程序设计在解决复杂系统的设计、开发和维护方面遇到的困难；然后介绍了面对象的思维方式。接下来对面向对象程序设计语言 C++ 和传统 C 语言的不同进行了说明，详细讲解了面向对象技术中的主要概念，包括类与对象、封装与抽象、继承与派生、多态性、虚函数、构造函数与析构函数，对于涉及的每一个技术概念，均给出了相应的实例，并进行了讲解。

面向对象程序设计涉及的内容很多，在软件开发中，对象类的结构定义是所有问题的基础，其中成员的访问属性设计直接反映面向对象的思想。在一个复杂层次的对象类中，需要注意基类、成员对象、派生类等对象的构造函数和析构函数的激活顺序。同时，对于基类成员、成员对象的初始化也是类的定义中需要特别注意的。另外，在软件编程中，应充分运用运行时多态和编译时多态的优势。

习题八

一、简答题

1. 在 C++ 中，简述类、封装、抽象、继承的概念，并举例说明。
2. 在类的声明中，成员函数和成员变量有哪些访问限制？
3. 在 C++ 中，如何声明一个成员函数为虚函数？并简述其作用。
4. 在 C++ 中，使用 const 修饰符有何好处？
5. 在 C++ 的多重继承中，为什么使用虚拟继承？
6. 什么是多态？何为运行时多态和编译时多态？
7. 简述在一个派生类对象中，构造函数和析构函数的激活顺序。

二、选择题

1. 下列关于类的友元函数的说明,正确的是(　　)。

   A. 友元函数是类的成员函数,可以访问类的私有和保护类型成员

   B. 友元函数不是类的成员函数,可以访问类的私有和保护类型成员

   C. 友元函数是类的成员函数,但不可以访问类的私有和保护类型成员

   D. 友元函数不是类的成员函数,不可以访问类的私有和保护类型成员

2. 下面关于构造函数的说法,不正确的是(　　)。

   A. 构造函数是与类同名的特殊的成员函数

   B. 构造函数在定义对象或用 new 动态生成对象时被自动执行

   C. 构造函数不允许指定返回类型,没有返回值,默认构造函数没有参数

   D. 利用副本构造函数生成的新对象和原对象共享相同的内存空间

3. 对于一个派生类,下面关于构造函数的激活顺序,正确的是(　　)。

   A. 类本身的构造函数、类成员构造函数、基类构造函数

   B. 类本身的构造函数、基类构造函数、类成员构造函数

   C. 基类构造函数、类成员构造函数、类本身的构造函数

   D. 基类构造函数、类本身的构造函数、类成员构造函数

4. 下面关于析构函数的说法,不正确的是(　　)。

   A. 每一个类可以有多个析构函数

   B. 析构函数可以是虚函数

   C. 析构函数可以显式调用

   D. 析构函数不能是静态(static)的

5. 对于公有派生,下列说法不正确的是(　　)。

   A. 在公有继承时,派生类的成员函数可访问基类中的公有成员和保护成员

   B. 在公有继承时,派生类的对象仅可访问基类中的公有成员

   C. 在共有派生时,一个类的公有成员对派生类成员、派生类对象都是可见的

   D. 在共有派生时,一个类的保护成员对派生类对象是可见的

三、程序阅读理解题

1. 在类的层次结构中,定义了类成员、类对象等的访问权限,分析下列程序,并回答问题。

```
#include <iostream.h>
class A {
    int ax;
public:
    void fa();
protected:
    int ay;
};
class B:public A {
    int bx;
```

```
public:
    void fb();
protected:
    int by;
};
class C:public B {
    int cx;
public:
    void fc();
protected:
    int cy;
};
void main(void)
{
        A a;
        B b;
        C c;
}
```

问题:

(1) 派生类 B 中成员函数 fb()能否访问基类 A 中的成员 ax、ay 和 fa()?

(2) 派生类 B 的对象 b 能否访问基类 A 中的成员 ax、ay 和 fa()?

(3) 派生类 C 中成员函数 fc()能否访问直接基类 B 中的成员 fb()和 by? 能否访问间接基类 A 中的成员 fa()、ax 和 ay?

(4) 派生类 C 的对象 c 能否访问直接基类 B 中的成员 fb()、bx 和 by? 能否访问间接基类 A 的成员 fa()、ax 和 ay?

2. 阅读以下程序,写出运行结果。

```
#include <iostream.h>
class sample
{
  static int counter;
public:
  sample()
  {
      counter++;
      cout<<"创建 sample 类的第"<<counter<<"个对象"<<endl;
  }
  ~sample()
  {
```

```
        count << "sample 类的第" << counter << "个对象被删除" << endl;
        counter-- ;
    }
}
int sample::counter = 0;
void main( )
{
    sample demo[3];
}
```

3. 分析程序中变量、指针和引用型数据的操作，写出运行结果。

```
#include < iostream. h >
void main( void)
{
    int x = 10, y = 20;
    int *p1, &r1 = y;
    cout << "x = " << x << ", y = " << y << endl;
    p1 = &x;
    *p1 = -10;
    r1 = -20;
    cout << "x = " << x << ", y = " << y << endl;
}
```

四、编程题

1. 定义一个长度为 100 的整数数组类 CIntList，编写在数组中插入和删除一个元素的成员函数。

2. 设计一个日期类 CMyDate，有 3 个私有成员变量 yy、mm、dd 分别存储年、月和日，编写两个公有成员函数 NextDay( ) 和 PrevDay( )，分别计算并输出下一天和前一天的日期(年、月、日)。

第 9 章

Visual C++开发工具与应用系统开发

【本章导读】

在全面学习了C/C++程序设计的思想后，也只能说是学完了软件开发的第一步。一个实用的软件系统，在开发过程中，首先要进行用户需求分析、可行性分析，然后进入软件系统开发的系统分析、系统设计、系统实施、系统运行和维护几个大的阶段。其中，系统实施主要的工作就是编码，将系统设计的各功能模块用程序来实现。

最早的软件编程都是程序员手工完成的，所有的程序代码都需要由程序员编写，工作量大、代码质量低。随着第四代软件开发工具的发展，出现了各种各样的可视化软件开发平台，这些开发平台不仅为开发人员提供了大量的高质量的(类)库，同时还提供了众多的代码生成器，例如，菜单设计、对话框设计、数据库访问等，通过“所见即所得”的方式自动生成相应的程序代码，可大大提高编程人员的工作效率。

本章将以Visual C++开发平台为例，全面介绍一个Windows应用软件系统的开发过程，包括项目的建立和管理、Windows程序的消息映射机制、MFC基础类库的概念。并以一个简单的软件项目为例，介绍利用MFC开发Windows程序所建立的程序框架中涉及的主要类与对象，程序菜单的创建，对话框与控件的创建等内容，以及软件开发完成后的软件安装程序包的制作方法。最后对网络应用开发，Visual C++.NET等内容进行简要介绍。

【本章要点】

第1节：软件集成开发环境(IDE)，项目、类视图、资源视图、文件视图、源文件、源文件编译、调试、连接。

第2节：Windows程序，事件、消息、Windows消息队列、消息循环、窗口函数、Windows 32应用程序接口，WinMain()函数。

第3节：MFC基础类库，MFC类层次图，C/C++、Visual C++、Visual C++.NET及C#之间的异同，MFC AppWizard，Windows MFC应用程序运行过程分析，消息映射。

第4节：菜单，对话框，对话类，菜单命令处理函数，软件项目安装包制作。

第 5 节：网络程序，客户 - 服务器(C/S)结构，浏览器/服务器(B/S)结构，Visual C++. NET。

9.1 Visual C++集成开发环境

Microsoft Visual C++6.0 是 Microsoft Visual Studio 6.0 家族成员之一，是利用 C++进行系统开发的重要开发平台。Visual C++集成开发环境不仅仅是一个重要的 C++编译器，为编程人员提供了功能强大的 MFC 基础类库，同时还提供了众多的软件开发向导，可以使编码人员快速地完成应用程序框架的搭建，菜单、对话框的创建等软件开发中的共性任务。

9.1.1 新建软件项目

在 Microsoft Visual Studio 6.0 集成开发环境(IDE)中，软件系统的开发都以项目(project)的方式组织，通过建立项目，来完成对源程序及相关资源的组织。从而实现系统的编译、调试、连接、打包、发布以及制作软件系统安装程序。

在计算机上安装 Visual C++6.0，从“开始”菜单中启动 Microsoft Visual C++6.0，即可进入 Microsoft Visual Studio 6.0 集成开发环境(IDE)，如图 9-1 所示。

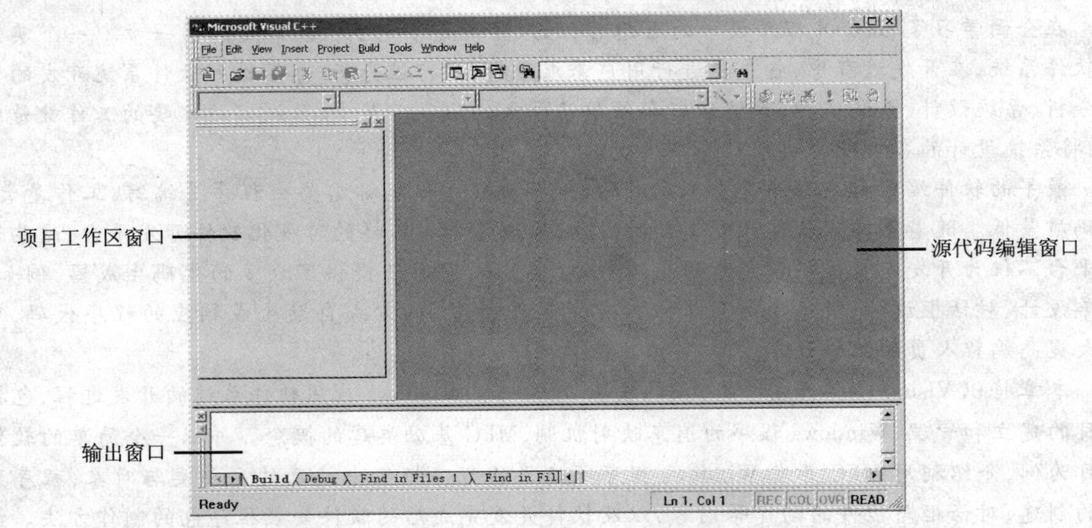

图 9-1 Microsoft Visual Studio 6.0 集成开发环境(IDE)

1. 项目、项目工作区和项目工作区窗口

项目(project)是一组相互关联的源文件的集合，它们被编译、连接后，构成一个可执行的 Windows 程序。项目工作区(Workspace)用于项目的组织，通过 File 菜单的 New 命令可以创建一个新的项目，如图 9-2 所示。

在“新建”对话框中，如果选中“Create new workspace”单选按钮，则同时创建一个新的工作区，工作区的名字和项目同名，一个工作区对应一个 *. dsw 文件。如果选中“Add to current workspace”单选按钮，则可以将当前新建的项目加入到已经存在的一个工作区中。

在项目列表中，选择一个项目类型，然后单击 OK 按钮，则启动相应的项目创建向导，向导完成后，生成一个项目文件(*. dsp)。

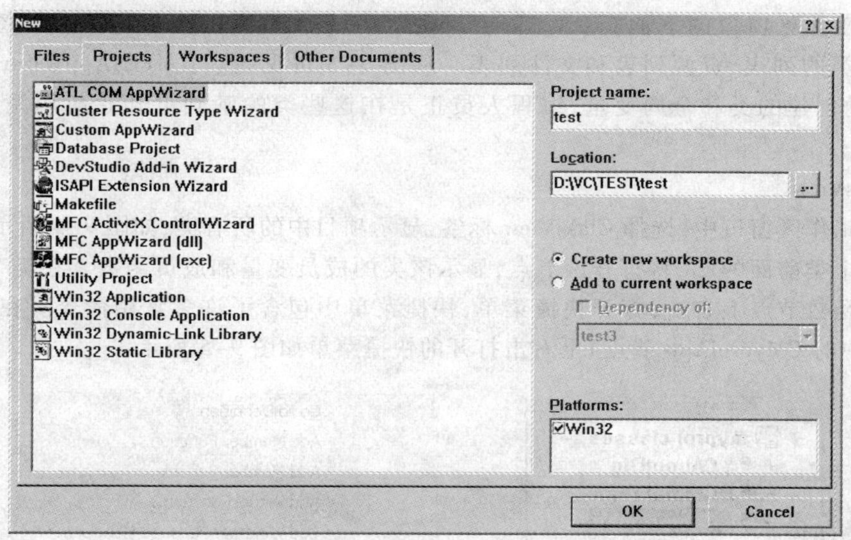

图 9-2 “新建”对话框

一般情况下,对一个项目建立一个工作区,这样在文件管理上比较方便。如果多个项目使用一个工作区也有好处,比如:在代码的互相利用方面,操作比较方便。此处,选择“MFC AppWizard(exe)”项目类型,然后单击 OK 按钮,执行项目创建向导。“MFC AppWizard(exe)”项目向导为用户创建一个单文档或多文档的 Windows 程序框架,包含了所涉及的几个主要类,即框架类、文档类、视图类,以及一个全局应用程序对象 theApp,完成后的界面如图 9-3 所示。

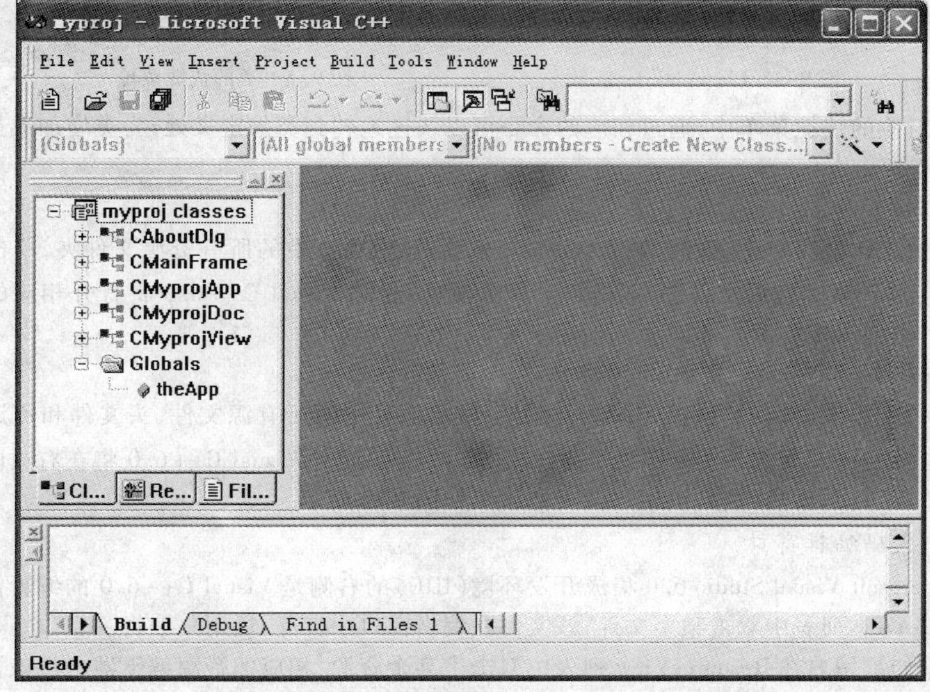

图 9-3 “MFC AppWizard(exe)”项目框架

在项目工作区窗口的下面，包含 ClassView、ResourceView 和 FileView 3 个标签，分别用于显示项目中类的列表、资源列表和文件列表。从图 9-3 可见，执行 MFC AppWizard(exe)向导后，向导自动创建的类和全局变量，编程人员正是在这些类的基础上开始应用系统所需代码的编写工作。

1）ClassView

在项目工作区窗口中，选择 ClassView 标签，显示项目中的所有类，如图 9-4 所示。

单击某个类前面的⊞，将打开该节点，显示该类的成员变量和成员函数。在类节点、各成员变量或成员函数节点上右击，打开快捷菜单，快捷菜单中包含了许多常用命令。在应用程序类(test3 项目中的 CMyprojApp 节点)上右击打开的快捷菜单如图 9-5 所示。

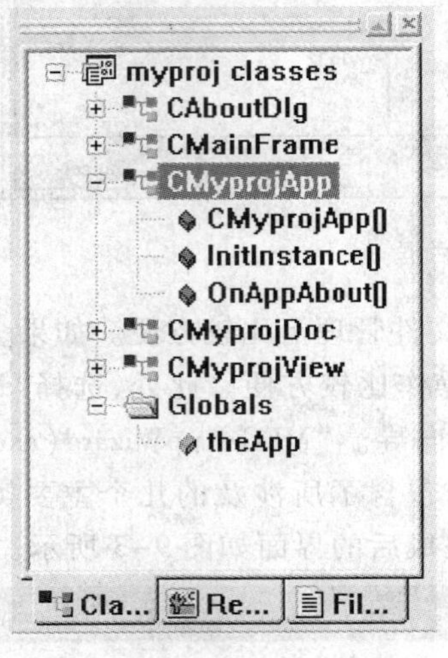

图 9-4　ClassView 标签

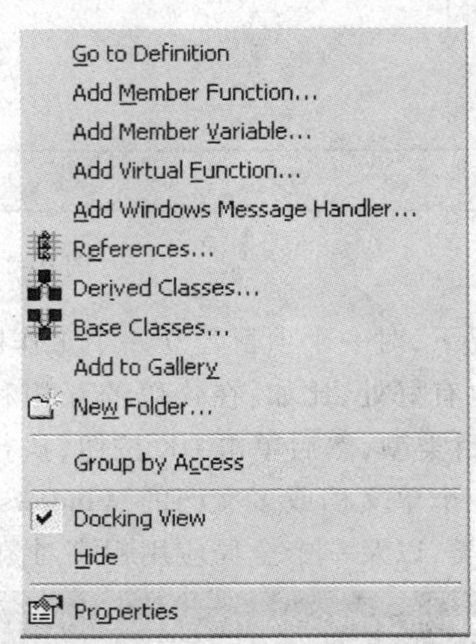

图 9-5　类的快捷菜单

在类对应的快捷菜单中，通过相应的命令可以快速地转到类的定义处，为类增加成员变量或成员函数等。

2）ResourceView

在项目工作区窗口中，选择 ResourceView 标签，显示项目中的所有资源文件夹，单击文件夹前面的⊞，展开某个资源文件夹，双击某个资源项目，此时 Visual C++6.0 将打开相应的资源编辑器，供用户编辑该资源。如图 9-6 所示。

3）FileView

在项目工作区窗口中，选择 FileView 标签，显示项目中的所有源文件、头文件和资源文件文件夹，单击文件夹前面的⊞，展开文件夹，双击某个文件，此时 Visual C++6.0 将在右边的源代码编辑窗口显示其具体的内容，供用户编辑修改。如图 9-7 所示。

2. 源代码编辑窗口

在 Microsoft Visual Studio 6.0 集成开发环境(IDE)的右侧是 Visual C++6.0 的编辑窗口。当用户在 FileView 列表中双击某个文件，该文件在编辑窗口中打开，供用户编辑。

同时，如果用户在 ResourceView 列表中双击了某个资源，相应的资源编辑器也将该资源在编辑窗口中打开，供用户对资源进行编辑。如果打开的是一个对话框资源文件，同时还显示控件

(controls)窗口,供用户使用。

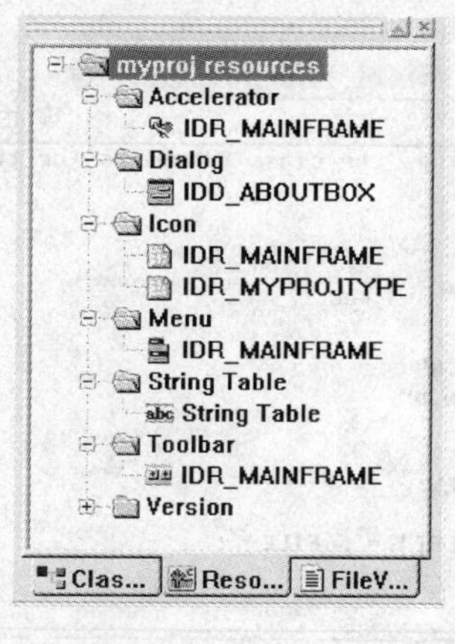

图 9-6　ResourceView 标签

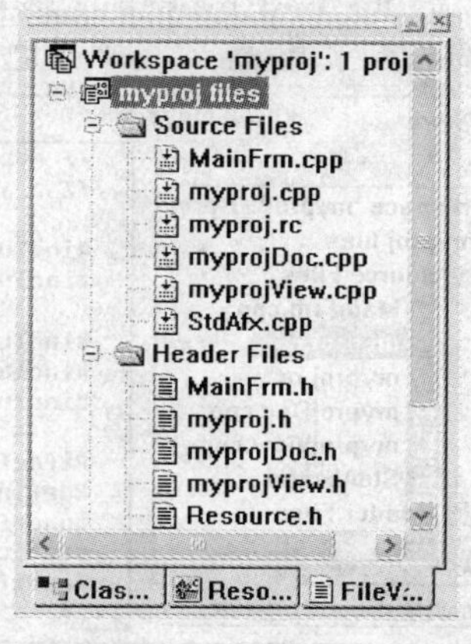

图 9-7　FileView 标签

3. 输出窗口

在 Microsoft Visual Studio 6.0 集成开发环境(IDE)的下方是输出窗口,根据用户的不同操作,显示不同的内容。例如,执行程序的编译、连接时,在输出窗口显示错误、警告等语法检查信息。在输出窗口的下面包含若干个标签,选择不同的标签输出窗口中显示不同的输出信息。

9.1.2　源程序的编辑和调试

当一个项目建立完成后,接下来就是进行源文件的编辑及程序调试。使用 Visual Studio 6.0 进行远程的编辑和调试,可以分为两种情况。

1. 新建源程序

在一个项目中可以新建源程序(.cpp)或将一个已经存在的 c 程序加入到项目中。如果要在项目中新建一个源程序,则选择 File 菜单,执行"New..."命令,打开 New 对话框(见图 9-1),在 New(新建)对话框中,选择 Files 选项卡,在文件类型列表中,选择"C++ Source File",然后输入文件名,单击 OK 按钮即可。

此时,Developer Studio 6.0 右侧的编辑窗口被激活,在编辑窗口,可进行 C++ 程序的编辑操作。

2. 编辑已有源程序

如果要编辑的源程序是项目中已经存在的,则在项目工作区中,选择 Files View 标签,找到要编辑的源文件,双击源文件节点,即在右侧边界窗口打开相应的源程序,进行编辑。例如,双击上述项目的主文件 myproj.cpp,如图 9-8 所示。

3. 程序的编译和调试

当源程序编辑完毕后,在 MiniBar 工具栏上,单击 Execute Program 按钮 !,即对源程序进行编译、连接并运行。如果出现编译错误,则在下面的 build 标签页显示编译错误信息,双击其中的一条,即可定位到错误对应的代码处。注意,这种定位不会非常准确,有的可能是上面的代码造成的,需要仔细排查。

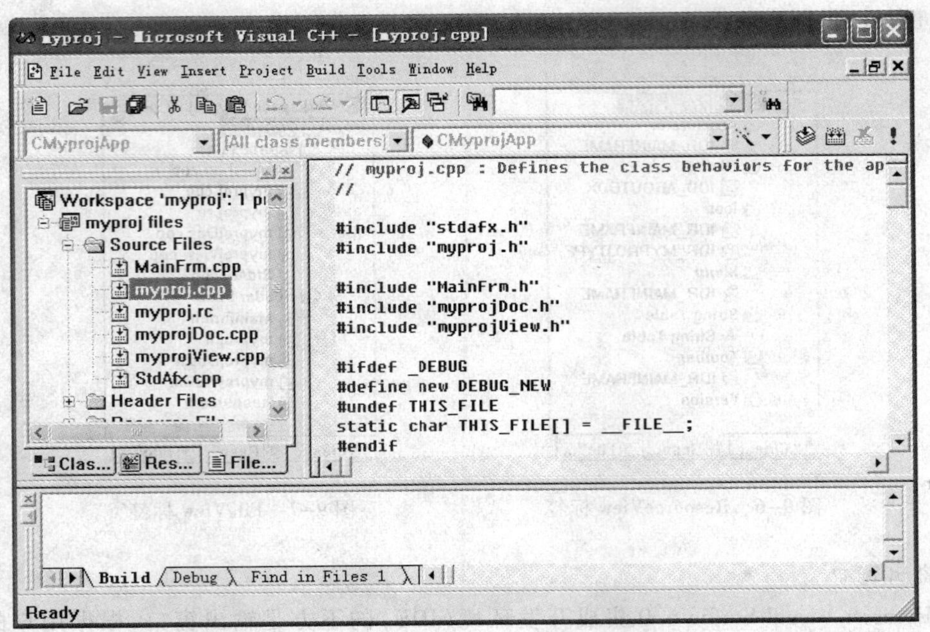

图 9-8　编辑 C++ 源程序

9.2　Windows 程序及其特点

一般情况下，计算机程序的运行方式可分为两种模式，一种是在操作系统下运行的编译程序，一种是不需要事先编译，在特定的环境中解释执行的脚本程序，例如网页中的 Javascript 脚本程序。对于需要编译运行的程序，如 C/C++ 程序，需要编译，然后连接成一个可执行的 .exe 文件，该文件在操作系统下运行。

使用 C/C++ 语言，可以开发不同操作系统下的应用程序，例如 UNIX 程序、Windows 程序等。不同操作系统下的程序，程序的结构不尽相同，所使用的开发函数(类)库也有所差别，但 C/C++ 语言本身是一样的。下面将以 Windows 程序为例，介绍使用 VC++ 进行软件开发的相关问题。

9.2.1　Windows 操作系统的消息机制

Windows 是一个多任务、图形化界面的操作系统。和其他操作系统下的应用程序相比，Windows 程序都有着统一的图形用户界面(GUI)，包括：窗口、菜单、按钮、对话框、控件等窗口对象，这种外观上的一致性，大大方便了用户的操作。

编写 Windows 程序，首先需要了解 Windows 操作系统的程序调度方法，还要了解 Windows 程序的基本结构，这样才能更好地把握 Windows 程序的基本结构，从而提高对 Windows 程序的认识，便于程序的编写和调试。

1. Windows 操作系统的消息循环机制

在 Windows 操作系统中有一个系统消息队列，简称消息队列，当 Windows 操作系统运行时，该消息队列一直工作,直到关闭计算机。在 Windows 系统下,当开始运行一个应用程序时,操作系统将为该应用程序创建一个应用程序消息队列,用于存放该应用程序的所有消息。Windows 应用程序都有一个主窗口,在主窗口下往往又包括菜单、工具按钮、对话框、各种控件等,实际上它们都是一个个的子窗口。每个窗口(或子窗口)都有一个对应的窗口函数,在窗口函数中定义了对窗口的操作。

因此,当 Windows 操作系统截获某个事件发出的消息后,将该消息从系统消息队列中发给当前运行程序,当前运行程序将该消息从应用程序消息队列中发给对应的窗口,窗口函数获得控制权,并处理该消息,消息处理完毕后将控制权返回给 Windows 操作系统。Windows 的消息处理机制如图 9-9 所示。

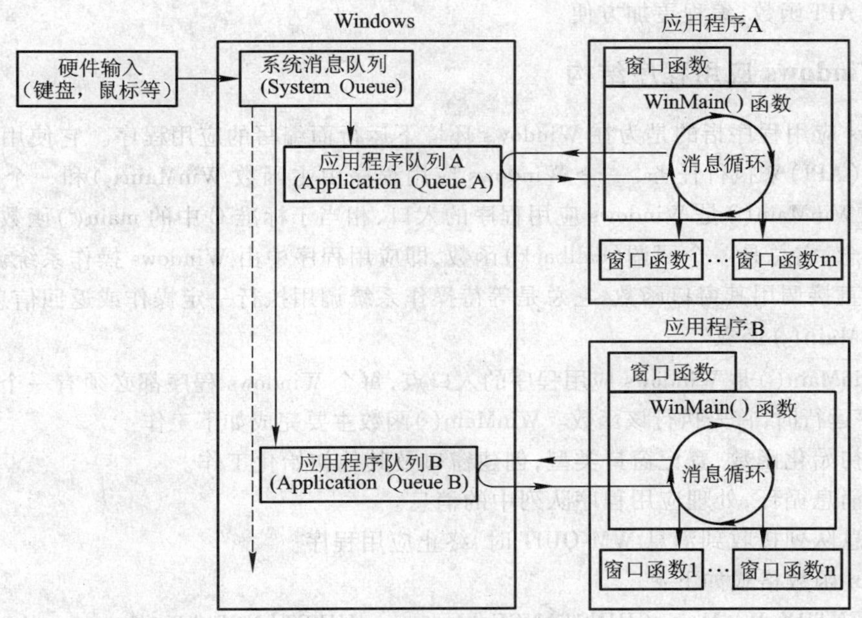

图 9-9 Windows 的消息循环机制

与键盘消息必须有应用程序从队列检索出来不同,Windows 将窗口管理消息直接发送给相应的窗口函数。当 Windows 收到用户取消一个窗口的命令后,将不通过应用程序队列而是直接将消息 WM_DESTORY 发送给相应的窗口函数。窗口函数通过 PostQuitMessage 把消息 WM_QUIT 复制到应用程序队列。当消息循环发现 WM_QUIT 消息后,消息循环终止,主函数结束。

2. Windows 的编程特点

在过程式的程序设计中,程序的执行顺序是由程序语句显式地确定的,程序总是从上到下顺序执行,遇到分支情况,根据条件进行转移。程序的执行顺序都是以程序员设计好的,很容易理解和把握。

但是,在 Windows 程序中,程序的执行顺序不是显式地确定的,这与面向对象的技术有关,函数的调用也不是显式规定的。例如,类的构造函数、析构函数,窗口的过程函数等,这些函数的执行(调用),并不是用户事先确定的,它是在程序运行过程中,由 Windows 操作系统完成的,也就是说操作系统掌握着控制权。

在 Windows 中,函数的执行是消息驱动(Message Driven)的,消息(Message)是应用程序和操作系统之间、应用程序和应用程序之间通信的桥梁。当某个事件(Event)发生时,将产生相应的消息,从而激活对应的消息处理函数。例如,按键事件,将产生 KEY_DOWN 消息,该消息将激活相应的函数。

3. Windows 的编程方法

编写 Windows 应用程序有多种方法:

① 利用 C 和 C++ 直接调用 Windows 32 应用程序接口(API)编写 Windows 应用程序。Win32 API 是 Windows 操作系统的一部分,有 2000 多个 API 函数。

② 利用 MFC 基本类库和 C++ 编写 Windows 程序。MFC 提供了大量的基本类,封装了大部分的 Win32 API 函数,编程更加方便。

9.2.2 Windows 应用程序结构

Windows 应用程序指的是为在 Windows 环境下运行而编写的应用程序。它使用 Windows 应用程序接口(API)来执行任务,一个 Windows 应用程序由主函数 WinMain()和一个窗口函数构成。主函数 WinMain()是 Windows 应用程序的入口,相当于标准 C 中的 main()函数。窗口函数是个新的概念,它总是一个回调(callback)函数,即应用程序中由 Windows 操作系统调用的函数。应用程序不直接调用其窗口函数,它总是等待操作系统调用执行一定操作或返回信息。

1. WinMain()函数

函数 WinMain()是 Windows 应用程序的入口点,每个 Windows 程序都必须有一个 WinMain()函数,当程序运行时,首先执行该函数。WinMain()函数主要完成如下工作:

- 调用初始化函数,登记窗口类型,创建窗口及其他初始化工作。
- 进入消息循环,处理应用程序队列中的消息。
- 当消息队列接收到消息 WM-QUIT 时,终止应用程序。

WinMain 函数格式如下:

```
int APIENTRY WinMain (HINSTANCE hInstance,HINSTANCE hPrevInstance,LPSTR lpCmd-
Line,int nCmdShow)
{
        static char szAppName[] = "Hello Windows";
        HWND hWnd;
        MSG msg;
        WNDCLASS wndClass;
        If(! hPreInst)
        {
            wndClass. lpszClassName = szAppName;
            wndClass. hInstance = hInst;
            wndClass. lpfnWndProc = WindowProc;
            wndClass. hIcon = LoadIcon(NULL,IDI_APPLICATION);
            wndClass. LoadCursor(NULL,IDC_ARRAOW);
```

```
        wndClass.hbrBackground = GetStockObject(WHITE_BRUSH);
        wndClass.lpszMenuName = NULL;
        wndClass.style = CS_HREDDRAW | CS_VERDRAW;
        wndClass.cbClsExtra = 0;
        wndClass.cbWndExtra = 0;
    }
    if (RegisterClass(&wndClass) == 0) //用 API 函数注册窗口类
    {
        return 0;
    }
    //用 API 函数建立 Windows 应用程序主窗口
    hWnd = CreateWindow(szAppName,szAppName,WS_OVERLAPPEDWINDOW,
        100,100,500,500,NULL,NULL,hInstance,NULL);
    if (hWnd == 0)
    {
        return 0;
    }
    ShowWindow(hWnd,nCmdShow);              //显示应用程序主窗口
    while (GetMessage(&msg,NULL,0,0)) {//进入应用程序消息循环
        TranslateMessage(&msg);             //转换键盘消息
        DispatchMessage(&msg);              //分派消息,把消息送到对应的窗口函数
    }
    return (msg.wParam);
}
```

上述代码是利用 Win32 SDK 编程时 WinMain 主函数的一般形式。现在,用 MFC 编程,用户一般不需要写 WinMain()例程,它通常隐藏在 AppWizard 为用户生成的代码中。具体分析见 5.4 节的介绍。

2. 窗口函数

在 Windows 程序中,每个窗口都有一个窗口函数,用于处理用户对窗口的操作。窗口函数总是由操作系统调用,它通常是一个 switch 语句,来处理由应用程序消息队列中发送到该窗口的不同的消息。一般形式如下:

```
LONG APIENTRY MainWndProc(HWND hWnd,UINT message,UINT wParam,LONG lParam)
{
    switch (message) {
        case WM_MOUCEMOVE:
            //
            break;
        case WM_LBUTTONDOWN:
```

```
                //
                break;
            case WM_PAINT:
                //
                break;
            case WM_DESTORY:
                PostQuitMessage(0);
                break;
        default: //Windows 内设的消息处理函数
            return(DefWindowProc(hWnd,message,wParam,lParam));
        }
        return(0);
    }
```

在 MFC 编程中，窗口函数将通过消息映射来实现，这极大地降低了程序的耦合度，提高了软件的灵活性和可维护性。

9.3 MFC 基础类库与 Windows 编程

为编写 Windows 程序，Microsoft Visual C++ 中提供了功能强大的 MFC 基础类库，它封装了 Windows 中的绝大多数 API 函数，是进行 Windows 编程的强大工具包。

9.3.1 MFC 基础类库

编写 Windows 应用程序要比一般的 DOS 程序复杂得多，在基本类库 MFC 出现以前，人们是通过 C 语言和 2000 多个 API 函数调用来编程的，因此，Windows 编程非常困难。MFC 封装了大部分的 Windows API 函数，是 Microsoft Visual C++ 的一部分，已经成为许多 C++ 编译器进行 Windows 开发的工业标准。

1. MFC 类层次结构

1992 年，Microsoft 公司推出 C/C++ 7.0，与此同时，发布了基础类库 MFC 1.0 及 Visual C++ 1.0。1998 年 9 月，推出了 Visual C++ 6.0。在 Visual C++ 升级的过程中，其包含的 MFC 版本和 Visual C++ 并不完全同步。例如在 Visual C++ 6.0 中，虽然使用的是 MFC 6.0，但和 MFC 4.21 完全相同。下面是 MFC 7.0 的类层次结构图，如图 9-10 所示。

现在，Microsoft 公司已经推出了更新的版本，例如在 Visual Studio 2008 中包含了 Visual C++ .NET，MFC 版本也升级到了 MFC 9.0，支持 64 位编程。但 Visual C++ 6.0 作为经典版本，仍然拥有众多的用户。

2. 应用程序框架类

可以看出，几乎所有的 MFC 类都是从 CObject 派生而来的。CObject 高效的为它的派生类提供了许多有用的功能，例如，动态类形识别(Run Time Type Information，RTTI)，动态创建对象，对象持久性等，提供了两个重要的虚函数 IsKindOf() 和 Serialize()。

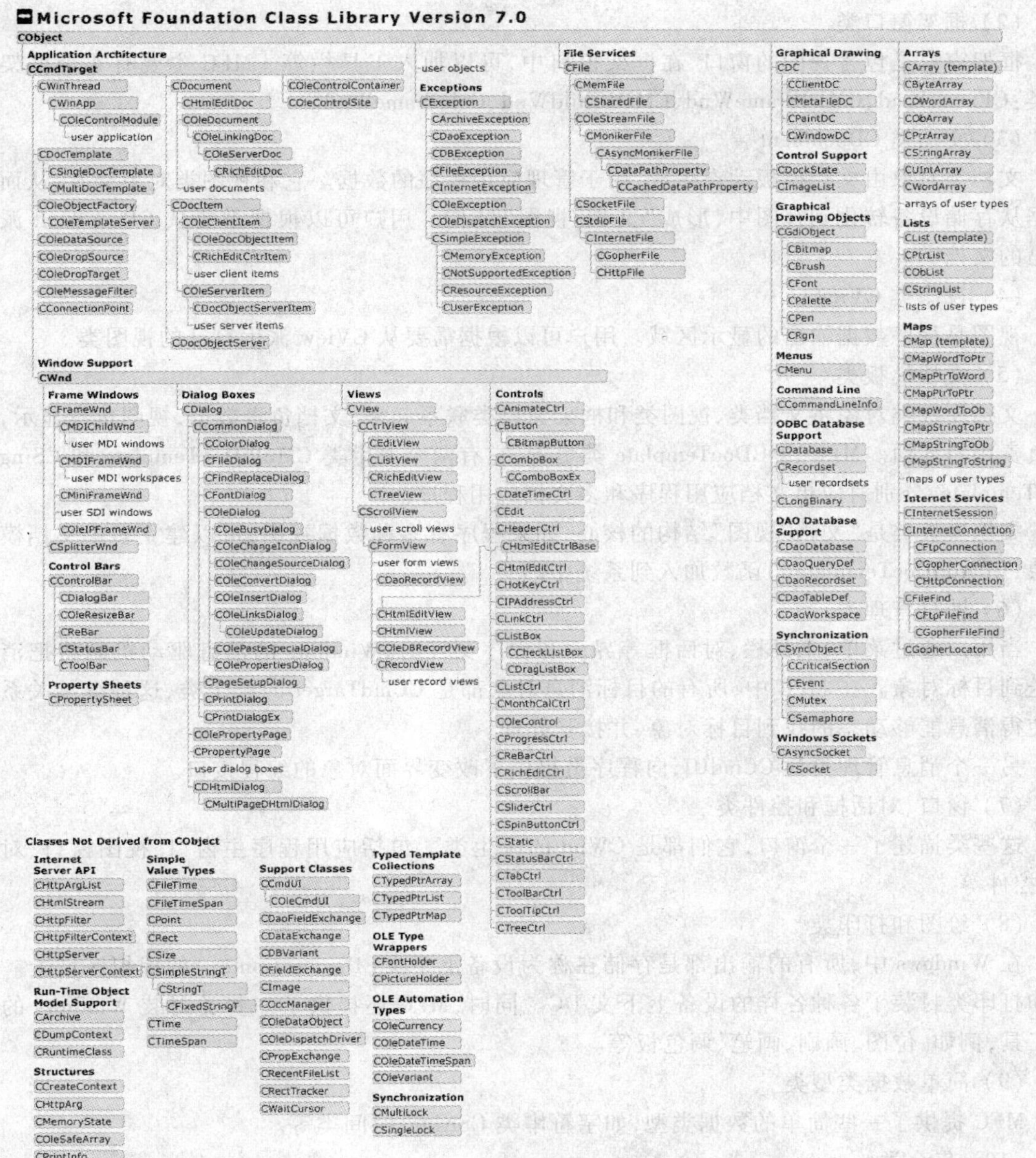

图 9-10　MFC 7.0 类层次图

在 CObject 基础上，MFC 为用户提供了开发 Windows 应用程序所需要的所有方面的类，这些类对于建立 Windows 程序框架，编写业务代码提供了支持，是 MFC 类库的核心内容。

(1) 应用程序类 CWinApp 和线程类 CWinThread

所有的 MFC Windows 应用程序都有一个且只有一个应用程序对象 theApp，它是应用程序类 CWinApp 的派生类的对象。封装了应用程序初始化、运行和结束代码。

Windows 是一个多线程的操作系统，在 MFC 中 CWinThread 类封装了操作系统的线程 API，并且提供支持同步操作的类，如 CMutex、CEvent。

(2) 框架窗口类

框架窗口是包含视图的窗口,在框架窗口中,可以加入工具栏等。MFC 主要有 4 个框架窗口类:CFrameWnd、CMDIFrameWnd、CMDIChildWnd、ColeFrameWnd。

(3) 文档类 CDocument

文档类对象由文档模板动态生成,用于管理应用程序的数据。它和视图类对象交互,从而将数据从存储设备转化到视图中,形成“文档/视图”结构。用户可以根据需要从 CDocument 派生自己的文档类。

(4) 视图类 CView

视图是程序数据输出的显示区域。用户可以根据需要从 CView 派生自己的视图类。

(5) 文档模板类

文档模板类对象将文档类、视图类和框架窗口类联系起来,文档负责数据,视图负责显示,框架负责用户界面。MFC 由 CDocTemplate 类负责,它有两个派生类 CMultiDocTemplate 和 CSingleDocTemplate,分别对应单文档应用程序和多文档应用程序。

文档模板类是“文档/视图”结构的核心,如果程序有多种数据视图,可以建立多个文档模板对象,用 AddDocTemplate( )函数加入到系统中。

(6) 消息管理类

当用户通过菜单、工具栏、对话框等界面和程序交互时,Windows 的消息驱动机制将把消息发送到目标对象。在 MFC 中,所有的目标消息对象都是 CCmdTarget 的派生类,这种继承关系可以使得消息能够动态的找到目标对象,并接受处理。

另一个消息管理类为 CCmdUI,向程序员提供了改变界面对象的编程接口。

(7) 窗口、对话框和控件类

这些类描述了一个窗口,它们都是 CWnd 的派生类。包括应用程序主窗口、视图窗口、对话框、控件等。

(8) 绘图和打印类

在 Windows 中,所有的输出都是存储在称为设备上下文(Device Contex)的虚拟区域上。绘图和打印类封装了各种各样的设备上下文 DC。同时,MFC 还提供了一些类封装 Windows 的绘图工具,例如,位图、画刷、画笔、调色板等。

(9) 简单数据类型类

MFC 提供了一些简单的数据类型,如字符串类 CString、时间类等。

(10) 集合类

MFC 提供的集合类包括数组类、链表类和映射类。它们以模板为基础,都是从 CObject 继承的,可以使得应用程序方便的把数据持久化。

(11) 文件和数据库接口类

这些类提供了同文件、数据库交互的能力,允许程序向文件和数据库存储数据。MFC 的文件类 CFile 可以操纵数据流。面向关系数据库的接口包括 DAO 和 ODBC 两种。

(12) 网络和 Internet 类

MFC 对网络和 Internet 的支持,提供的类包括 ISAPI(Internet Server API)、Windows 套接字类和 Win32 Internet 类。

3. Visual C++.NET

2000 年 7 月，在 PDC(Professional Developers Conference)会议上，Microsoft 公司宣布启动.NET 方案，推出了一个全新的开发平台 Visual Studio.NET，包括了 Visual C++、Visual Basic、Visual FoxPro 和 C#等开发工具。Visual C++ .NET 又称为 Visual C++7.0，是 Visual C++6.0 的.NET 升级版。与 Visual C++ 6.0 相比，Visual C++ .NET 包含了许多新的特性，例如，Web 应用程序、C++托管扩展、ATL、DCOM、MFC 等方面的增强以及 ATL Server 的支持等。

随着互联网的发展，网络开发成为软件开发的重要领域，微软的.NET 战略就是面向 Internet 的软件开发战略，包含三大主流开发工具，即 C#、VB.NET、VC.NET。其中，C#、VB.NET 是托管语言，C#和 C++没有任何关系，是一种全新的语言，可以说与 Java 对等，需要.NET 环境，在虚拟机上运行。VC.NET 是 VC++的.NET 版，是基于 Microsoft .NET 框架下的 C++语言，传统的 VC++编译结果是二进制，可以在 Windows 下直接运行；VC++.Net 支持二进制(unmanaged)，也支持基于 DotNet Framework 的程序，即可以编译生成中间语言 RL，在 CLR 下运行，实现各种操作系统都识别的代码，这与 Java 技术的虚拟机一样。

9.3.2 使用 MFC AppWizard 创建 Windows 程序框架

在 Visual C++中，提供了各种类型的向导，以便为用户开发不同的应用生成一个框架，从而提高软件开发效率。

1. Windows MFC 应用程序创建向导

开发 Windows 程序，需要使用 MFC 类库，在 File 菜单中，执行 New 命令，在新建项目列表中，选择“MFC AppWizard(exe)”项目类型，单击 OK 按钮即可启动 MFC AppWizard 应用程序创建向导，设输入项目名称为 MySGE(simple graph edit)，如图 9-11 所示。

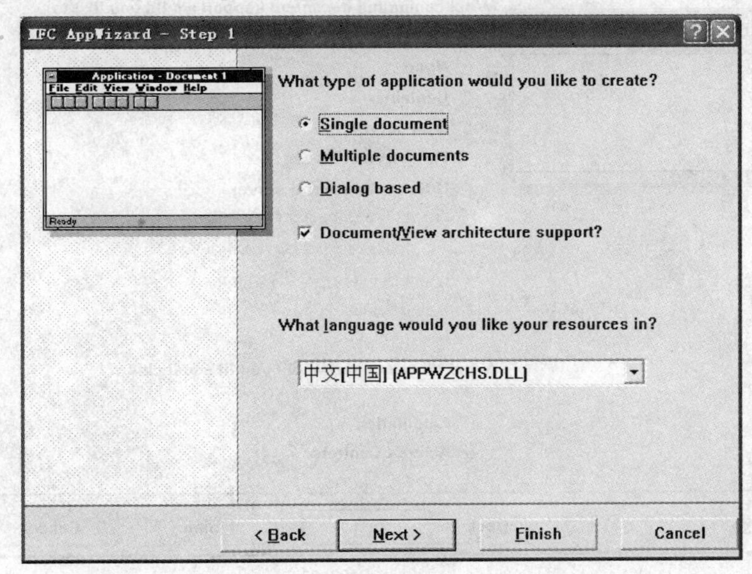

图 9-11 MFC AppWizard-Step1

Windows 应用程序可以是单文档、多文档或基于对话框的程序，本例选中 Single document(单文档)单选按钮，并勾选 Document/View architecture support 复选框用于支持“文档/视图”结构。然后单击 Next 按钮，进入如图 9-12 所示对话框。

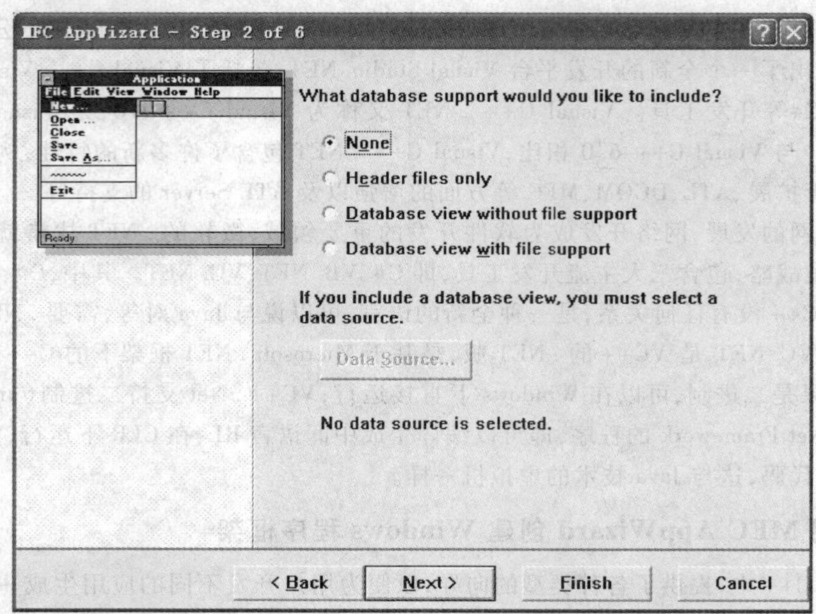

图 9-12　MFC AppWizard-Step2

选中 None 单选按钮，表示不需要数据库支持，然后单击 Next 按钮，进入如图 9-13 所示对话框。

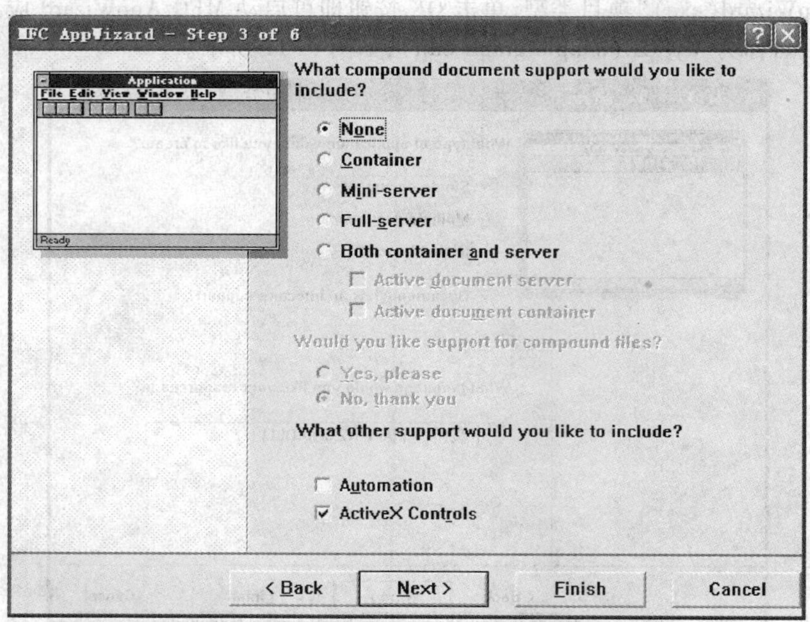

图 9-13　MFC AppWizard-Step3

选中 None 单选按钮，表示不需要复合文档支持。然后，单击 Next 按钮，进入如图 9-14 所示对话框。

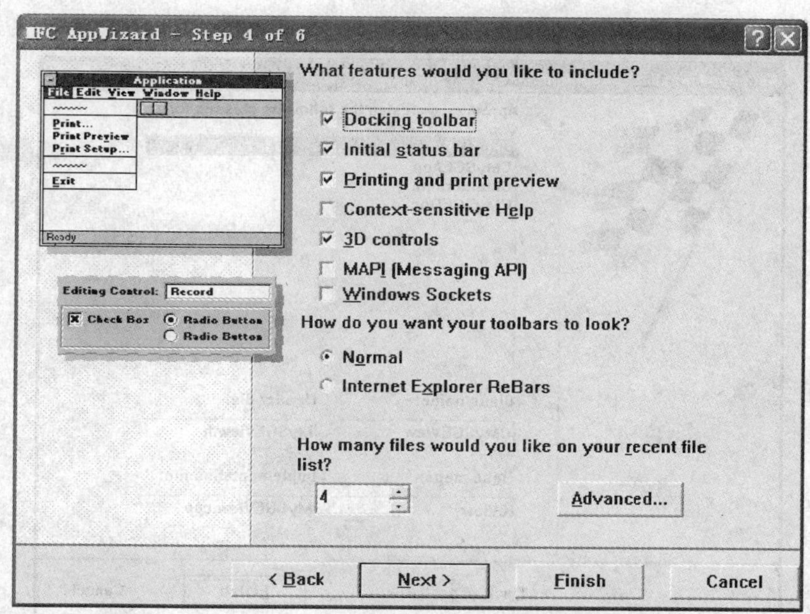

图 9-14　MFC AppWizard-Step4

在图 9-14 所示的 MFC AppWizard-Step4 对话框中完成应用程序界面特征的设置，采用默认状态，单击 Next 按钮，进入如图 9-15 所示对话框。

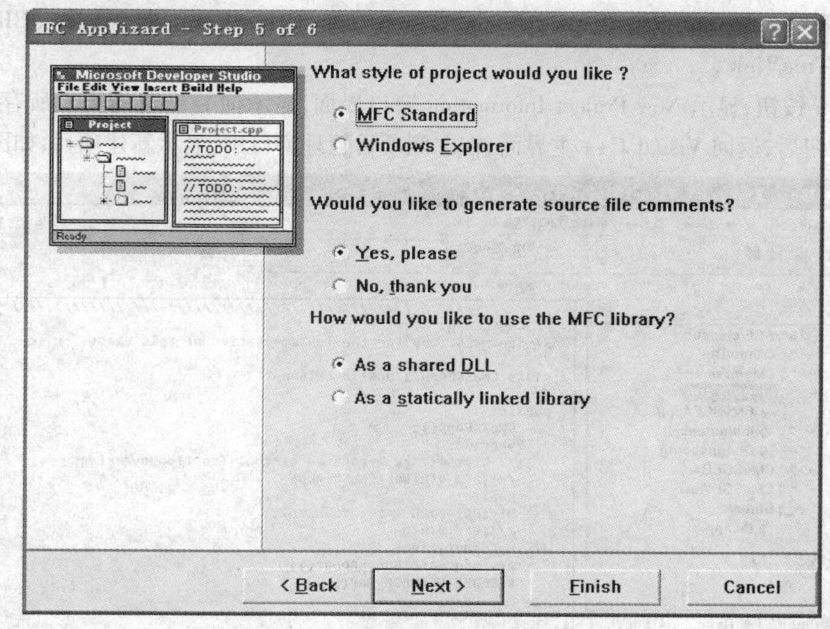

图 9-15　MFC AppWizard-Step5

在“What style of project would you like”中，有两个选项：MFC Standart 代表创建一个标准的 MFC 应用程序框架；Windows Explorer 代表创建一个与 Windows Explorer 风格相同的使用分割窗口的应用程序，即左边窗格为 CTreeView 类，右边窗格为 CListView 类。采用系统默认选项，即选中 MFC Standard 单选按钮单击 Next 按钮，进入如图 9-16 所示的窗口。

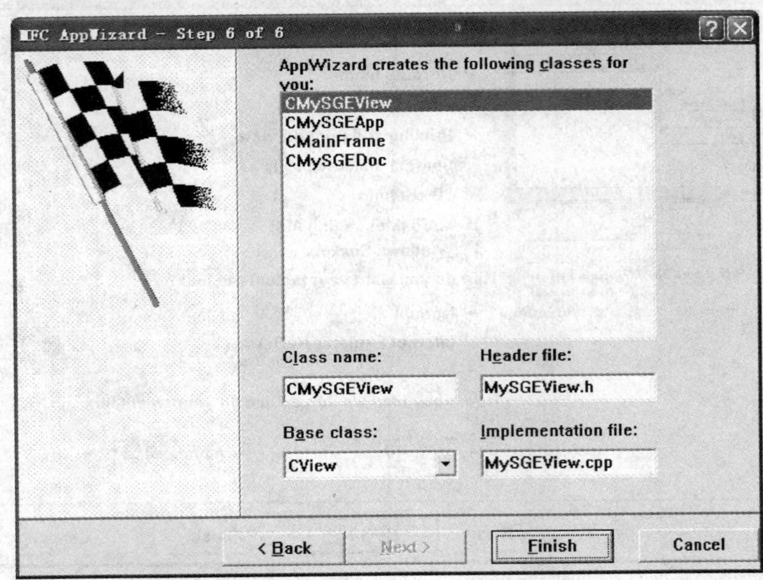

图 9-16　MFC AppWizard-Step6

在图 9-16 所示 MFC AppWizard-Step6 中，显示了应用程序，向导为应用程序框架创建的类、用户可以修改类的名称、保存类定义的头文件和实现文件。另外，对视图类，还可以通过 Base classes 下拉列表修改基类，包括 CEditView、CFormView、CHtmlView、CListView、CRicheditView、CScrollView、CTreeView。

单击 Finish 按钮，显示 New Project Information 窗口界面，显示向导创建的类及所存储的 .cpp 文件，单击 OK 按钮后，返回 Visual C++ 主界面，在左侧项目管理窗口中，显示新建项目，如图 9-17 所示。

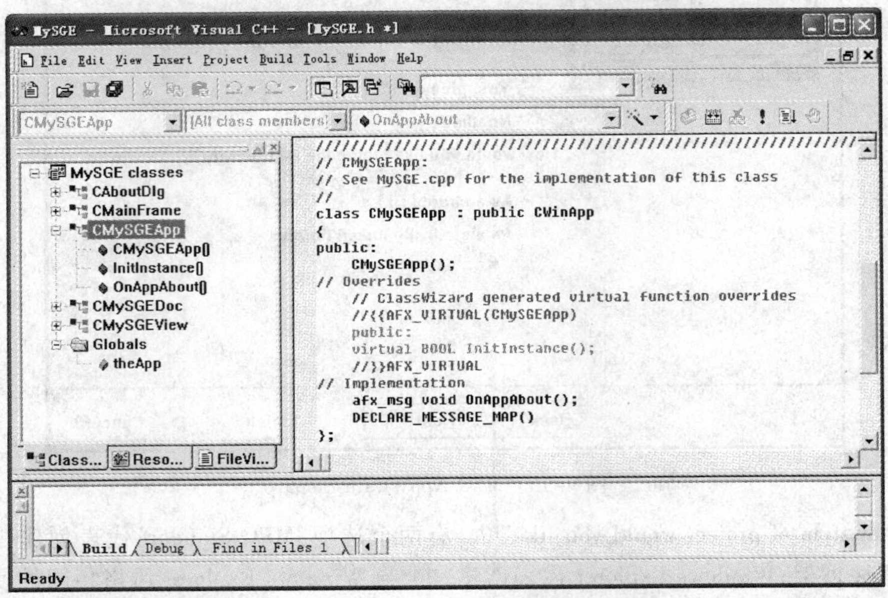

图 9-17　新建项目后向导创建的类

MFC AppWizard 应用程序向导会自动创建一个应用程序框架，里面包含了文档视图结构中所需要的类，包括：应用程序类、框架类、文档类和视图类，以及这些类的定义和实现文件。从图 9-17 中可以看出这些类和前边介绍的 C++ 中类的定义不完全相同，在每一个类定义的结尾处，有一个消息映射的宏，即 DECLARE_MESSAGE_MAP( )，这个宏定义了当前类要处理的消息，具体的宏定义在相应的 . cpp 实现文件中给出。

2. Windows MFC 应用程序运行过程分析

在 Visual C++ 工具栏中，单击 Execute Program 按钮 ！，可编译连接运行新建的项目，运行结果如图 9-18 所示。

图 9-18 使用 MFC AppWizard 向导创建的单文档应用程序框架

框架包含了一个 Windows 程序的基本部分：标题、菜单、工具栏等，接下来，用户应该根据用户程序的需要，在上述框架基础上进行代码编程，完成应用程序的设计任务。

那么，程序是如何运行的呢？根据 9.2.2 节 Windows 应用程序的结构可知，每个 Windows 程序都有一个 WinMain( ) 函数，但是，从上述的框架文件中将找不到这个函数，那么程序是如何运行的呢？具体分析如下。

利用 MFC AppWizard 创建应用程序，在生成的代码中包括一个唯一的应用程序类对象 theApp。默认状态下，theApp 的构造函数为空，如下所示：

```
/////////////////////////////////////////////////////////////////////////////
//CMySGEApp construction
CMySGEApp :: CMySGEApp( )
{
    //TODO: add construction code here,
    //Place all significant initialization in InitInstance
}
```

此时，编译器将调用其基类 CWinApp 的构造函数，主要完成两项工作：第一，确保应用程序只声明了一个应用程序类对象。第二,将自己的指针保存在全局变量中,使程序的其他代码可以通过 AfxGetApp 函数访问它。

theApp 对象创建完成后,接下来编译器连接 MFC 准备好的 WinMain 代码,形式如下:

```
extern "C" int WINAPI
    _tWinMain(HINSTANCE hInstance,HINSTANCE hPrevInstance,LPSTR lpCmdLine,int nCmdShow)
    {
        return AfxWinMain(hInstance,hPrevInstance, lpCmdLine, nCmdShow);
    }

    int AfxWinMain(HINSTANCE hInstance,HINSTANCE hPrevInstance,LPSTR lpCmdLine,int nC-
    mdShow)
    {
        CWinApp *pApp = AfxGetApp();
        AfxWinInit(hInstance,hPrevInstance, lpCmdLine, nCmdShow);
        pApp->InitApplication();
        pApp->InitInstance();
        nReturnCode = pApp->Run();
        AfxWinTerm();
    }
```

函数 AfxWinInit()将有关信息填入唯一的 CWinApp 实例对象 theApp 中。函数 InitApplication()、InitInstance()和 Run()均为 CWinApp 类的成员函数。InitApplication()函数是为了框架程序管理用的,主要完成对文档模板 DocumentTemplate 和文档管理器类 CDocManager 进行初始化。InitInstance()函数是 CWinApp 类的 virtual 成员函数,由应用向导程序生成的应用程序类一般重新定义了 InitInstance(),完成用户的初始化代码工作,包括程序主窗口的创建、显示、Document、View 结构的初始化工作。一般内容包括:

```
////////////////////////////////////////////////////////////////////////////////
//CMySGEApp initialization
BOOL CMySGEApp::InitInstance()
{
    AfxEnableControlContainer();
    //Standard initialization
    //If you are not using these features and wish to reduce the size
    //of your final executable, you should remove from the following
    //the specific initialization routines you do not need.
#ifdef _AFXDLL
    Enable3dControls();                  //Call this when using MFC in a shared DLL
#else
    Enable3dControlsStatic();      //Call this when linking to MFC statically
```

```
#endif
    //Change the registry key under which our settings are stored.
    //TODO: You should modify this string to be something appropriate
    //such as the name of your company or organization.
    SetRegistryKey(_T("Local AppWizard-Generated Applications"));
    LoadStdProfileSettings();    //Load standard INI file options (including MRU)
    //Register the application's document templates. Document templates
    //serve as the connection between documents, frame windows and views.
    CSingleDocTemplate * pDocTemplate;
    pDocTemplate = new CSingleDocTemplate(
        IDR_MAINFRAME,
        RUNTIME_CLASS(CMySGEDoc),
        RUNTIME_CLASS(CMainFrame),       //main SDI frame window
        RUNTIME_CLASS(CMySGEView));
    AddDocTemplate(pDocTemplate);
    //Parse command line for standard shell commands, DDE, file open
    CCommandLineInfo cmdInfo;
    ParseCommandLine(cmdInfo);
    //Dispatch commands specified on the command line
    if (!ProcessShellCommand(cmdInfo))
        return FALSE;
    //The one and only window has been initialized, so show and update it.
    m_pMainWnd -> ShowWindow(SW_SHOW);
    m_pMainWnd -> UpdateWindow();
    return TRUE;
}
```

在 InitInstance()函数结束后,系统完成初始化工作,执行 Run()函数,进入消息循环。

根据上述分析,可见由 MFC 编写的 Windows 程序中,应用程序类的 InitInstance()函数构成了应用程序的运行开始点。

另外,应用程序主窗口类的创建是封装在 CMainFrame 类中的,在 InitInstance()中通过创建 CMainFrame 对象,调用其 LoadFrame()函数注册并生成主窗口,LoadFrame()函数从资源中获得窗口标题、图标、菜单等,利用这些资源和默认的参数创建主窗口。如果希望改变主窗口的风格,可以重载 CMainFrame :: PreCreateWindows()函数。

```
BOOL CMainFrame::PreCreateWindow(CREATESTRUCT& cs)
{
    if(!CFrameWnd::PreCreateWindow(cs))
        return FALSE;
    //TODO: Modify the Window class or styles here by modifying
```

```
    //the CREATESTRUCT cs
    return TRUE;
}
```

重载该函数,使得在应用程序启动时不显示 Windows 任务栏,函数如下:

```
BOOL CMainFrame::PreCreateWindow(CREATESTRUCT& cs)
{  //下列窗口风格可在 AppWizard 生成项目时,在 Step 4 的单击 Advance 按钮设置
   //(1) Create a window without min/max buttons or sizable border
        cs.style = WS_OVERLAPPED | WS_SYSMENU | WS_BORDER ;
        //cs.style & = ~ FWS_ADDTOTITLE;
        //(2) Size the window to screen size and center it
        cs.x = 0; cs.y = 0;
        cs.cx = ::GetSystemMetrics(SM_CXSCREEN) ;
        cs.cy = ::GetSystemMetrics(SM_CYSCREEN) ;
        return CFrameWnd::PreCreateWindow(cs);
}
```

9.3.3 消息及消息映射

Windows 操作系统及其应用程序都是事件驱动的,事件产生消息,消息激活相应的函数运行,来完成程序的功能。在 MFC 中,在类的定义中、在类定义的结尾处,都包含一个消息映射声明 DECLARE_MESSAGE_MAP(),以此列表说明该类要处理的消息。这样的机制很好地增强了程序的可读性,更好地实现了软件的松耦合,便于系统的维护。

1. MFC 的消息机制

消息(Message)可以分为 Windows 消息和命令消息两类。

(1) Windows 消息

在 Windows 中,每个窗口都有一个窗口函数。与这个窗口有关的事件发生时,Windows 将调用这个函数,传入发生事件的有关数据(如消息 ID 等),这个过程称为向窗口发送消息。这些消息称为"Windows 消息",其消息 ID 均以 WM_开头。

例如,在视图窗口单击鼠标左键,视图窗口将收到 WM_LButtonDown 消息。

(2) 命令消息

MFC 还提供用户接口对象生成的消息的处理。用户接口对象是指 MFC 支持的标准接口元素,包括菜单命令、加速键击、工具按钮、状态条指示符和对话框控件。由这些对象生成的消息称为"命令消息"。

选择一个用户接口对象或一个对象需要更新时,对象将发送一个命令消息给主帧窗口。但 MFC 立即将该消息重发送到主帧窗口的视图窗口,如果视图窗口没有提供消息处理器,则 MFC 重发消息到文档窗口。如果文档对象也没有提供消息处理器,则重发消息到主帧窗口,如果主帧窗口没有提供消息处理器,则重发消息到应用程序对象。如果应用程序对象也没有提供处理器,则该消息接收最小默认处理。

MFC 的消息处理机制扩展了 Windows 消息机制,使命令消息不仅可以由窗口对象(如主帧

窗口、视图窗口等),而且也可以由其他主程序对象处理(属于 CCmdTarget 派生的类,提供命令消息处理机制)。

MFC 的消息处理顺序使得程序可以选择最合适的类处理不同的消息。如:File 菜单的 Exit 命令是由应用程序类处理的,因为它关系到整个程序。而 Save 命令则是由文档类处理,文档类负责存放和存储数据。对于菜单命令等产生的命令消息究竟由哪个类来处理,应根据具体情况决定。

2. MFC 消息映射

在 MFC AppWizard 向导自动创建的一个应用程序框架中,包含一个应用程序类 CMySGEApp 类,在该类的实现文件 MySGE. cpp 中,定义了声明的消息映射,代码如下:

```
////////////////////////////////////////////////////////////////////////////
//CMySGEApp
BEGIN_MESSAGE_MAP(CMySGEApp, CWinApp)
    ON_COMMAND(ID_APP_ABOUT, OnAppAbout)
    ON_COMMAND(ID_FILE_NEW, CWinApp::OnFileNew)
    ON_COMMAND(ID_FILE_OPEN, CWinApp::OnFileOpen)
    ON_COMMAND(ID_FILE_PRINT_SETUP, CWinApp::OnFilePrintSetup)
END_MESSAGE_MAP()
```

从上述消息映射可以看出,应用程序类直接处理的菜单命令是“帮助”菜单中的“关于...”菜单命令,这个函数定义为该类的成员函数 OnAppAbout()。同时,还处理“文件”菜单中的“新建”、“打开”和“打印设置”菜单命令,“文件”菜单中的其他菜单命令则由视图类 CMySGEView 等类处理。

9.4 Windows 应用程序开发

为了更好地理解 Visual C++ 的 Windows 编程思想,通过一个简单的综合示例来练习如何在向导创建的应用程序框架中添加用户程序代码。这个示例虽然没有具体的应用背景需求,但涉及的内容却是 Windows 编程中必须使用的要素,包括:菜单设计、类的定义、对话框、文本输出等。

9.4.1 使用向导创建程序框架

首先,创建一个 MFC AppWizard 项目,项目名为 MyTest,按照向导的默认值设置,在图 9-16 所示的 MFC AppWizard-Step6 中,修改视图类的基类为 CScrollView,以使视图能支持滚动条,其他设置不变。

完成后的项目如图 9-19 所示。

接下来,将在这个程序框架上,增加菜单、菜单命令、定义对话框以及进行文本输出和图形输出等操作。

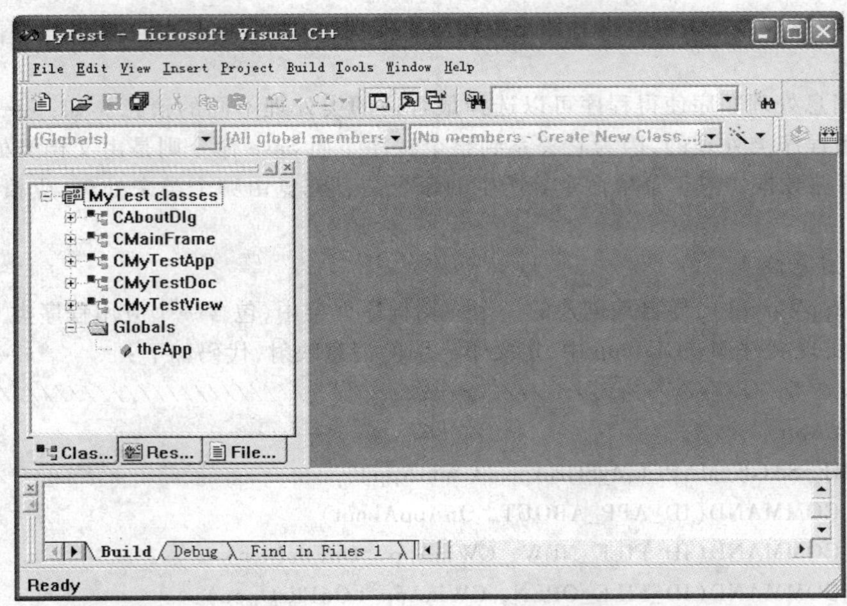

图 9-19 新建项目后向导创建的类

9.4.2 添加菜单命令

用应用程序向导创建的程序框架包含了一组默认的菜单，用户应根据自己的需要将无用的菜单删除，添加自己的菜单。本示例中，我们增加两组菜单，即“文本操作”和两个一级菜单，在“文本操作”中，包含一条“Test Dialog”命令，打开一个对话框；在“图形绘制”中，包含一个“绘制直线”菜单命令。

1. 修改菜单项

对菜单的编辑是通过 Visual C++ 的菜单编辑器完成的，具体操作如下。

打开上述的 MyTest 项目，在项目管理器窗口，选择 ResourceView 标签，单击 Menu 文件夹，双击 IDR_MAINFRAME，在右侧的编辑窗口，将打开 IDR_MAINFRAME 对应的菜单，如 9-20 所示。MyTest 是一个单文档应用程序，如果是多文档程序，还包括一个视图菜单。

在右边的编辑窗口，单击菜单项，在快捷菜单中执行 Cut 命令，可以删除菜单项。将项目框架中默认的除 Help 以外的所有菜单删除。然后，双击 Help 右侧的虚线框，打开“菜单项属性”对话框，如 9-21 所示。

因为当前创建的是菜单栏中的一级菜单，勾选 Pop-Up 复选框，即设置当前菜单为弹出式菜单，它只负责打开下一级菜单而不执行具体的菜单命令，没有菜单 ID。在 Caption 后边的文本框中输入菜单标题，本例为“文本处理”。然后单击右上角的关闭按钮，关闭“菜单项属性”对话框。

双击“文本处理”菜单下一层的空菜单项，显示“菜单项属性”对话框，如图 9-22 所示。

输入菜单项目的 ID 和 Caption 后，单击对话框右上角的关闭按钮☒。单击“文本处理”菜单，将其拖放到 Help 菜单的左边。用同样的方法添加“图形绘制”菜单。

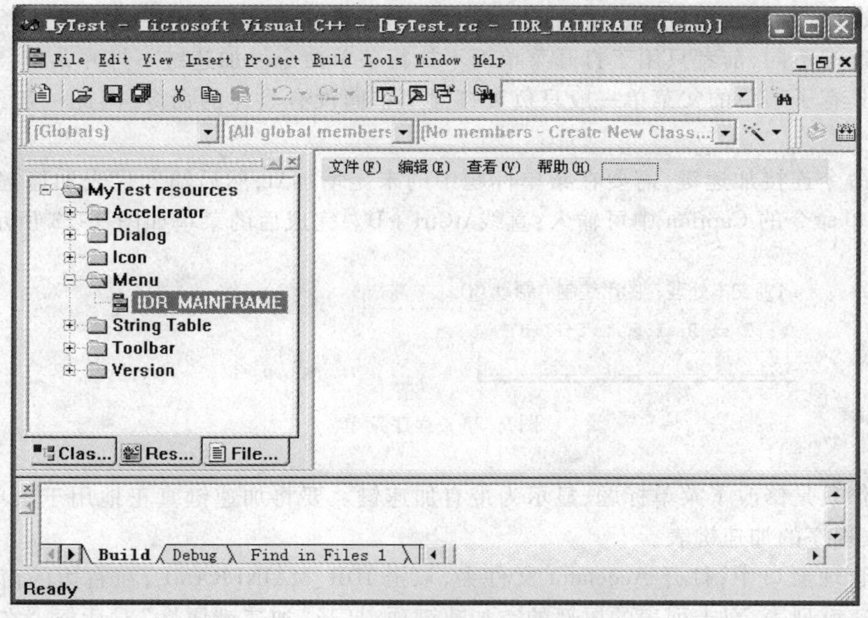

图 9-20 程序菜单的编辑

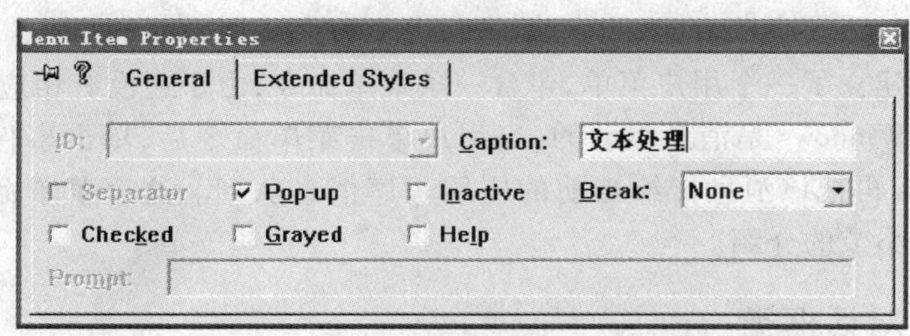

图 9-21 编辑一级菜单属性

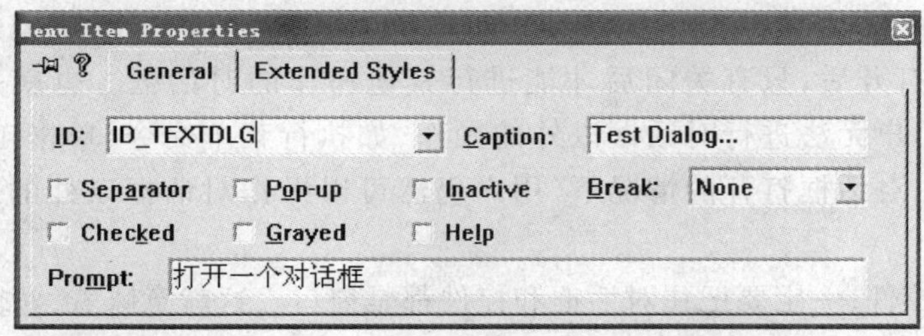

图 9-22 编辑菜单命令属性

2. 给菜单项添加快捷键和加速键

许多菜单项中往往包含带有下画线的字符，这个字符称为快捷键（shortcut key），如Help 命令中的 H。用户可以使用组合键 Alt + 快捷键即可打开菜单。要定义菜单的快捷键，在菜单项属性对话框的菜单标题（Caption）相应的字符前添加字符“&”即可，如修改文本处理菜单的标题改为“[&T]文本处理”，则菜单中字符 T 的下面带有下画线。

所谓加速键,就是使用户通过组合键来执行菜单命令,而不是打开菜单项来选择菜单命令。快捷键和加速键不同,前者只用于打开菜单而不执行菜单命令。加速键不打开菜单,却执行菜单命令。由于具有子菜单的父菜单一般只负责打开菜单而没有具体的命令,因此一般不能连接加速键。

为菜单命令连接加速键,需要在菜单标题中的末尾增加\t,然后输入代表加速键的组合键,如"直线"菜单命令的 Caption 中可输入:直线\tCtrl + D。完成后的菜单如图 9-23 所示。

图 9-23 程序菜单

上述操作只是修改了菜单标题,显示为带有加速键。要将加速键真正地用于菜单命令的选择,需要修改程序的加速键表。

在项目管理窗口中,打开 Accelator 文件夹,双击 IDR_MAINFRAME,在右边的窗口,显示程序当前的加速键列表,双击列表的尾部的空加速键项,打开"加速键属性"对话框。在 ID 后面的下拉式列表中,选择菜单命令 ID,本例为 ID_TEXTDLG,输入 Key 为 T,然后单击右上角的关闭按钮。

到此为止,已经建立了一个用户菜单,包含一条菜单命令,由于还没有相应的函数,菜单将是灰色的。我们知道,Windows 是消息驱动的,当用户单击菜单命令后,单击事件将发送一个消息给 Windows,Windows 再把该消息传给当前的应用程序消息队列。这个菜单命令消息将由一个类来处理,见 9.4.3 小节的介绍。

9.4.3 对话框和对话框类

对话框是 Windows 程序重要的输入手段,对话框是由控件构成的。对话框分成模式对话框(Model Dialog Box)和非模式对话框(nonModel Dialog Box)两种。所谓模式对话框,是指当该种类型的对话框打开后,只有关闭后才能进行其他操作的对话框。也就是说,在模式对话框打开的情况下,用户无法进行对话框以外的操作,如执行菜单命令、单击工具按钮等。而非模式对话框,是指在对话框打开的情况下,用户仍然可以操作对话框以外的对象,如执行其他的菜单命令等。

学习对话框和控件,一定要记住对话框和控件都是窗口。这就意味着,对窗口所作的操作同样适用于对话框和控件。借助于大量的窗口类 CWnd 的成员函数,可以用多种方式对对话框和控件进行操作。

下面将在 MyTest 项目中创建一个模式对话框,并根据对话框的输入数据来格式化文本输出。

1. 创建对话框资源

在 Visual C++ 的 Insert 菜单中,执行"Resource..."命令,打开 Insert Resource 对话框,双击 Dialog,打开对话框资源编辑器,如图 9-24 所示。

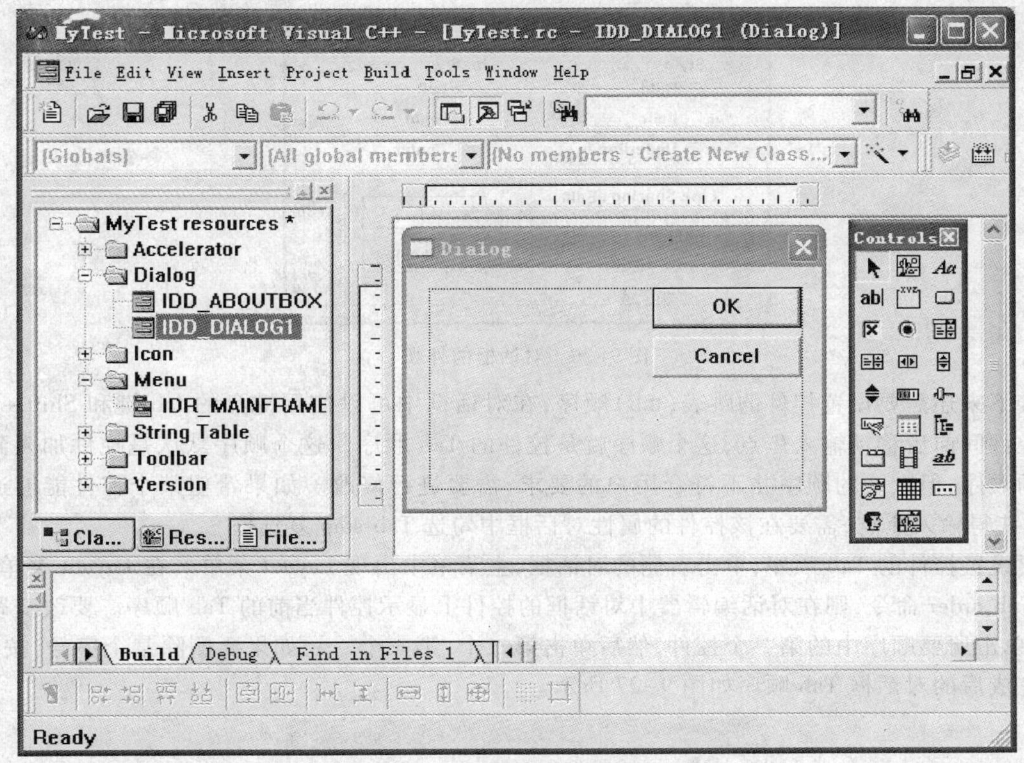

图 9-24　对话框资源编辑器

在对话框编辑器窗口的右侧显示控件工具条，将需要的控件用鼠标拖放到对话框的合适位置，右击该控件，将打开"控件属性"对话框，如图 9-25 所示。

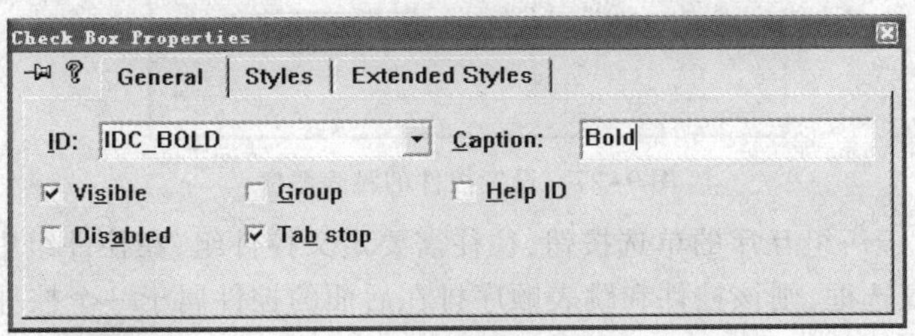

图 9-25　"控件属性"对话框

在属性对话框中输入控件 ID 和控件 Caption。并且可以设置控件的各种风格，对于不同的控件还可以设置对应的 Style 和 Extended Styles，这些风格的使用将在具体的控件使用中介绍。如果需要删除一个控件，单击该控件，按 Del 键即可。

当所有控件的大体位置确定后，可以使用窗口底部的对话工具条精确地设置控件的大小和排列各个控件的位置，按住 Ctrl 键，可以单击选择多个控件，从而实现控件的对齐。右击对话框标题栏，在快捷菜单中，执行属性命令，修改对话框的 Caption 为 MyDialog，设计完成后的对话框外观如图 9-26 所示。

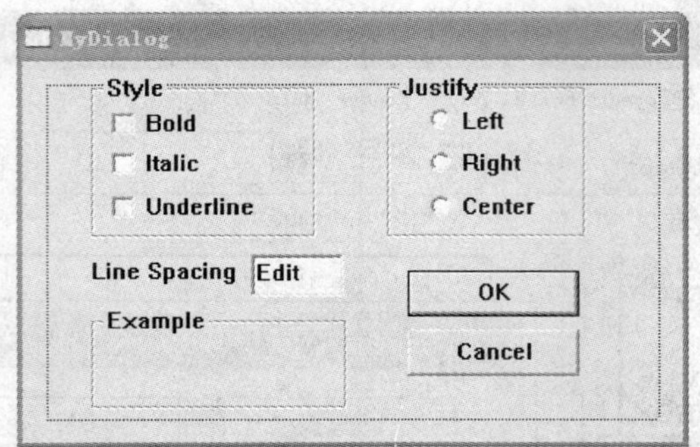

图 9-26　对话框的外观

接下来还需要设置控件的跳表(tab)顺序,在对话框中可以使用键盘的 tab 键和 Shift + Tab 键在控件间前后移动输入焦点,这个顺序就是控件的 Tab 顺序。这个顺序默认是控件加入到对话框的顺序,但默认的顺序并不符合用户的要求,需要进行修改。如果希望某个控件能够通过 Tab 键获得输入焦点,需要在该控件的属性对话框中勾选 Tab stop 复选框。

要设置控件的 Tab 顺序,单击右侧的对话框,主菜单中出现 Layout 菜单。在 Layout 菜单中,执行 Tab order 命令,则在对话编辑器中对话框的控件上显示控件当前的 Tab 顺序。要改变跳表顺序,单击所要顺序中的第一个控件,然后单击第二个,第三个,…,如果要删除某个序号,按 Esc 键。完成后的对话框 Tab 顺序如图 9-27 所示。

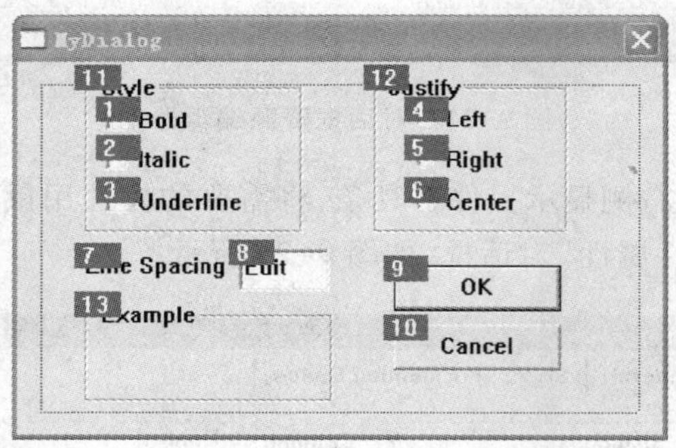

图 9-27　设置控件的跳表顺序

定义控件组,对于一组互斥的单选按钮,往往需要定义控件组,在控件组中,第一个控件的属性设置勾选 Group 复选框,则该控件和跳表顺序排在后面的控件属于一个控件组,直到遇到下一个具有 Group 属性的控件为止。一个控件组对应后面对话类的一个成员变量,成员变量的值分别为 0、1、2、…

外观调整确定后,单击对话工具条左边的测试按钮 测试对话框,用 Tab 键测试跳表顺序是否符合要求。对话框资源创建完成后,选择 File 菜单的 Save All 命令保存所做工作。接下来创建管理该对话框的类。

2. 创建对话框类

执行 View 菜单的类向导 ClassWizard 命令,类向导检测到新的对话框资源,自动打开一个 Adding a calss 对话框,提示增加新类管理对话框,还是选择一个已有的类,此时选择建立一个新类。然后,打开 New Class 对话框,输入类名为 CMyDialog,选择基类为 CDialog,如图 9-28 所示。

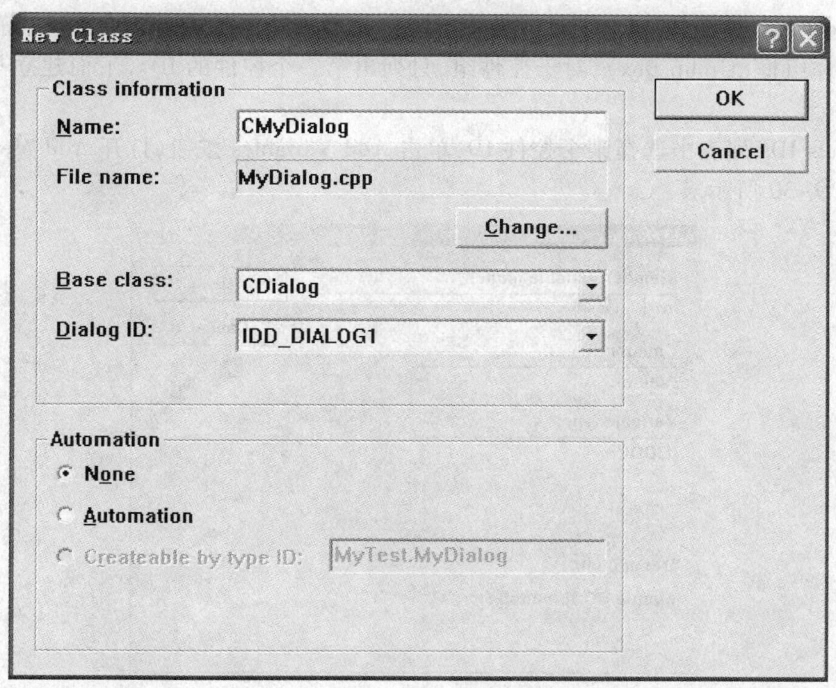

图 9-28 New Class 对话框

单击 OK 按钮，打开 MFC ClassWizard 对话框，选择 Member Variables 选项卡，如图 9-29 所示。

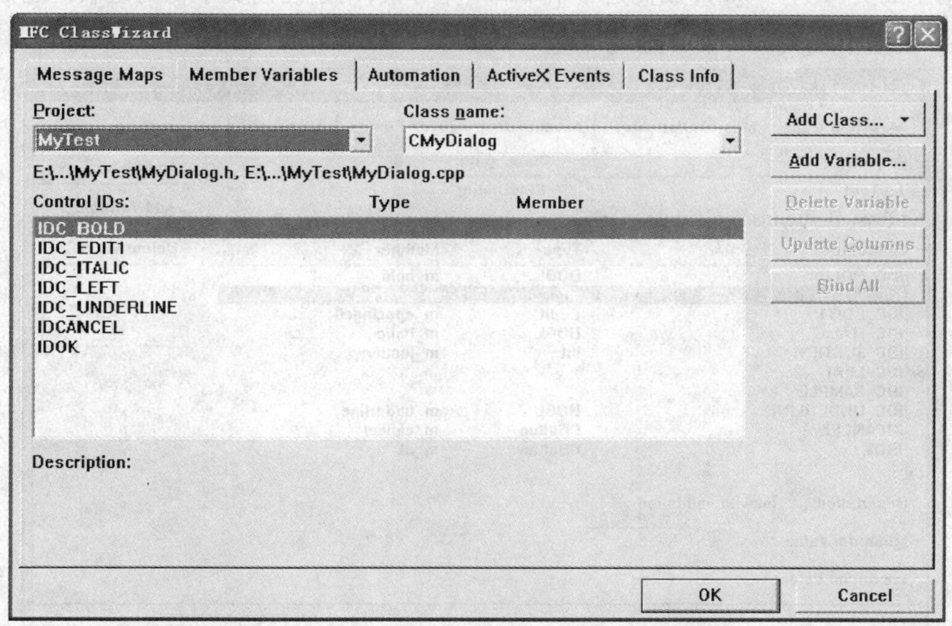

图 9-29 MFC ClassWizard 中的 Member Variables

在 Controls IDs 列表中，列出了对话类中可以接收输入焦点的控件 ID，不包括静态文本控件(Static Text)和组框(Group Box)，对于控件组，只列出第一个控件的 ID。下面建立与控件相关的成员变量。

在 Controls IDs 列表中选择某个控件 ID，单击 Add Variables 按钮，打开 Add Member Variable 对话框，如图 9-30 所示。

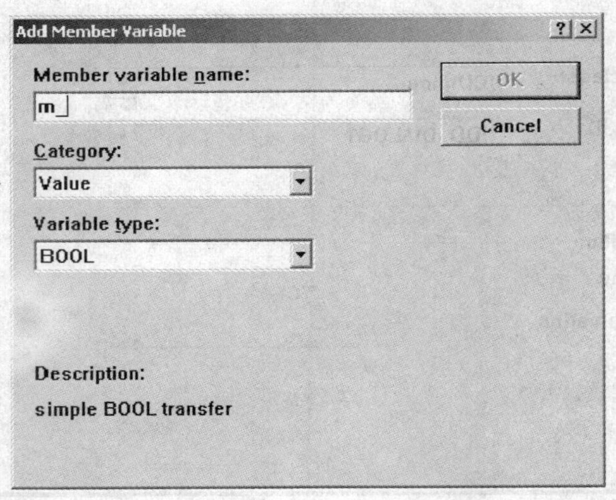

图 9-30　添加对话类成员变量

输入成员变量名，在 Category 下面的下拉列表中，包括 Value 和 Control 两个选项。Value 代表生成数据成员，Control 代表生成数据对象。对于文本框(Edit Box)控件可以添加 Value 和 Control 两个成员，其中 Control 成员是一个 CEdit 类对象，用于控制文本框的编辑。完成后的成员变量如图 9-31 所示。

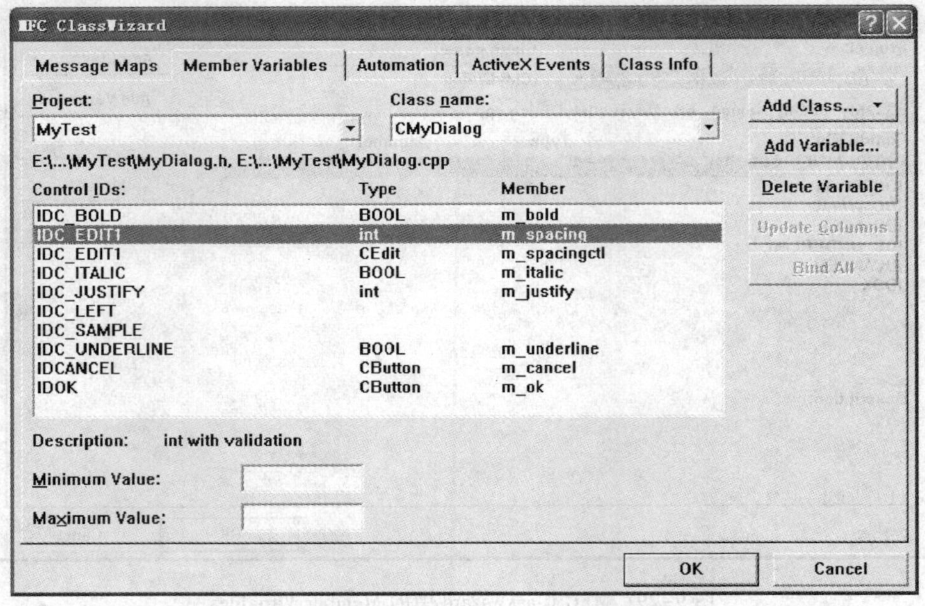

图 9-31　CMyDialog 对话类的成员变量

用户双击某个成员变量可以打开添加对话类成员变量的对话框,修改该成员变量。也可以单击 Delete Variables 按钮删除一个成员变量。最后,单击 OK 按钮,结束对话类的创建。此时,在项目管理器窗口中,增加了一个类 CMyDialog 和两个文件 MyDialog. h 和 MyDialog. cpp。

打开文件 MyDialog. cpp 可以看到每个成员变量在构造函数中都有一个初值。

```
/////////////////////////////////////////////////////////////////////////////
//CMyDialog dialog
//
CMyDialog :: CMyDialog( CWnd * pParent /* =NULL */)
: CDialog( CMyDialog :: IDD, pParent)
{
    //{{AFX_DATA_INIT( CMyDialog)
    m_bold = FALSE;
    m_spacing =0;
    m_italic = FALSE;
    m_left = -1;
    m_underline = FALSE;
    //}}AFX_DATA_INIT
}
```

MFC 提供 DDX 机制实现对话框控件数据和对话类成员变量之间的双向交换。执行 UpdateData(FALSE) 函数将用成员变量的值更新对应控件的显示;UpdateData(TRUE) 函数将把控件的当前值传给对应的成员变量。

3. 定义对话框的消息处理函数

和所有的窗口一样,对话框也接受各种各样的消息,用户可以通过编写这些消息处理函数来完成特定的功能。常用的消息如下。

(1) WM_INITDIALOG 消息

该消息是在对话框中首次生成,并在显示之前发送的消息,在 MFC ClassWizard 的 MessageMaps 选项卡中,在 Class name 列表中,选择 CMyDialog,在 ObjectIDS 列表中选择第一项,即 CMyDialog,则在右侧的 Mesaages 列表中可以找到 WM_INITDIALOG 消息。双击该消息,添加消息处理函数 OnInitDialog( )。

为了在对话框的 Sample 区域输出示例文字,需要知道 Sample 区域的位置和大小,这可以在 OnInitDialog 中添加代码,同时在 CMyDialog 类中增加成员变量记录 Sample 区域位置。

```
    protected :
        RECT m_RectSample;
```

在 CMyDialog :: OnInitDialog( ) 函数框架中添加如下代码(黑体部分):

```
BOOL CMyDialog :: OnInitDialog( )
{
    CDialog :: OnInitDialog( );
    //TODO: Add extra initialization here
```

```
    GetDlgItem(IDC_SAMPLE) -> GetWindowRect(&m_RectSample);
    ScreenToClient(&m_RectSample);
    m_SpacingEdit.LimitText(1);
    return TRUE;    //return TRUE unless you set the focus to a control
                    //EXCEPTION: OCX Property Pages should return FALSE
}
```

用户还可以在 OnInitDialog()函数中增加下面的代码，使得对话框在(x0,y0)处打开。

```
CRect MyRect;
GetWindowRect(&MyRect);
int x0 = 10, y0 = 10;
MoveWindow(x0, y0, MyRect.right-MyRect.left, MyRect.bottom-MyRect.top);
```

(2) WM_PAINT 消息

WM_PAINT 消息是当窗口需要重画时(窗口生成、大小改变、位置移动等)发送的消息。如果窗口是从 CView 类派生，CView 类提供 OnPaint()消息处理函数，准备设备情景对象，然后调用视图窗口类的 OnDraw()成员函数，实现视图窗口的重画。由于对话类不是 CView 的派生类，需要重画窗口时需要提供自己的 OnPaint()函数。

在 Class name 列表中，选择 CMyDialog，在 ObjectIDS 列表中选择第一项，即 CMyDialog，则在右侧的 Mesaages 列表中找到 WM_PAINT 消息。双击该消息，添加消息处理函数 OnPaint()。

本例中的 OnPaint()函数主要用于对话框的重画，由于控件的重画由自己完成，因此 OnPaint()主要负责根据用户对文字 Style 和 Justify 的选择，在对话框的 Sample 区域输出相应格式的三行文本示例。

在项目管理器窗口中，在 ClassView 标签中打开 CMyDialog 节点，双击 OnPaint()成员函数，在向导生成的框架上添加代码(黑体部分)如下：

```
void CMyDialog::OnPaint()
{
    CPaintDC dc(this); //device context for painting
    //TODO: Add your message handler code here
    CFont Font;
    LOGFONT LF;
    CFont * ptrOldFont;
    int x, y;
    CFont TempFont;
    TempFont.CreateStockObject(SYSTEM_FONT);
    TempFont.GetObject(sizeof(LOGFONT), &LF);
    if (m_Bold)
        LF.lfWeight = FW_BOLD;
    if (m_Italic)
        LF.lfItalic = 1;
```

```
    if (m_Underline)
        LF.lfUnderline = 1;
    //create and select font
    Font.CreateFontIndirect(&LF);
    ptrOldFont = dc.SelectObject(&Font);
    //set justification
    switch (m_Justify)
    {
    case JUSTIFY_LEFT:
        dc.SetTextAlign(TA_LEFT);
        x = m_RectSample.left + 5;
        break;
    case JUSTIFY_CENTER:
        dc.SetTextAlign(TA_CENTER);
        x = (m_RectSample.left + m_RectSample.right)/2;
        break;
    case JUSTIFY_RIGHT:
        dc.SetTextAlign(TA_RIGHT);
        x = m_RectSample.right - 5;
        break;
    }
    //set background mode
    dc.SetBkMode(TRANSPARENT);
    //draw lines of text
    int LineHeight = LF.lfHeight * m_Spacing;
    y = m_RectSample.top + 15;
    dc.TextOut(x,y,"ABCDEFGH...");
    y += LineHeight;
    dc.TextOut(x,y,"abcdefgh...");
    y += LineHeight;
    dc.TextOut(x,y,"ABCDEFGH...");
    //unselect font
    dc.SelectObject(ptrOldFont);
    //Do not call CDialog::OnPaint() for painting messages
}
```

在 Justify 用到的枚举常量在 MyDialog. h 文件中定义如下：

```
enum {JUSTIFY_LEFT,JUSTIFY_CENTER,JUSTIFY_RIGHT};
```

4. 编写控件消息处理函数

当用户对控件进行操作时,如单击按钮、选择复选框、在文本框中输入等,会产生不同的消息,用户可以编写相应消息的处理函数(处理器)来完成相应的操作。

在对话框中的消息处理函数一般由对话框类自己处理,因此,在 Class Wizard 中,选择 Message Map 选项卡,在 Class Name 下拉列表中,选择对话框类自身,即 CMyDialog,在 Objects IDs 列表中,选择 IDC_BOLD,在右侧的 Messages 列表中,选择 BN_CLICKED 消息,单击 Add Function 按钮,添加成员函数 OnBold(),输入下列代码:

```
void CMyDialog :: OnBold( )
{
    //TODO: Add your control notification handler code here
    m_Bold = ! m_Bold;
    InvalidateRect( &m_RectSample) ;
    UpdateWindow( ) ;
}
```

同样方法,分别添加 IDC_ITALIC,IDC_UNDERLINE 的成员函数,代码如下:

```
void CMyDialog :: OnItalic( )
{
    //TODO: Add your control notification handler code here
    m_Italic = ! m_Italic;
    InvalidateRect( &m_RectSample) ;
    UpdateWindow( ) ;
}
void CMyDialog :: OnUnderline( )
{
    //TODO: Add your control notification handler code here
    m_Underline = ! m_Underline;
    InvalidateRect( &m_RectSample) ;
    UpdateWindow( ) ;
}
void CMyDialog :: OnLeft( )
{
    //TODO: Add your control notification handler code here
    if ( IsDlgButtonChecked( IDC_LEFT) )
    {
        m_Justify = JUSTIFY_LEFT;
        InvalidateRect( &m_RectSample) ;
        UpdateWindow( ) ;
    }
```

```
}
void CMyDialog :: OnCenter( )
{
//TODO: Add your control notification handler code here
if ( IsDlgButtonChecked( IDC_CENTER) )
{
    m_Justify = JUSTIFY_CENTER;
        InvalidateRect( &m_RectSample) ;
    UpdateWindow( ) ;
}
}
void CMyDialog :: OnRight( )
{
//TODO: Add your control notification handler code here
    if ( IsDlgButtonChecked( IDC_RIGHT) )
    {
        m_Justify = JUSTIFY_RIGHT;
        InvalidateRect( &m_RectSample) ;
        UpdateWindow( ) ;
    }
}
void CMyDialog :: OnChangeSpacing( )
{
    //TODO: Add your control notification handler code here
    int Temp;
    Temp = ( int) GetDlgItemInt( IDC_SPACING) ;
    if ( Temp >0 && Temp <4)
    {
        m_Spacing = Temp;
        InvalidateRect( &m_RectSample) ;
        UpdateWindow( ) ;
    }
}
```

5. 使用对话框

现在,对话框类已经建立完成了。如何来使用对话框呢？例如当执行“文本处理”菜单中的“Test Dialog...”命令时,打开上述对话框。执行一条菜单命令,Windows 即发送一个消息,该消息由某个具体的类来处理。

在这里,可以选择文档类 CMyTestDoc 来负责处理“Test Dialog...”命令消息,在 MFC Class-

Wizard 中，选择 Message Map 选项卡，选择 ID_TXTDLG（“Test Dialog…”菜单命令的 ID），在右侧的 Message 列表中，选择 COMMAND，如图 9-32 所示。

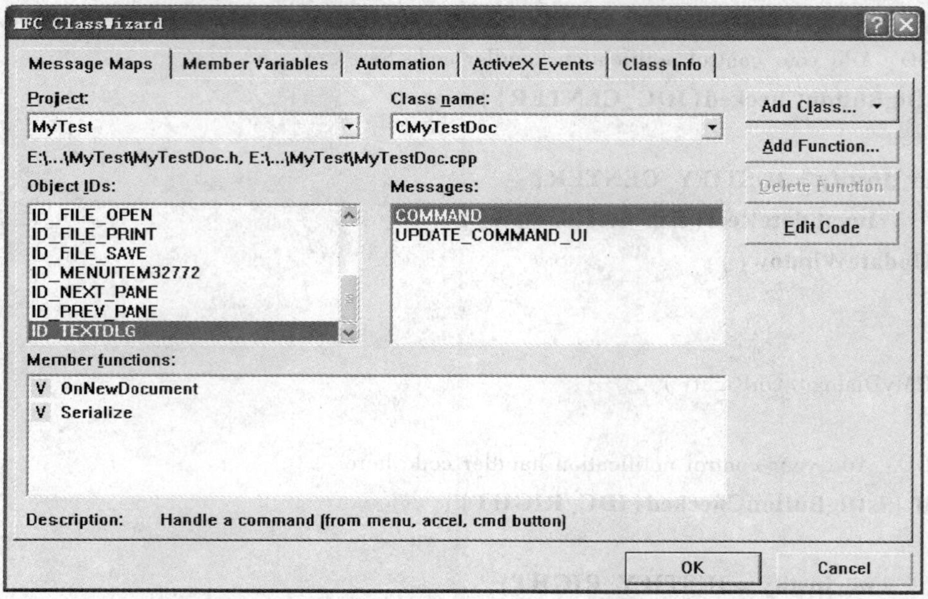

图 9-32　建立菜单命令处理函数

然后单击 Add Function 按钮，为 CTestDoc 类增加处理菜单命令的函数 OnTextdlg()，在该函数中声明一个对话类 CMyDialog 对象 myDlg，用于打开对话框，代码如下：

```
void CTestDoc :: OnTextdlg()
{
    //TODO: Add your command handler code here
    CMyDialog myDlg;
    myDlg. DoModal();
}
```

然后，在 CTestDoc 类的实现文件 mytestdoc. cpp 中添加包含语句：

```
#include <MyDialog. h>
```

到此为止，在 Visual C++ 中，单击 ! 按钮，运行该程序。在没有做任何操作前，Sample 区域没有输出内容，为什么呢？因为，在对话框创建时，OnPaint()函数被激活，此时 OnPaint()中用到的变量值是在构造函数 CMyDialog :: CMyDialog()中赋值的，从 OnPaint()函数的语句不难分析出，此时输出文本时，没有正确的起始 x 坐标。修改构造函数中的赋值语句如下：

```
m_Justify = 0;      //原来值为 -1，表示未选中控件组中的任何单选按钮
m_Spacing = 1;      //原来值为 0
```

此时重新运行程序，执行 Dialog 菜单中的 TestDialog 命令，结果如 9-33 所示。

6. 使用对话框输入数据

到此为止，只是显示了对话框，如何处理和利用对话框中的用户输入呢？对话框是 Windows

程序主要的用户输入手段,对数据的管理一般是通过文档类完成的,因此这也是为什么将打开对话框的菜单处理函数 OnTextdlg( )作为文档类 CMyTestDoc 的成员函数的原因,这样可以便于对话框数据和文档类成员变量的交互。

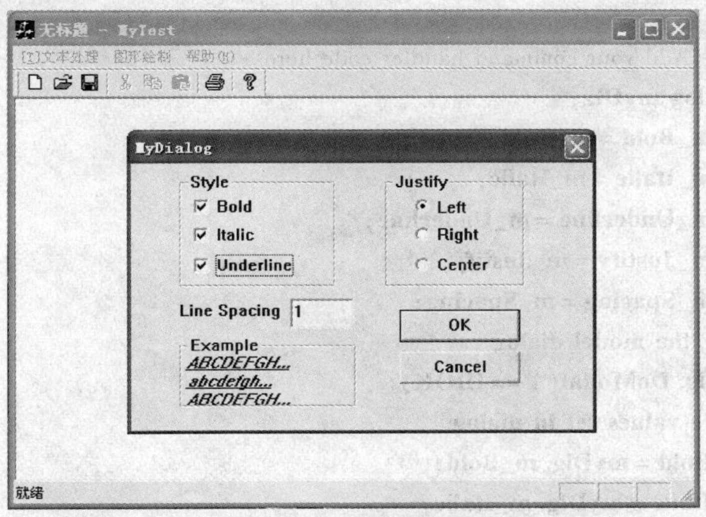

图 9-33　TestDialog 命令打开的 MyDialog 对话框

下面将编写代码,按照对话框的输入格式选择,在用户视图中输出文本。

为此,打开文档类 CMyTestDoc 的头文件 MyTestDoc. h,增加新的成员变量,用于保存对话框中的用户输入。文档类 CMyTestDoc 新增的成员变量有:

```
public:
    BOOL      m_Bold;
    BOOL      m_Italic;
    BOOL      m_Underline;
    int       m_Justify;
    int       m_Spacing;
```

在 CMyTestDoc 类构造函数中初始化成员变量,便于 CMyTestView :: OnDraw( )在视图创建时使用,代码如下:

```
CMyTestDoc :: CMyTestDoc( )
{
//TODO: add one - time construction code here
    m_Bold = FALSE;
    m_Bold = FALSE;
    m_Italic = FALSE;
    m_Underline = FALSE;
    m_Justify = JUSTIFY_LEFT; //枚举常量在 MyDialog. h 中的定义
    m_Spacing = 1;
}
```

下面修改菜单命令 TestDialog 对应的命令函数 OnTestDlg( ),用对话框的输入来在视图中显示格式化文本,代码如下:

```
void CMyTestDoc :: OnTestDlg( )
{
    //TODO: Add your command handler code here
    CMyDialog myDlg;
    myDlg. m_Bold = m_Bold;
    myDlg. m_Italic = m_Italic;
    myDlg. m_Underline = m_Underline;
    myDlg. m_Justify = m_Justify;
    myDlg. m_Spacing = m_Spacing;
    //display the model dialog
    if ( myDlg. DoModal( ) == IDOK)
    {   //save values set in dialog
        m_Bold = myDlg. m_Bold;
        m_Italic = myDlg. m_Italic;
        m_Underline = myDlg. m_Underline;
        m_Justify = myDlg. m_Justify;
        m_Spacing = myDlg. m_Spacing;
        //redraw the text
        UpdateAllViews( NULL) ;
    }
}
```

UpdateAllViews( )函数将强行擦除视图窗口,视图类的成员函数 OnDraw( )被激活,实现窗口重画。在项目管理窗口,双击视图类成员函数 onpaint( ),代码修改为:

修改视图类 OnDraw( )函数,代码如下:

```
void CMyTestView :: OnDraw( CDC * pDC)
{
    CMyTestDoc *  pDoc = GetDocument( );
    ASSERT_VALID( pDoc) ;
    //TODO: add draw code for native data here
    RECT ClientRect;
    CFont Font,TempFont;
    LOGFONT LF;
    CFont  * ptrOldFont;
    int x,y;
    TempFont. CreateStockObject( SYSTEM_FONT) ;
    TempFont. GetObject( sizeof( LOGFONT) ,&LF) ;
```

```
if ( pDoc -> m_Bold )
    LF. lfWeight = FW_BOLD;
if( pDoc -> m_Italic)
    LF. lfItalic =1;
if ( pDoc -> m_Underline)
    LF. lfUnderline =1;
//create and select font
Font. CreateFontIndirect( &LF ) ;
ptrOldFont = pDC -> SelectObject( &Font) ;
//set justification
GetClientRect( &ClientRect) ;
switch ( pDoc -> m_Justify)
{
case JUSTIFY_LEFT:
    pDC -> SetTextAlign( TA_LEFT) ;
    x = ClientRect. left +5;
    break;
case JUSTIFY_CENTER:
    pDC -> SetTextAlign( TA_CENTER) ;
    x = ( ClientRect. left + ClientRect. right) /2;
    break;
case JUSTIFY_RIGHT:
    pDC -> SetTextAlign( TA_RIGHT) ;
    x = ClientRect. right -5;
    break;
}
//set background mode and textcolor
    pDC -> SetBkMode( TRANSPARENT) ;
pDC -> SetTextColor( :: GetSysColor( COLOR_WINDOWTEXT) ) ;
//draw lines of text
int LineHeight = LF. lfHeight * pDoc -> m_Spacing;
y =5;
pDC -> TextOut( x,y,"This is the first line... ") ;
y += LineHeight;
pDC -> TextOut( x,y,"This is the second line... ") ;
y += LineHeight;
pDC -> TextOut( x,y,"This is the third line... ") ;
    //unselect font
```

```
        pDC -> SelectObject( ptrOldFont) ;
    }
```

在 MyTestView. cpp 增加下列包含文件:

```
        #include < MyDialog. h >
```

现在,MyTest 程序已经是一个包含对话框的简单的 Windows 程序了,程序运行时,在视图窗口输出三行文本。打开对话框,改变设置,关闭对话框后,视图窗口的文本输出也将改变,这样对话框的数据就可以应用了。

最后,改变一下程序标题,在 CMyTestApp :: InitInstance( ) 中的最后,添加调用主帧窗口对象的 CWnd :: SetWindowText 代码:

```
    …
    m_pMainWnd -> SetWindowText( "My First VC++ application") ;
    m_pMainWnd -> ShowWindow( SW_SHOW) ;
    m_pMainWnd -> UpdateWindow( ) ;
    return TRUE;
    }
```

重新运行程序,在程序中将显示程序标题,并且在视图窗口中显示三行文字,如图 9-34 所示。

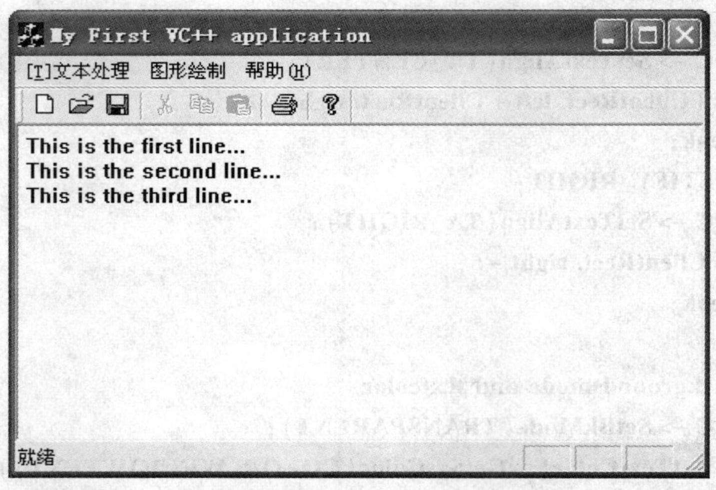

图 9-34 MyTest 项目运行结果界面

通过 MyTest 项目的介绍,读者可以掌握利用 Visual C++ 开发 Windows 程序的一般过程。编写 Windows 程序,除了要掌握基本的 C++ 语法外,更重要的是掌握 MFC 类库及消息机制,这需要一个相当长的训练时间,最好有实际的项目背景,在需求中去学习。

9.4.4 制作安装程序

当使用 Visual C++ 完成一个应用系统的开发后,需要制作相应的安装程序包,即系统安装程序。在 Visual C++ 6.0 安装盘中,本身携带了安装工具 Install Shield,每次安装完 Visual C++ 6.0 后都会提示 Install Shield 的安装,安装该软件。此外,在新版的 Visual Studio 2005/2008 中可以使用“其他项目类型”、“安装项目”来制作安装程序包。

要制作安装程序包，除了 Visual C++6.0 安装盘中自带的 Install Shield 外，还有许多专用的安装程序制作工具，例如 Setup Factory 等。由于 Install Shield 使用比较麻烦，我们将以 Setup Factory 为例介绍 Visual C++ 开发项目的安装程序包制作方法。

要将使用 Visual C++ 开发的软件项目制作安装程序包，具体操作步骤如下。

① 安装 Setup Factory 7。从网上搜索 Setup Factory 7，下载后，进行安装，并运行，程序主界面如图 9-35 所示。

图 9-35 Setup Factory 主界面

② 制作安装程序包。在 Setup Factory 主界面，执行“创建新工程”，启动工程向导，如图 9-36所示。

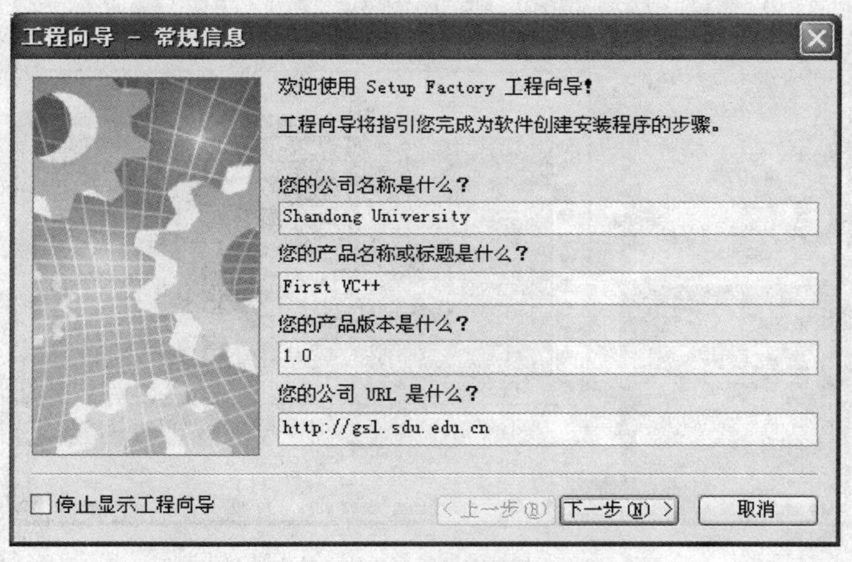

图 9-36 新建工程向导

输入工程的一般性信息，然后单击“下一步”按钮，选择要制作安装程序包的程序所在的文件夹，如图 9-37 所示。

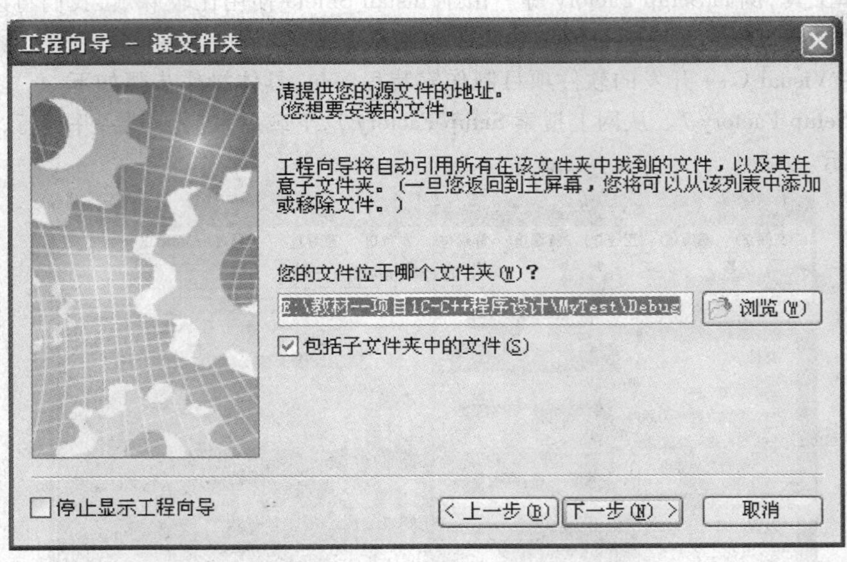

图 9-37　指定要打包源文件的存储位置

定位到要打包的程序所在的文件夹，然后单击“下一步”按钮，按照向导提示操作，分别选择安装界面风格、安装界面语言（可选择中文）、是否安装卸载、操作系统选择等，最后返回 Setup Factory 主界面，如图 9-38 所示。

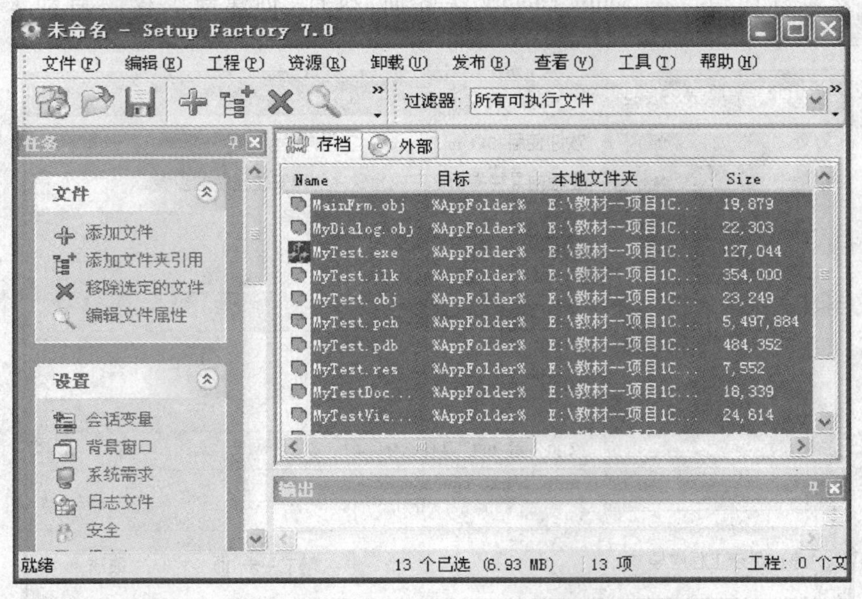

图 9-38　要打包文件所在文件夹的文件列表

在上述文件列表中，只保留一个要发布的 exe 文件，通过工具栏中的红色“移除”按钮✖将其他文件删除。

然后执行“文件”菜单中的“保存”命令，为项目命名为 MyTest，如图 9-39 所示。

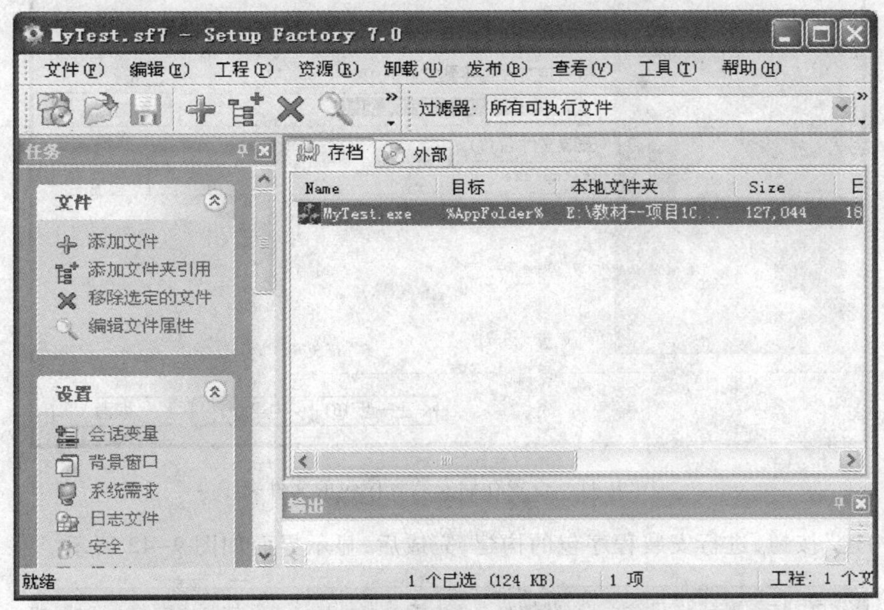

图 9-39 保存打包项目

③ 发布。在 Setup Factory 主菜单的“发布”菜单中，执行“构建”命令，如图 9-40 所示。

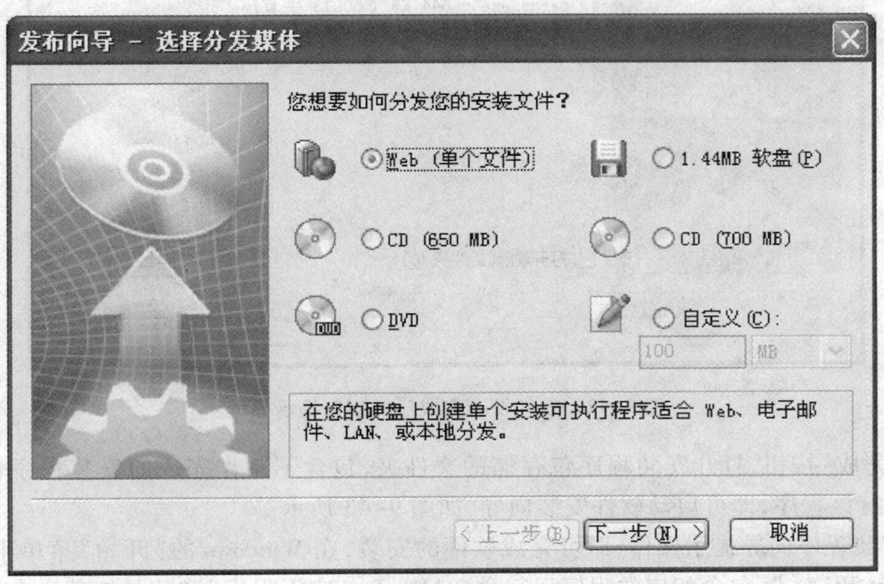

图 9-40 选择分发媒体

选中“Web(单个文件)”单选按钮,然后单击“下一步”按钮,如图 9-41 所示。

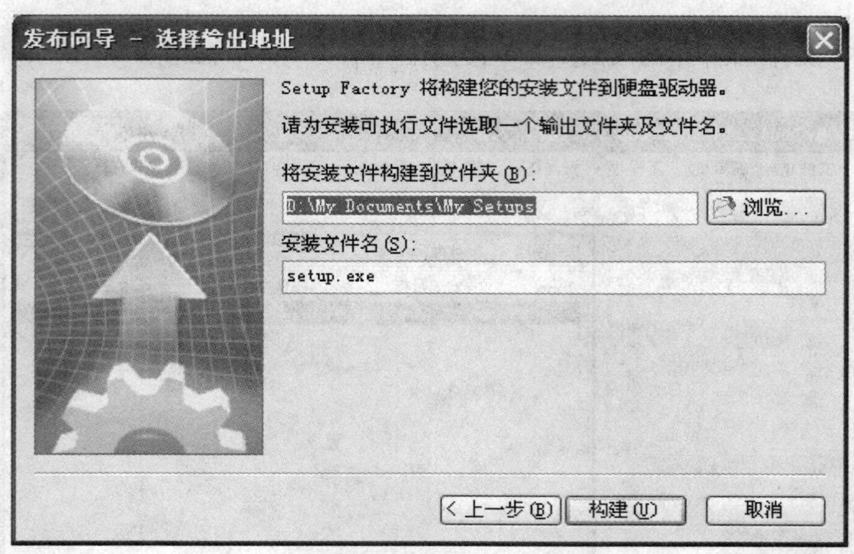

图 9-41 设置存储安装程序包的文件夹

单击“构建”按钮,进行安装程序包的构建,完成后,显示界面如图 9-42 所示。

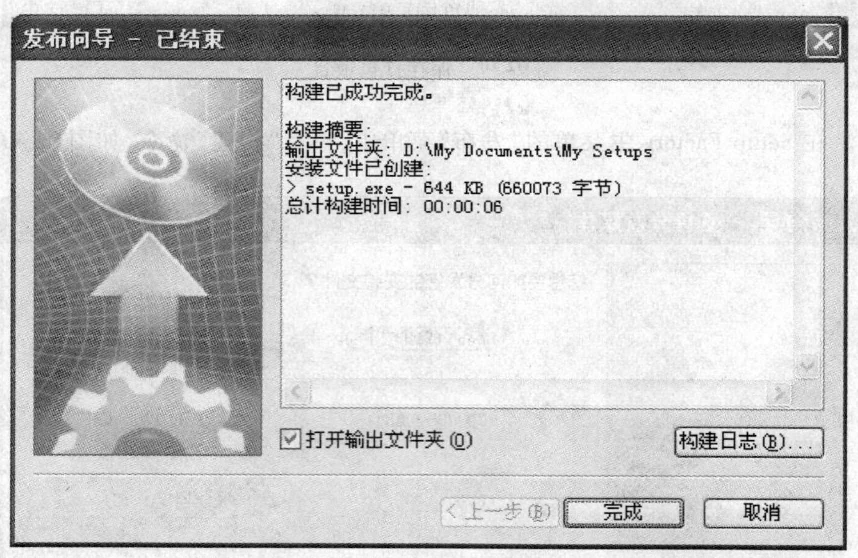

图 9-42 软件发布完成后的信息提示界面

单击“完成”按钮,打开安装程序包存储的文件夹,包含了制作完成的安装程序包文件 setup. exe。运行该程序,即可启动软件安装向导,如图 9-43 所示。

按照安装程序向导提示操作,即可完成软件的安装,在 Windows 的“开始”菜单中增加一个命令组“First VC++”,包含相应的程序运行命令“My Test 应用程序”和软件卸载命令“卸载 First VC++”。

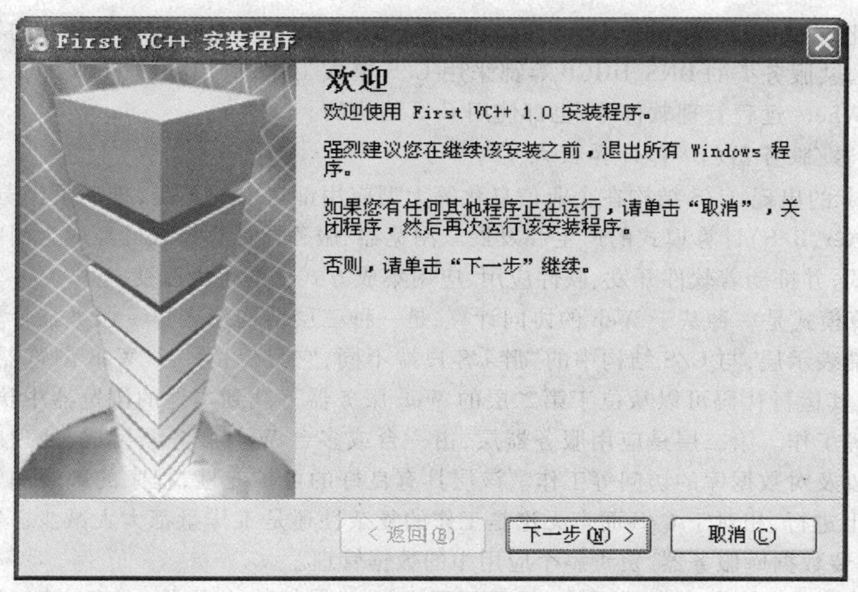

图 9-43 制作完成的安装程序包运行界面

9.5 基于 Web 的应用程序开发

随着计算机网络技术的快速发展和 Internet 应用的普及，计算机的应用模式也发生了重大变化，出现了客户－服务器(C/S)体系结构和浏览器/服务器体系结构(B/S)。与此同时，计算机程序开发也发生了重大变化，适用于 C/S 结构的网络程序和运行在 Web 服务器上的 Web 应用程序成为主要的开发内容。

9.5.1 网络环境下的计算机应用体系结构

传统上的应用软件是在单机上运行的，没有网络功能，例如：Word、Photoshop 等。随着网络技术的发展，特别是 Internet 的普及，应用程序的开发也发生了重大变化。

1. 客户－服务器(C/S)计算模式

20 世纪 80 年代，随着微型计算机和网络的发展，数据和应用逐渐转向了分布式，即数据和应用程序跨越多个节点机，形成了新的计算模式，这就是客户－服务器(Client/Server，C/S)计算模式。C/S 模式是一种典型的两层计算模式，它将应用一分为二：前端是客户机，一般使用微型计算机，几乎所有的应用逻辑都在客户端进行和表达，客户机完成与用户的交互任务，具有强壮的数据操纵和事务处理能力。后端是服务器，可以使用各种类型的主机，服务器负责数据管理，提供数据库的查询和管理、大规模的计算等服务。

相对于早期的单机运行模式，基于网络的 C/S 结构使过去许多无法实现的功能得以实现，例如，数据实时共享。同时，在异种平台集成，协调现有的各种 IT 基础结构，分布式管理等方面有许多优势。随着应用规模的日益扩大，应用程序的复杂程度不断提高，C/S 结构逐渐暴露出在大型应用部署上的不足，客户端软件维护复杂，升级麻烦等。

虽然如此，在 Internet 普及的今天，许多功能单一的应用，C/S 结构仍然是最好的不可替代的结构，例如，公共服务类的 DNS、DHCP 等都采用 C/S 模式工作，应用类的 MSN、QQ 等即时通信工具，PCAnyWhere 远程管理软件等，也都使用 C/S 结构的。

2. 浏览器/服务器(B/S)计算模式

随着 Web 的出现，C/S 结构在企业信息化等大型应用部署上的不足，推动了浏览器/服务器(Browser/Server，B/S)计算模式的产生和发展。浏览器/服务器计算模式已经成为当前计算机应用的主流模式，并推动着软件开发、软件应用、应用集成方式上的重大改变。

B/S 计算模式是一种基于 Web 的协同计算，是一种三层结构瘦客户 - 服务器计算模式。第一层为客户端表示层，与 C/S 结构中的“胖”客户端不同，它只保留一个 Web 浏览器，不存放任何应用程序，其运行代码可以从位于第二层的 Web 服务器下载到本地的浏览器中执行，几乎不需要任何管理工作。第二层是应用服务器层，由一台或多台 Web 服务器组成，处理应用中的所有业务逻辑以及对数据库的访问等工作。该层具有良好的可扩充性，程序的部署和管理主要在 Web 服务器上进行，相对于 C/S 而言无论是工作的复杂性还是工作量都大大减少。第三层是数据中心层，安装数据库服务器，负责整个应用中的数据管理。

现在，几乎所有的大型应用系统，都采用了 B/S 三层结构来部署，在客户端，只需要一款 Web 浏览器，所有的业务逻辑都是在 Web 服务器上部署，这就大大地减少了信息系统的维护工作量。当前，企业信息化系统、政府办公系统、电子商务系统等，几乎所有的大型业务管理系统都是采用 B/S 结构的，B/S 结构在应用中表现出极大的灵活性和方便性。

9.5.2 Visual C++ 在网络应用开发上的应用

2002 年 3 月，Microsoft 公司发布了其面向 .NET 战略的 Visual C++. NET(即 Visual C++ 7.0)，在 MFC 6.0 基础上，比 Visual C++6.0 增加了 C++ 托管扩展、ATL Server 和 ATL Server Web 服务开发功能，其开发更加侧重于网络应用。2005 年 11 月，Microsoft 公司发布了 Visual C++ 2005(即 Visual C++ 8.0)，集成了 MFC 8.0，增加了对 C++/CLI 语言和 OpenMP 的支持。2007 年 11 月，Microsoft 公司发布了 Visual C++ 2008(即 Visual C++ 9.0)，集成了 MFC 9.0，该版本支持 .NET 3.5。新版本的 Visual C++ 将在 2010 年发布。Visual C++ 开始全面支持网络应用的开发。

在网络应用开发中，应用程序开发可以分为以下两个方面：

① 支持 C/S 结构的客户和服务程序，这类程序是一种编译程序，在操作系统上运行。

② 支持 Web 浏览的 Web 服务器页(.asp，.jsp 等)，其代码在 Web 服务器上运行，不直接在操作系统上运行，需要 IIS 或 Tomcat 等容器、Java 虚拟机等技术支持，以实现跨平台。

今天，基于 Web 的 B/S(Browser/Server)结构已经成为最主要的计算机应用模式。在 Web 服务器端，Java、C#以及 JSP 和 ASP 等都是主要的开发工具。由于 C/C++ 在工程性、运行效率及维护性上都有很大优势，同时在图像特效的渲染方面，C/C++ 也有 Java、C#无法比拟的优势，使得 Visual C++. NET 及新的 Visual C++ 版本成为以图形图像处理任务较多的网络游戏和单机游戏的主要开发工具。

最后，说明一下利用 VC++ 的商业化开发问题。虽然 MFC 为开发人员提供了强大的类库，但是，许多人性化的用户界面，MFC 仍然不能解决，需要开发人员开发自己的类。例如，如果使用传统的 Visual C++ 6.0 制作菜单和对话框，其控件将过于单调和简单。在这些程序商业化以前,可以通过一些为解决程序界面问题而开发的第三方库,例如 BCG Library、Magic Skin 等,对程序界面进行修饰。

本章小结

本章对 Windows 程序的消息机制,Windows 程序的编程特点进行了介绍。对 C/C++、Visual C++6.0、Visual C++.NET、C# 等相关的概念进行了阐述,指出 C/C++ 是程序设计语言标准,而 Visual C++ 6.0 则是一种 Microsoft 公司的可视化的集成开发环境,包含了 MFC,可以理解为:Visual C++ =(C++)+MFC。利用 Visual C++ 6.0 可以较好地编写 Windows 程序。Visual C++.NET 则是 Visual C++ 的网络应用,可用于开发基于 Web 的应用,例如网络游戏等。而 C#则是和 C/C++ 完全无关的语言,和 Java 对等。

在本章的 MyTest 项目中,讲解了利用 Visual C++ 开发的类,声明了一个消息映射(DECLARE_MESSAGE_MAP),这在 C++ 中并未介绍,正是利用类的消息映射机制来实现 Windows 编程,也降低了程序代码的耦合度,便于程序的理解和维护。随着 Internet 的发展和普及,基于网络的 C/S 架构和 B/S 三层结构已经成为主流的计算机应用模式,Visual C++.NET 及新的 Visual C++ 版本在网络应用开发中,也是主要的开发工具。

习题九

一、简答题

1. 简述 C、C++、Visual C++、Visual C++.NET、C#这些语言或开发工具的相同点和不同点。

2. 在 Windows 操作系统中,当发生键盘或鼠标事件时,说明消息循环过程。

3. 如何用 Visual C++ 生成一个单文档、多文档以及基于对话框的 MFC 应用程序,系统自动生成了哪些基本类。

4. 如果希望通过视图类处理鼠标双击事件,如何操作?

5. 如果有一菜单命令,其菜单 ID 为 ID_DRAWCIRCLE,设处理该操作的类文档类,写出建立对应的处理函数的基本步骤。

二、选择题

1. 在一个 Windows 程序中,初始化函数 InitInstance()所属的类是(　　)。

A. 应用程序类　　B. 文档类　　C. 视图类　　D. 框架类

2. 在 Visual C++ 中,下列不能完成新建类的操作是(　　)。

A. 在项目管理器窗口,在 ClassView 视图中,右击类文件夹节点,执行"New Class..."命令

B. 在"插入"菜单中,执行"New Class..."命令

C. 在"视图"菜单中,执行"Class Vizard"命令

D. 在"文件"菜单中,执行"New"命令

3. 在 MFC AppWizard 创建的单文档 Windows 应用程序框架中,要修改程序主窗口的显示样式,应修改的成员函数是(　　)。

A. 框架类的 PreCreateWindow(CREATESTRUCT& cs)成员函数

B. 框架类的 OnCreate(LPCREATESTRUCT lpCreateStruct) 成员函数

C. 视图类的 PreCreateWindow(CREATESTRUCT& cs) 成员函数

D. 应用程序类的 InitInstance()成员函数

4. 在 MFC AppWizard 建立的单文档 Windows 应用程序框架中,下列说法错误的是(　　)。

A. 创建了一个唯一的应用程序类对象 theApp

B. 在视图类中包含一个成员函数 GetDocument(),其返回值为指向文档类对象的指针

C. 在任何函数中,都可以使用 MFC 全局函数 AfxGetApp()返回指向当前应用程序对象的指针

D. 在向导创建的应用程序类对象中,定义了成员变量 m_pMainWnd

5. 关于对话框资源,下列说法不正确的是(　　)。

A. 对话框分为模式对话框和费模式对话框

B. 对话框中的控件消息不能被其他类处理

C. 可以为 Edit 控件建立 Value 和 Control 两种类别的成员变量

D. 对于 String 型的对话框类成员变量,可以设置最大字符个数

三、编程题

在 9.4.4 节的 MyTest 项目中,完成"图形绘制"菜单中的画直线命令,通过视图类完成直线的绘制,在 ClassWizard 中,完成下列消息处理函数:

(1) 左单击鼠标消息 WM_LBUTTONDOWN。

(2) 鼠标移动消息 WM_MOUSEMOVE。

(3) 鼠标左键抬起消息 WM_LBUTTONUP。

参考文献

[1] Kaare Christian. Microsoft C++程序设计指南[M]. 王国印,车达志,译. 北京:清华大学出版社, 1993.

[2] Herbert Schildt. C++语言大全[M]. 杨长虹,徐碚,译. 北京:电子工业出版社,1994.

[3] 胡维国. C语言实用教程[M]. 北京:科学出版社,1996.

[4] Decoder. C/C++程序设计[M]. 北京:中国铁道出版社,2003.

[5] 张莉主编. C/C++程序设计教程[M]. 北京:清华大学出版社, 2004.

[6] Michael J. Young. Visual C++4从入门到精通[M]. 邱仲潘,译. 北京:电子工业出版社, 1997.

[7] H. M. Deitel, P. J. Deitel. C how to program[M]. Second Edition. 薛万鹏,译. 北京:机械工业出版社,2000.

[8] 文娟,萧秋水. Visual C++. NET网络编程与互联网应用开发[M]. 北京:清华大学出版社,2002.

[9] 教育部高等学校计算机科学与技术教学指导委员会. 高等学校计算机科学与技术专业发展战略研究报告暨专业规范[M]. 北京:高等教育出版社,2006.

[10] 教育部高等学校计算机科学与技术教学指导委员会. 高等学校计算机科学与技术专业核心课程教学实施方案[M]. 北京:高等教育出版社,2009.

[11] 教育部高等学校计算机基础课程教学指导委员会. 高等学校计算机基础教学发展战略研究报告暨计算机基础课程教学基本要求[M]. 北京:高等教育出版社,2009.

郑重声明

高等教育出版社依法对本书享有专有出版权。任何未经许可的复制、销售行为均违反《中华人民共和国著作权法》,其行为人将承担相应的民事责任和行政责任,构成犯罪的,将被依法追究刑事责任。为了维护市场秩序,保护读者的合法权益,避免读者误用盗版书造成不良后果,我社将配合行政执法部门和司法机关对违法犯罪的单位和个人给予严厉打击。社会各界人士如发现上述侵权行为,希望及时举报,本社将奖励举报有功人员。

反盗版举报电话:(010) 58581897/58581896/58581879

反盗版举报传真:(010) 82086060

E - mail:dd@hep.com.cn

通信地址:北京市西城区德外大街4号

高等教育出版社打击盗版办公室

邮　　编:100120

购书请拨打电话:(010)58581118